SELTSAMER ALS DIE FIKTION

Die wahren Geschichten hinter Alfred Hitchcocks großartigsten Werken

FERGUS MASON

Absolute Crime Presse
ANAHEIM, KALIFORNIEN

Inhalt

ÜBER ABSOLUTE CRIME

Absolute Crime veröffentlicht nur die beste wahre Kriminalliteratur. Wir konzentrieren uns auf die Verbrechen, von denen Sie wahrscheinlich noch nie gehört haben, über die Sie aber gerne mehr lesen möchten. Mit jeder fesselnden und packenden Geschichte versuchen wir, die Leser Momente der Geschichte wiedererleben zu lassen, die manche Menschen zu vergessen versucht haben.

Denken Sie daran, dass unsere Bücher nichts für schwache Nerven sind. Wir halten uns nicht zurück - wenn ein Verbrechen blutig ist, lassen wir die Worte über die Seite spritzen, damit Sie das Verbrechen auf die schrecklichste Weise erleben können!

Wenn Ihnen dieses Buch gefällt, besuchen Sie bitte unsere Homepage (www.AbsoluteCrime.com), um andere Bücher zu sehen, die wir anbieten; wenn Sie ein Feedback haben, würden wir uns freuen, von Ihnen zu hören!

Tragen Sie sich in unsere Mailingliste ein, und wir schicken Ihnen ein kostenloses Buch über wahre Verbrechen zu!

http://www.absolutecrime.com/newsletter

PSYCHO

EINFÜHRUNG

Für Filmliebhaber wird Alfred Hitchcock immer mit einer langen Liste von Hollywood-Klassikern verbunden sein. Zwischen 1921 und 1976 drehte der englische Regisseur, der als "Master of Suspense" bekannt ist, 52 Spielfilme, von denen viele auch heute noch ein neues Publikum begeistern. Den meisten Menschen ist er jedoch vor allem durch einen Film bekannt, der ganz anders war - Psycho.

Wie sein Spitzname schon andeutet, sind die meisten Hitchcock-Filme engmaschig und kompliziert, mit raffinierten Wendungen, die den Zuschauer bis zum letzten Moment im Dunkeln lassen. Dank großer Budgets und glamouröser Kulissen waren seine Filme sowohl visuell atemberaubend als auch psychologisch raffiniert. Dann, 1959, tat er etwas völlig Neues. Er war fasziniert von den Low-Budget-Horrorfilmen, die von kleinen unabhängigen Firmen außerhalb des Hollywood-Studiosystems produziert wurden, und beschloss, zu sehen, wie gut ein Film sein konnte, wenn ein Regisseur mit seinen Talenten beteiligt war.

Die Idee für den Plot stammte aus einem neu
erschienenen Horrorroman, der lose von einem der
grausamsten Verbrechen der 1950er Jahre inspiriert
war, der Geschichte eines Kleinstadt-Grabräubers und
Mörders, der weibliche Leichen in groteske
Haushaltsgegenstände und verrückte Kleidung verwan-
delte. Hollywood war nicht an dem Buch interessiert.
Derart sensationslüsterne - um nicht zu sagen blutige -
Stoffe waren unter ihrer Würde, und die Studiobosse
waren der Meinung, dass der Film keine Zuschauer
anlocken würde. Hitchcock war der Meinung, dass sie
sich geirrt hatten, und mit der ihm eigenen Zielstre-
bigkeit machte er sich daran, dies zu beweisen.

Gegen Ende des Winters 1959 und bis in den Früh-
sommer 1960 hinein arbeitete Hitchcock in einer kleinen
Fernsehproduktionsstätte außerhalb des Zentrums von
Hollywood. Während die Mogule der Branche vor-
wurfsvoll den Kopf schüttelten, umgab er sich mit
seinem eigenen Produktionsteam, das er aus seiner
Fernsehshow übernommen hatte, und überredete eine
kleine Gruppe talentierter Schauspieler und Schauspielerinnen, ihre Karrieren für einen gewalttätigen, mor-
alisch zweifelhaften Schocker zu riskieren. Strenge
Sicherheitsvorkehrungen schotteten sein Grundstück
vor der neugierigen Presse ab, bis er Ende Mai die Türen öffnete und die Kameras für einen verlockenden
Trailer, den er selbst sprach, hereinließ. In der Zwischenzeit hatte er technische Herausforderungen, Budg-
etprobleme und das Misstrauen der Filmzensur

überwunden, die sich mit ihm über Szenen stritt, die Unzucht, Mord und - seltsamerweise - Badezimmerarmaturen zeigten.

Anfang Juni war das Kinopublikum begierig darauf, zu erfahren, was es mit all den Geheimnissen auf sich hatte. Die Filmkritiker waren weniger begeistert. Da ihnen die Vorabvorführungen verweigert wurden, auf die sie aufgrund ihres erhabenen Status Anspruch hatten, spotteten sie über Hitchcocks Possen und sagten dem Film eine Katastrophe voraus. Als sich die Türen öffneten und sie gemeinsam mit dem Publikum vor die Leinwand traten, fielen ihre Kritiken vernichtend aus. Nicht Hitchcocks bester Film, waren sich die Kritiker einig. Unsubtil, eine Spielerei und geschmacklos.

Das Publikum war anderer Meinung. Sie liebten den Film und strömten in Scharen in die Kinos, um ihn zu sehen. Am Ende des Jahres war er der umsatzstärkste Film in Hitchcocks Karriere und der profitabelste Schwarz-Weiß-Film aller Zeiten. Auch heute noch ist der Film beliebt; es wurden drei Fortsetzungen und ein TV-Spinoff gedreht, und dem Film wurde sogar die zweifelhafte Ehre eines modernen Remakes zuteil (das allerdings floppte).

Für Hollywood änderten sich mit Psycho die Regeln. Die Zensur aus der Zeit der Prohibition, die der Filmindustrie Grenzen setzte, war seit Jahren unter Druck geraten und wurde von unabhängigen Unternehmen und ausländischen Importen routinemäßig umgangen. Jetzt hatte einer der Giganten der Branche sie mit einem

Bulldozer durchbrochen. Innerhalb weniger Jahre zerfiel es vollständig und wurde durch das moderne Bewertungssystem ersetzt. Der Erfolg von Psycho ebnete den Weg für eine Flut von Low-Budget-Schockern, aber er machte auch den Weg frei für Klassiker des Suspense-Horrors wie Halloween und Das Schweigen der Lämmer. Psycho kam im Juni 1960 auf die Leinwand und beherrschte die Kinos für den Rest des Jahres. Er war eines der ersten prägenden Ereignisse der sechziger Jahre und stellte Tabus in Bezug auf Sex und Gewalt in Frage, die zuvor nie ernsthaft in Frage gestellt worden waren. Es ist bemerkenswert, dass alles Jahre zuvor in einem kleinen, konventionellen Dorf in Wisconsin begann.

[1]

DIE ENTSTEHUNG EINES MONSTERS

Für jeden Regisseur, der einen spannenden Film drehen will, sind Serienmörder eine naheliegende Wahl. Bei den meisten Morden handelt es sich um einmalige Taten, die in der Hitze des Gefechts von einem Mörder begangen werden, der sich kaum bemüht, seine Spuren zu verwischen. Viele von ihnen rufen, von Gewissensbissen geplagt, sofort die Polizei an, um zu gestehen. Man würde es in Hollywood nie vermuten, aber die Worte, die ein Kommissar der Mordkommission am häufigsten hört, sind wahrscheinlich "Ich wollte ihn nicht töten". Diese schmutzigen kleinen Alltagsverbrechen sind nicht gerade ein Kassenschlager, aber Serienmörder sind etwas ganz anderes. Sie sind motiviert und erbarmungslos, nutzen eine ausgeklügelte Planung oder tierische List, um sich der Gefangennahme zu entziehen und sich an ihr nächstes Opfer heranzupirschen, und das Wissen, dass sie immer wieder töten werden, bis sie gestoppt werden, bietet ein enormes Potenzial für den Aufbau von Spannung.

In vielen Filmklassikern wie Dirty Harry, Halloween, The Hitcher und Nightmare on Elm Street spielen fiktive Serienmörder die Hauptrolle. Auch reale Mörder wurden im Film verewigt - der Son of Sam, Henry Lucas, der Zodiac-Killer und viele andere haben Regisseure inspiriert und das Publikum in Schrecken versetzt. Der Mörder, der den größten Einfluss auf Hollywood hatte, war jedoch möglicherweise nicht einmal ein Serienmörder. Er wurde wegen eines einzigen Mordes verurteilt und gestand einen zweiten, obwohl einige Leute glauben, dass er mindestens sechs weitere begangen haben könnte, und es gibt viele Indizien, die das belegen. Selbst ein einziger Mord ist ein entsetzliches Verbrechen, aber verglichen mit der Zahl der Opfer von John Wayne Gacy (mindestens 34), Ted Bundy (mindestens 36) oder dem Green River Killer Gary Ridgway (mehr als 90) war er ein absoluter Kleinkrimineller. Trotzdem inspirierte die groteske Natur seiner Verbrechen einige der bekanntesten Bösewichte des Kinos, darunter Leatherface in der Texas Chainsaw Massacre-Reihe, Buffalo Bill in Das Schweigen der Lämmer und der berühmteste Filmmörder von allen - der verrückte Motelbesitzer Norman Bates.

Wenn man die Idee des Schmelztiegels der amerikanischen Einwanderung veranschaulichen wollte, könnte man kaum ein besseres Beispiel als Wisconsin finden. Fast jede Einwanderungswelle in die USA hat den Staat irgendwann einmal überspült. Diejenige, die ihn am meisten beeinflusst hat, erreichte ihren Höhepunkt im späten 19. Jahrhundert, als Hunderttausende von Deutschen in die wachsenden Industriestädte strömten. Diese hart arbeitenden Neuankömmlinge, die meist aus Preußen und Westfalen stammten, lebten sich gut ein und widmeten ihre Energie dem Erfolg in ihrem neuen Land. Sie hielten jedoch an Elementen ihrer alten Identität fest; zu Hause wurde oft Deutsch gesprochen, und es dauerte ein oder zwei Generationen, bis die Namen ihrer Kinder anglisiert wurden, und die meisten von ihnen blieben bei ihrer mitgebrachten Religion, der lutherischen Kirche.

Im Juli 1878 wurde Augusta Wilhelmina Lehrke als Tochter zweier dieser Einwanderer in Waushura County geboren. Ihr zweiter Vorname war eine Hommage an den ersten deutschen Kaiser, der sieben Jahre zuvor ausgerufen worden war, und spiegelte den Stolz ihrer Eltern auf ihre preußische Abstammung wider. Sie wurde auch im lutherischen Glauben erzogen. Als junge Frau heiratete sie den Einheimischen George Philip Gein, der ebenfalls deutscher Abstammung war, aber die Ehe geriet schnell in Schwierigkeiten. George hatte Alkoholprobleme und Schwierigkeiten, eine Arbeit zu finden, und obwohl das Paar zwei Söhne hatte, verachtete Augusta ihren Mann zunehmend. Ihr erstes Kind, Henry, wurde 1901 geboren. Das zweite, Edward Theodore Gein, folgte am 27. August 1906. Um ihren Lebensunterhalt zu bestreiten, arbeitete George in verschiedenen Berufen, unter anderem als Zimmermann und Versicherungsvertreter, während Augusta einen kleinen Lebensmittelladen in der Stadt La Crosse betrieb. Der Laden lieferte den größten Teil des Familieneinkommens, und Georges unregelmäßiger Verdienst wurde zumeist für Alkohol ausgegeben.

Augusta, eine starke Persönlichkeit, wurde dank ihrer Rolle als Ernährerin und effektives Familienoberhaupt zunehmend anmaßend. Dies hatte schreckliche Auswirkungen auf ihren jüngeren Sohn. Edward, ein schüchternes Kind, das sich in sozialen Situationen nicht wohl fühlte, wurde durch das dominante Verhalten seiner Mutter immer mehr entstellt, bis aus dem ruhigen, aber gutmütigen Jungen ein Monster geworden war.

Neben ihrer wachsenden Selbstherrlichkeit und ihrem Überlegenheitsgefühl wurde Augustas Persönlichkeit auch durch ihre religiösen Ansichten verändert. Der deutsche lutherische Glaube ist ein unaufdringlicher Glaube, der vor allem die Tugenden der harten Arbeit und den preußischen Sinn für gute Ordnung und Sparsamkeit fördert. In Augustas Fall war der Zeitgeist dabei, ihn in etwas ganz anderes zu verwandeln. Wissenschaftler, die sich mit dem amerikanischen Christentum befassen, bezeichnen die Zeit von etwa 1850 bis zum Eintritt der USA in den Ersten Weltkrieg manchmal als das Dritte Große Erwachen". In diesen Jahrzehnten brachte das Land eine große Zahl von kämpferischen Pastoren hervor, die zumeist protestantischen Sekten angehörten und sich mit sozialen Reformen befassten. Die Abstinenzbewegung, die zur Prohibition führte, hatte ihre Wurzeln in diesem Phänomen, ebenso wie die im späten 19. Jahrhundert aufkeimende Missionstätigkeit, die jedoch auch positive Auswirkungen hatte - kirchliche Kreuzzugsgruppen setzten sich für zahlreiche Reformen der Kinderarbeitsgesetze, das Frauenwahlrecht und die Sklavenbefreiung ein und gründeten viele der führenden Universitäten Amerikas. Diese Reformen entsprangen alle einem muskulösen, auf Gerechtigkeit ausgerichteten Protestantismus der Denkschule "harte Arbeit und kalte Bäder", aber das Große Erwachen regte auch andere Arten von Predigern an. Vor allem im Mittleren Westen hörten Millionen von Menschen den Zelterweckern und Propheten des Weltuntergangs zu. Einige von ihnen waren kaum mehr als Hochstapler, die die Bibel als Requisit benutzten; andere waren wirklich verrückt. Augusta Gein hat anscheinend zu lange auf den zweiten Typus gehört. Als ihre Söhne heranwuchsen, wurde sie zunehmend besessen von Sünde und Entartung, eine Fixierung, die sich in den Beleidigungen niederschlug, die sie ihrem Mann entgegenschleuderte. Auch ihr Blick auf die Gesellschaft begann sich zu verändern. Amerika, so begann sie zu glauben, sei ein Sündenpfuhl der Unmoral und des Lasters (in der Tat war es damals wie heute die mit Abstand frommste der westlichen Industrienationen). Mehr und mehr dachte sie daran, sich und ihre Söhne vor der Korruption zu schützen, die sie ohne ihr Eingreifen unweigerlich infizieren würde.1

Augusta war der Meinung, dass die Gesellschaft korrupt sei, und deshalb musste sie ihre Familie so weit wie möglich von der Gesellschaft abschirmen. Im Jahr 1914 verkaufte sie ihren Lebensmittelladen und kaufte mit dem Geld eine 195 Morgen große Farm außerhalb von Plainfield. Die nächsten Nachbarn waren eine Viertelmeile entfernt, und den Jungen war es verboten, viel Kontakt mit ihnen zu haben. Edward, der erst acht Jahre alt war, fühlte sich von der Außenwelt abgeschnitten; er verließ die Farm nur, um zur Schule zu gehen, wo es ihm aufgrund seiner Schüchternheit schwer fiel, Freunde zu finden. Wenn er jemals Anzeichen zeigte, mit einem anderen Jungen Freundschaft zu schließen, wurde er von seiner Mutter bestraft. Er war darüber verärgert, aber er verehrte Augusta und versuchte sein Bestes, um ihre strengen Regeln zu befolgen.

Es machte jedoch keinen Unterschied, wie sehr er versuchte, es ihr recht zu machen; Augusta war nie mit dem Verhalten der Jungen zufrieden und demütigte sie häufig, indem sie ihnen sagte, sie würden zu nutzlosen Alkoholikern heranwachsen wie ihr Vater. In der Schule ausgegrenzt und zu Hause streng kontrolliert, war die Erziehung des jungen Ed geradezu darauf ausgelegt, ihm so viel psychischen Schaden wie möglich zuzufügen. Indem sie praktisch alle Kontakte zu anderen Menschen unterbrach, machte Augusta sich selbst zum Mittelpunkt des Lebens ihres jüngeren Sohnes. Henry, der sieben Jahre älter war, hatte die Chance gehabt, eine normalere Persönlichkeit zu entwickeln, bevor sich die Familie außerhalb von Plainfield abschottete, und er fand das Regime seiner Mutter frustrierend.

George Gein starb im April 1940 an alkoholbedingtem Herzversagen, was das ohnehin bescheidene Einkommen der Familie schmälerte. Um über die Runden

zu kommen, begannen Henry und Ed als Gelegen-
heitsarbeiter in der Stadt zu arbeiten. Die Einheimischen
schätzten die beiden als fleißig und vertrauenswürdig
ein. Henry hatte eine starke Arbeitsmoral, und Ed, der
seinen großen Bruder vergötterte - die einzige männliche Gesellschaft, die er nach dem Tod seines Vaters
hatte - wollte ihm nacheifern. Jetzt waren beide in ihren
Dreißigern, und die Gein-Brüder führten ihr seltsames,
halb isoliertes Leben weiter. Meistens arbeiteten sie als
Handwerker, aber wenn ein paar Dollar drin waren,
machten sie so ziemlich alles. Eine überraschende Ein-
nahmequelle war das Babysitten. Ed schien ein Talent
dafür zu haben - tatsächlich kam er mit Kindern besser
zurecht als mit den Erwachsenen, die er traf. Rückblickend ist das kaum verwunderlich, denn der tyrannische
Einfluss seiner Mutter hatte ihn der Fähigkeiten beraubt, die er brauchte, um mit Menschen in Beziehung
zu treten, und er war in einem kindlichen Zustand der
emotionalen Entwicklung erstarrt. Die Einzelheiten des
Lebens auf der Gein-Farm lagen jedoch weit jenseits
des Verständnisses von Eds Nachbarn, und sie waren
einfach nur dankbar, dass sie sich darauf verlassen
konnten, dass er gelegentlich auf ihre Kinder aufpasste.

Henry kam besser mit Menschen zurecht, und er war
auch zunehmend besorgt darüber, wie sehr Augusta
seinen jüngeren Bruder beherrschte. Er fand es nicht
normal, dass ein erwachsener Mann außer seiner Mutter
keine erwachsene Begleitung hat, und er befürchtete,
dass Eds Verehrung für sie kein gutes Ende nehmen

könnte. Er hatte keine Ahnung, wie recht er damit
hatte.

Nach Georges Tod hatte sich Augustas Horizont
noch mehr eingeengt, und ihre einzige Priorität bestand
darin, ihre Söhne rein und frei von der Verderbtheit zu
halten, die sie überall um sich herum vermutete,
während sie sie gleichzeitig daran erinnerte, dass auch
sie zu Schande und Verurteilung verurteilt waren. Das
Leben unter diesen Umständen war für Henry zu klaustrophobisch, um es zu ertragen. Einige Zeit nach dem
Tod seines Vaters begann er sich mit einer Frau aus der
Gegend zu treffen, einer geschiedenen Frau mit zwei
kleinen Kindern. Die Beziehung entwickelte sich stetig
weiter, und um 1943 begann er davon zu sprechen, von
der Farm auszuziehen und mit ihr zusammenzuleben. Ed
war entsetzt. Wie konnte sein geliebter Bruder so etwas
Sündhaftes überhaupt in Erwägung ziehen? Und was
würde Mutter davon halten?

Henry Gein kümmerte sich nicht darum, was Mutter
denken würde. Er hatte sogar ein paar Dinge über Mutter zu sagen, die allesamt nicht sehr schmeichelhaft
waren. Ed war schockiert, als er diese Blasphemie hörte.
Das hielt Henry jedoch nicht auf. Im Laufe der Zeit
wurde er immer kritischer gegenüber Augusta und der
Art und Weise, wie sie versuchte, jeden Aspekt ihres Lebens zu kontrollieren. Solange er denken konnte, war
Henry Eds Idol gewesen, gleich nach seiner geliebten
Mutter. Nun begannen die Spannungen zwischen den
Brüdern zu wachsen, mit Eds Empörung auf der einen

und Henrys wachsender Frustration auf der anderen Seite. Dank der Isolation der Familie ist es schwer zu sagen, wie schlimm die Spannungen wurden, aber angesichts der nächsten Ereignisse können wir es erahnen. Ein Teil des Landes auf der Gein-Farm war feucht und sumpfig, und dichtes, erstickendes Gestrüpp neigte dazu, sich von dort aus auf den besseren Boden auszubreiten. Von Zeit zu Zeit musste es gerodet werden, und die Geins taten dies durch Abbrennen. Am 16. Mai 1944 brannten die Brüder ein Stück Land ab, als die Flammen außer Kontrolle gerieten. Die Feuerwehr von Plainfield bemerkte den Brand und rückte aus, um zu helfen, und am Abend waren die Flammen gelöscht. Die Feuerwehrleute kehrten in ihre Häuser zurück, Henry Gein jedoch nicht. Kurz vor Einbruch der Dunkelheit meldete Ed seinen Bruder als vermisst. Die Polizei stellte schnell einen Suchtrupp zusammen und machte sich auf den Weg zur Farm. Zu ihrer großen Überraschung führte Ed sie direkt zu Henry. Er wurde nicht vermisst, er war tot.

Es gab genug Fragen darüber, wie Henry gestorben war, um Verdacht zu schöpfen. Der Fleck Erde, auf dem seine Leiche lag, war nicht verbrannt, so dass eine Autopsie möglich war. Sie ergab zwar, dass er an Erstickung gestorben war, aber es wurden auch Prellungen an seinem Kopf festgestellt.2 Niemand konnte jedoch an ein falsches Spiel glauben. Ed war in der Stadt als seltsamer, aber harmloser Charakter bekannt, und die Polizei war froh, den Tod als Unfall zu akzeptieren. Ersticken durch Einatmen von Rauch ist die häufigste Todesursache bei Bränden, und es ist leicht genug, sich beim Herunterfallen den Kopf zu verletzen. Was den nicht verbrannten Boden betrifft, so ist es ganz natürlich, dass jeder, der von einem Feuer überrascht wird, sich an einen Ort begibt, der nicht brennt. Henry wurde begraben und das Leben auf der immer seltsamer werdenden Farm ging weiter.

Ed war nun allein mit seiner Mutter, die ihm die nötige Gesellschaft zu sein schien. Doch es ging bergab. Nicht lange nach Henrys Tod erlitt Augusta, die jetzt Ende sechzig war und die meiste Zeit ihres Lebens unter einem hohen Maß an selbst verursachtem Stress gelebt hatte, einen Schlaganfall. Er war zwar nicht tödlich, aber sie war teilweise gelähmt. Dadurch erhöhte sich die Arbeitsbelastung für Ed, der sich nun nicht nur um sie kümmern, sondern auch die angeschlagene Farm leiten und genügend handwerkliche Arbeiten erledigen musste, um ein regelmäßiges Einkommen zu erzielen. Für jemanden, der sozial so ungeschickt ist wie er, war das zu viel.

Am 29. Dezember 1945 starb Augusta Gein, kurz nachdem sie einen zweiten Schlaganfall erlitten hatte, der offenbar dadurch ausgelöst wurde, dass sie erfuhr, dass ein anderer Farmer aus der Gegend mit einer Frau zusammenlebte, mit der er nicht verheiratet war. Ed war über diesen Verlust am Boden zerstört. Seine Mutter war fast die einzige erwachsene Begleitung, die er kannte, und die einzige Frau, zu der er je eine enge

Beziehung hatte. Bis jetzt war sein Leben in die Bahnen gelenkt worden, die sie für ihn vorgezeichnet hatte, und so exzentrisch diese Reise auch war, er hatte sie unter enger und strenger Aufsicht zurückgelegt. Jetzt war er auf sich allein gestellt. Es war nur eine Frage der Zeit, bis er auf schockierende Weise aus der Bahn geriet.

[2]

DER ECHTE BUFFALO BILL

Ständig verschwinden Menschen, vor allem in Amerika. Schließlich ist es ein großes Land mit einer mobilen Bevölkerung. In Europa war es noch vor zwei Generationen üblich, dass jemand sein ganzes Leben in einem Umkreis von zehn Meilen lebte und nur gelegentlich in den Urlaub fuhr. In den USA war das schon immer anders. Vielleicht liegt es an der Pioniergeschichte der Nation, dass die Menschen viel eher bereit sind, in ein neues Land aufzubrechen und in einem anderen Staat neu anzufangen. Oft möchten sie von niemandem, der mit ihrem alten Leben in Verbindung steht, etwas hören - vor allem nicht von ihren Gläubigern -, so dass sie nicht so sorgfältig darauf achten, eine Nachsendeadresse zu hinterlassen oder ihre Abreise anzukündigen. Bei den meisten Vermisstenanzeigen handelt es sich um Menschen, die einfach genug haben und weiterziehen. Aber nicht alle. Unter den Verschwundenen sind auch einige, die Serienmördern zum Opfer gefallen sind.

Der Mittlere Westen der USA hat viel zu bieten, aber vielen jungen Leuten fehlt der Glamour der Küsten, und so entscheiden sich einige von ihnen zwangsläufig für einen Tapetenwechsel. Die Polizei in Wisconsin ist daran gewöhnt, dass es jedes Jahr eine gewisse Anzahl von ungeklärten Fällen von

Verschwinden gibt. In den späten 1940er und 1950er Jahren bemerkten sie eine plötzliche Zunahme der Vermissten in der Umgebung von Plainfield. Die Reihe seltsamer Vorfälle, die sich alle in oder in der Nähe der Kleinstadt ereigneten, reichte aus, um ihre Aufmerksamkeit zu erregen. Einige von ihnen waren wirklich rätselhaft. Im Mai 1947 machte sich ein achtjähriges Mädchen, Georgia Weckler, auf den Heimweg von der Schule in Jefferson und wurde nie wieder gesehen. Victor Travis und Ray Burgess tranken im November 1952 ein paar Bier in einer Bar in Plainfield, stiegen wieder in ihr Auto und verschwanden. 1953 wurde Evelyn Hartley aus einem Haus in La Crosse entführt, in dem sie als Babysitterin gearbeitet hatte, und ließ ihre Brille, einen Schuh und einige Blutspuren zurück. Im Jahr darauf verschwand Mary Hogan aus der Taverne, die sie in Plainfield betrieb; eine Blutspur führte auf den Parkplatz, und auf dem Boden lag eine einzige verbrauchte .22er-Hülse. Nach jedem Vorfall wurden Durchsuchungen organisiert und Ermittlungen eingeleitet - insbesondere in den Fällen Hartley und Hogan, wo es Anzeichen für ein falsches Spiel gab. Keine der Bemühungen führte jedoch zu etwas. Es war offensichtlich, dass etwas Schreckliches vor sich ging, aber die spärlichen Indizien führten nicht zu einem Verdächtigen. Dann verschwand die Ladenbesitzerin Bernice Worden aus Plainfield.

Am 15. November 1957 hatte Ed Gein in Wordens Eisenwarenladen vorbeigeschaut und mit ihr und ihrem

Sohn gesprochen. Er hatte um eine Gallone Frostschutzmittel gebeten und gesagt, dass er sie am nächsten Tag
abholen würde. Nachdem Worden am nächsten Tag
verschwunden war, wurde ihr Quittungsblock im Laden
gefunden, und die letzte Quittung, die sie ausgestellt
hatte, war für einen halben Liter Frostschutzmittel. Das
reichte den Ermittlern, um zu entscheiden, dass es sich
lohnte, mit Gein zu sprechen; es deutete stark darauf
hin, dass er sie am Tag ihres Verschwindens gesehen
hatte und vielleicht etwas über die Geschehnisse aussagen konnte. Die örtliche Polizei hatte einen Anreiz,
Bernice Worden schnell zu finden, denn ihr Sohn Frank
war Hilfssheriff.

Als der Sheriff von Plainfield, Arthur Schley, am 17.
Mai auf der Gein-Farm eintraf, war er entsetzt über den
verwahrlosten Zustand, den er vorfand. Einige Räume
des Bauernhauses waren mit Brettern vernagelt, die anderen waren unbeschreiblich schmutzig, vollgestopft
mit Gerümpel und stinkenden Müllhaufen. Der einzige
Bewohner schien in der Küche und einem kleinen Nebenraum zu leben, und sein Dasein war fast un-
menschlich. Der Geruch war ekelerregend, ein dichter
Gestank von Schmutz und Verwesung. Überall lagen
Stapel von reißerischen Magazinen herum - Pulp-
Schocker mit Geschichten über Kannibalismus, Na-
zismus und bizarre Morde. Wahrscheinlich war Schley
zur Farm gefahren, um Gein über seinen Besuch im
Laden am Vortag zu befragen, aber jetzt beschloss er,
dass es vielleicht eine gute Idee wäre, die Farm zu

durchsuchen. Die Degeneration, die er dort vorge-
funden hatte, ließ auf etwas viel Schlimmeres schließen
als einen traurigen Einzelgänger, der seine Mutter vermisst.

Während seine Hilfssheriffs das Chaos im Haus
durchwühlten, machte sich Schley daran, die verfallenen
Nebengebäude zu erkunden. Er öffnete die Tür eines
Schuppens, knipste seine Taschenlampe an und ging
vorsichtig in das stinkende Innere. Dann spürte er, wie
etwas seine Schulter streifte. Er drehte sich um, hob die
Lampe an - und schreckte zurück. Vom Dach hing ein
grässlich verstümmelter Kadaver herab.

Der Anblick, der sich Schley bot, war für jeden
verständlich, der Hirsche jagte, und in Waushara County
war die Jagd sehr beliebt. Die Leiche war kopfüber an
den Dachsparren gehängt, der Kopf entfernt und der
Bauch aufgeschlitzt worden. Die Eingeweide waren entfernt worden, so dass ein klaffender Hohlraum
zurückblieb. Es handelte sich jedoch nicht um einen
Weißwedelhirsch. Es war eine 50-jährige Frau. Bernice
Worden war gefunden worden.

Ed Gein wurde sofort verhaftet, und die Polizei
setzte die Durchsuchung der Farm fort. Es wurde bald
klar, dass Gein ein zutiefst gestörtes Individuum war.
Das Farmhaus war voll mit menschlichen Körperteilen.
Der Kopf von Mrs. Worden wurde in einem Leinensack
mit einem 22er-Kugelloch gefunden - sie war mit einem
einzigen Schuss getötet und dann gnädigerweise nach
dem Tod geschlachtet worden. Zehn weitere Köpfe

wurden gefunden, alle von Frauen und alle mit abgesägter Schädeldecke. Bei mindestens einem Schädel war die Krone in eine Schale verwandelt worden. In einem Schuhkarton befanden sich neun konservierte weibliche Genitalien, ein Lippenpaar war zu einem Zug für eine Jalousie umfunktioniert worden, und Totenköpfe zierten die Pfosten von Geins Bett. Ein Wurf anderer menschlicher Körperteile enthielt Knochen, ein Herz und vier Nasen.

Am grausamsten war die Sammlung von Gegenständen aus menschlicher Haut. Während seiner bewegten Karriere hatte George Gein eine Zeit lang als Gerber gearbeitet, und es sah so aus, als hätte Ed ein paar Dinge von ihm gelernt. Beim Gerben werden Tierhäute zu Leder verarbeitet, und das funktioniert bei Menschen genauso gut wie bei Kühen oder Schweinen. Stuhlsitze waren wiederhergestellt worden, und Lampenschirme und ein Papierkorb waren aus Menschenleder gefertigt worden. Ein grotesker Gürtel war aus gegerbten Brustwarzen zusammengenäht worden. Neun aus Haut gefertigte Masken wurden entdeckt. Dann machten die entsetzten Beamten den schockierendsten Fund von allen.

In dem Film Das Schweigen der Lämmer ruft die FBI-Agentin Starling ihren Chef an, um ihm mitzuteilen, dass der Serienmörder "sich einen Mädchenanzug aus echten Mädchen macht". Das ist genau das, was Ed Gein getan hatte.

Gein hatte ein makabres Kleidungsstück aus Stücken gegerbter Frauenhaut zusammengenäht. Später erzählte er den Ermittlern, er sei neugierig gewesen, wie es sich anfühlt, Brüste und eine Vagina zu haben, und habe den Anzug angefertigt, um das herauszufinden. Er habe oft davon geträumt, eine Frau zu sein, sagte er. Diese schaurige Verkleidung kam diesem Traum am nächsten.

Am schockierendsten war vielleicht, dass die Leute in Plainfield wussten, dass Gein eine Sammlung konservierter menschlicher Körperteile besaß, auch wenn sie nicht wussten, wie groß und grausam sie war. Ein Jugendlicher, auf den Gein manchmal aufpasste, hatte die Farm einmal besucht und Gein hatte ihm Schrumpfköpfe gezeigt, von denen er behauptete, sie seien Erinnerungsstücke von Südseekannibalen. Der Junge hatte diese abscheulichen Artefakte erwähnt, aber niemand hatte ihm geglaubt. Später hatten zwei weitere Jugendliche das Museum besucht und ebenfalls Köpfe gesehen, hielten sie aber für eine Art Verkleidungsrequisite. Nach dem zweiten Vorfall begannen sich Gerüchte zu verbreiten, und die Stadtbewohner machten sich sogar über Eds Sammlung von Schrumpfköpfen lustig - manchmal sogar über sein Gesicht. Er lächelte nur und machte schnippische Bemerkungen dazu. Unglaublicherweise brachte niemand diese Gerüchte mit dem Anstieg der Vermisstenmeldungen in Verbindung.

[3]

HAUS DES SCHRECKENS

Zunächst gestand Gein nur die Ermordung von Bernice Worden - es wäre schwer gewesen, das zu leugnen, schließlich hing ihre abgeschlachtete Leiche in seinem Schuppen. Das Plainfield Sheriff's Department war neugierig auf die anderen Fälle und versuchte, mehr Informationen aus ihm herauszubekommen, aber Gein leugnete alle anderen Morde, selbst als Sheriff Schley die Beherrschung verlor und sein Gesicht gegen die Wand schlug. Er war wie betäubt, als er Worden tötete, sagte er, und konnte sich nicht an alle Einzelheiten erinnern. Er erinnerte sich aber daran, dass er ihre Leiche aus dem Eisenwarenladen in seinen alten Ford-Truck geschleppt und die Kasse gestohlen hatte. Er konnte sich jedoch nicht daran erinnern, sie erschossen zu haben.

Das stellte die Ermittler vor ein Rätsel. Die schiere Anzahl der Leichenteile im Bauernhaus bedeutete, dass selbst wenn Gein hinter all den Verschwundenen steckte, es nicht genug Leichen gab, um sie alle zu erklären. Als er gefragt wurde, woher die Leichen stammten, gab Gein ein weiteres Verbrechen zu - Grabräuberei.

Neben seinen Pulp-Horror-Magazinen hatte Gein auch die lokalen Zeitungen abonniert, und eine seiner

Lieblingslektüren war die Todesanzeigenspalte. Daraus erfuhr er, wann immer eine Frau aus der Gegend gestorben war, und nach der Beerdigung - idealerweise zwischen dem Begräbnis und der Fertigstellung des Grabes - fuhr er nach Einbruch der Dunkelheit zum Friedhof, grub bis zum Sarg hinunter, brach ihn auf und stahl die Leiche. Zwischen 1947 und 1952 unternahm er etwa 40 Fahrten zu Friedhöfen, wiederum in einem, wie er sagte, benommenen Zustand. Meistens erwachte er aus seinem Rausch, bevor er ein Grab schändete, und ging einfach nach Hause, aber an neun Fälle konnte er sich erinnern, Gräber ausgeraubt zu haben. Für diese Diebstähle hatte er sich Frauen ausgesucht, die seiner Meinung nach seiner Mutter ähnlich sahen; die Leichen hatte er in seinen alten Ford gepackt, nach Hause ge-bracht und die Teile herausgenommen, die er haben wollte. Manchmal kehrte er zu den Gräbern zurück und grub sie erneut aus, um das zurückzugeben, was von der Leiche übrig geblieben war. Manchmal gesellten sich die unerwünschten Teile einfach zu den schmutzigen Überresten in seinem Haus. Eine Leiche war auf dem Hof vergraben worden, wo die Polizei sie am 29. November fand. Zunächst hielt man die ver-westen Überreste für die des vermissten Hirschjägers Victor Travis, doch später identifizierte man sie als eine andere Frau mittleren Alters, die Gein ausgegraben und nach Hause gebracht hatte.

Gein war ein kleiner, leicht gebauter Mann, und man zweifelte an seiner Fähigkeit, in einer Nacht ein Grab auszugraben, auszuräubern und wieder zu füllen. Um den Streit zu schlichten, erhielt das staatliche Kriminallabor die Erlaubnis, drei der von Gein identifizierten Gräber zu exhumieren. Eine war leer; eine war gestört, aber nicht ausgeraubt worden, weil Geins Stemmeisen ihm aus der Hand gerutscht und durch die hölzerne Grabeinfassung außerhalb seiner Reichweite gefallen war - das rostige Werkzeug lag auf dem Sarg. Der dritte enthielt Leichenteile und etwas Schmuck, Gegenstände, die Gein zurückgegeben hatte, nachdem er sich genommen hatte, was er wollte.

In der Zwischenzeit hatte Gein, der nun von der Staatspolizei verhört wurde, ebenfalls zugegeben, Mary Hogan getötet zu haben. Er konnte sich nicht erinnern, was genau passiert war, aber er erinnerte sich, sie versehentlich erschossen zu haben. Da Hogan in ihrer eigenen Taverne erschossen wurde, also nicht an einem Ort, an dem man erwartet hätte, dass Gein sein 22er-Jagdgewehr mitnimmt, war es schwer zu verstehen, wie dies versehentlich geschehen sein konnte, aber das war seine Geschichte. Später machte er einen Rückzieher und bestritt, irgendetwas über Hogan zu wissen. Das war allerdings kein überzeugendes Dementi - ihr Kopf lag in einem Papiersack in seinem Haus.3

In Anbetracht des Fundes war es offensichtlich, dass Gein psychologische Tests benötigte, und das Ergebnis war keine Überraschung - er war nicht in der Lage, sich wegen des Mordes an Bernice Worden vor Gericht zu verantworten. Allerdings gelang es den Psychologen, einen Einblick in seine Beweggründe zu bekommen. Er war auf seine Mutter fixiert und hatte noch nie eine Beziehung zu einer Frau gehabt. Dank Augustas verrückter Lehren hatte Gein geglaubt, dass Männer allesamt unverbesserliche Sünder seien, während Frauen die Quelle des Guten seien, und wahrscheinlich war er zu dem Schluss gekommen, dass der einzige Weg, ein besserer Mensch zu werden, darin bestand, eine Frau zu werden. Jedenfalls bestritt er jegliche sexuelle Motivation bei seinem Diebstahl so vieler weiblicher Leichen; er leugnete, eine von ihnen belästigt zu haben, und fügte hinzu, dass "sie zu schlecht rochen".4 Solche nüchternen Aussagen waren bei den Befragungen üblich. Gein schien keine Ahnung zu haben, wie abscheulich seine Verbrechen waren. Für die Psychiater war es offensichtlich, dass er völlig psychotisch war und kein Verständnis für Recht und Unrecht hatte. Die Gemeinde Plainfield wollte, dass er für den Mord an Worden vor Gericht gestellt wurde, aber es gab keine Hoffnung auf eine erfolgreiche Anklage. Stattdessen wurde er in das Central State Hospital for the Criminally Insane eingewiesen, eine düstere Anstalt aus rotem Backstein in Waupun.

Als Geins Bekanntheit zunahm, strömte eine Flut von Mordfans nach Plainfields, um den Schauplatz der Gräueltaten zu sehen. Das alte Bauernhaus wurde zu einem Mahnmal des Mordes, sehr zum Unwillen der Anwohner. Die Sheriffs mussten eingreifen, als die mit der Entsorgung von Eds Habseligkeiten beauftragte

Firma versuchte, für die Besichtigung eine Gebühr zu verlangen. Schließlich geriet das Haus am frühen Morgen des 20. März 1958 in Brand und brannte schnell bis auf die Grundmauern nieder, so dass es keine Chance mehr hatte, als Museum genutzt zu werden. Als Gein von dem Brand erfuhr, sagte er: "Das ist auch gut so".

Seine verbliebenen Besitztümer - einige landwirtschaftliche Geräte und sein Ford von 1949 - wurden versteigert, wobei der Wagen für ein Viertel des Preises als Nebenattraktion auf einem Jahrmarkt landete.

Dieses Auto könnte eine tiefere Bedeutung für den Fall Ed Gein haben. Der einzige Hinweis auf das Verschwinden der achtjährigen Georgia Weckler, die 1947 auf dem Heimweg von der Schule verschwand, waren Reifenspuren, die in der Nähe der Stelle gefunden wurden, an der sie zuletzt gesehen worden war. Sie wurden bei den Ermittlungen sorgfältig auf Hinweise auf das Automodell untersucht, zu dem sie gehörten. Die Ermittler kamen zu dem Schluss, dass es sich bei dem mysteriösen Auto um einen Ford gehandelt hatte.

[4]

NACHDENKEN ÜBER NORMAN

Robert Albert Bloch wurde am 5. April 1917 in Chicago geboren. Wie Ed Gein stammte er von deutschen Einwanderern ab, in seinem Fall von jüdischen. Als er zehn Jahre alt war, schaffte er es, allein in einen Spätfilm zu gehen; es war das Phantom der Oper von Lon Chaney senior, das ihn halb zu Tode erschreckte. Von da an interessierte er sich sehr für das Horrorgenre und begann bald, seine eigenen makabren Geschichten zu schreiben. Als er zwölf war, verlor sein Vater seinen Job und die Familie zog nach Milwaukee, wo seine Mutter in einem Gemeindezentrum für die örtliche jüdische Gemeinde arbeitete. Noch wichtiger für Robert war, dass er die Lincoln High School besuchte, an der es eine aktive Literaturzeitschrift gab. Robert freundete sich bald mit dem Herausgeber der Zeitschrift, Harold Gauer, an, der zu einem lebenslangen Freund wurde. Bloch zeigte Gauer einige seiner Texte, der daraufhin einen davon in der Zeitschrift veröffentlichte.

In den 1930er Jahren gab es in Amerika eine riesige Auswahl an Belletristik-Magazinen, die jedes erdenkliche Genre abdeckten. Eine der populärsten war Weird Tales, die sich auf Horrorgeschichten und das Übernatürliche konzentrierte. Ein häufiger Autor war H.P.

Lovecraft, und Bloch, der sich für Horror interessierte, wurde schnell ein Fan von Lovecrafts Erzählungen über uralte, hungrige Monster. Im Jahr 1933 schrieb er dem Autor einen Fanbrief, und Lovecraft antwortete mit Ratschlägen und Ermutigungen. Der Kontaktkreis des Teenagers wuchs schnell auf einige Freunde Lovecrafts an, und seine talentierten, aber laienhaften Erzählungen verbesserten sich unter deren Anleitung rasch. Anfang 1934 wurde eine Geschichte in einem kleineren Magazin, Marvel Tales, veröffentlicht, die einige Aufmerksamkeit erregte. Im Juli dieses Jahres verkaufte er zwei Geschichten an Weird Tales, von denen die erste im November veröffentlicht wurde. Es folgten weitere Erfolge; er begann, Geschichten zu schreiben, die in Lovecrafts Cthulu-Mythos spielten, wobei er das mythische Universum oft ausdehnte, um dies zu tun. In einer Geschichte kam eine Figur vor, die auf Lovecraft selbst basierte und die (mit Erlaubnis des Autors) im Verlauf der Geschichte auf grausame Weise starb. Lovecraft reagierte darauf, indem er seine nächste Geschichte dem jungen Schriftsteller widmete - das einzige Mal, dass er eine Widmung hinzufügte - und eine Figur (die natürlich auf grausame Weise starb) auf Bloch gründete. Im Laufe der nächsten zwei Jahre entwickelte sich eine enge Freundschaft zwischen den beiden, und ihre Werke standen in einer Wechselwirkung zueinander, die von dunklem Humor geprägt war.

Im März 1937 starb Lovecraft im Alter von nur 46 Jahren an Krebs. Sein letztes schriftliches Werk war ein

Tagebuch, in dem er mit grausamer Begeisterung jedes Detail seiner Krankheit festhielt. Sein Tod war ein schwerer Schlag für Bloch, aber er ließ sich davon nicht in seiner Arbeit beeinflussen. Er weitete seine schriftstellerische Tätigkeit zwar über das Cthulu-Genre hinaus aus, blieb aber fest im Bereich des Horrors. Anfang der 1940er Jahre begann ihn das Thema Serienmörder zu interessieren. 1943 veröffentlichte Weird Tales Yours Truly, Jack the Ripper, in dem der viktorianische Mörder als übernatürliches Wesen dargestellt wird, das töten muss, um ewiges Leben zu erhalten. 1945 brachte Lovecrafts alter Verlag Blochs erstes Buch heraus, eine Sammlung von Kurzgeschichten mit dem Titel The Opener of the Way. In Verbindung mit einer Radioproduktion von Yours Truly gab dies Blochs Karriere einen gewaltigen Schub. Sein erster Roman, Das Halstuch, wurde 1947 veröffentlicht. Der Bösewicht ist ein Serienmörder, der es auf Frauen abgesehen hat.

Als Ed Gein im November 1957 verhaftet wurde, lebte Bloch weniger als 30 Meilen entfernt in Weyauwega. Der Fall kam in die lokalen Nachrichten und Bloch wurde schnell darauf aufmerksam. Er machte sich nicht die Mühe, ausführliche Nachforschungen anzustellen oder die späteren Entwicklungen zu verfolgen, aber es brachte ihn zum Nachdenken. Was ihm auffiel, war die völlige Ahnungslosigkeit der Einwohner von Plainfield. Nach Geins Verhaftung waren sie fast alle fassungslos über das, was sich seit Jahren praktisch vor ihrer Nase abgespielt hatte. Plainfield war eine Kleinstadt mit kaum 800 Einwohnern; wie konnte ein Einheimischer so furchtbar schief gehen, ohne dass es jemand bemerkte? Kleinstädte sind berühmt für ihren Klatsch und die Schwierigkeit, die Privatsphäre zu wahren - wie hatte Gein es also geschafft?

Bloch begann über die verborgenen Abgründe nachzudenken, die selbst in einer engen Gemeinschaft unbemerkt bleiben können. Wir alle glauben, unsere Nachbarn zu kennen, überlegte er, aber wie gut kennen wir sie wirklich?

Blochs Idee war es, über jemanden zu schreiben, der in der Öffentlichkeit steht, bekannt und scheinbar respektabel ist, aber insgeheim ein viel dunkleres Leben führt. Als Antagonist wählte er einen Motel-Besitzer, der ständig mit der Öffentlichkeit zu tun hat, aber eine Fassade zeigt, die nichts mit der wahren Persönlichkeit dahinter zu tun hat.

Psycho wurde 1959 veröffentlicht und war eine Sensation auf dem Markt des psychologischen Horrors. Der Film beginnt mit einer Reisenden, Mary Crane, die in das abgelegene Bates Motel eincheckt. Sie unterbricht einen Streit zwischen dem Besitzer, Norman Bates, und seiner älteren Mutter. Bates sieht, dass sie erschöpft ist, und lädt sie zum Abendessen zu sich nach Hause ein. Kurz darauf hört Mary, wie Norman seiner Mutter von der Einladung erzählt; sie schreit eine bösartige Drohung.

Nach dem Abendessen duscht Mary, als sie überfallen und enthauptet wird. Norman findet ihre Leiche und kommt zu dem Schluss, dass seine Mutter dafür verantwortlich war. Er überlegt, ob er sie den Konsequenzen aussetzen soll, ändert aber seine Meinung und versteckt die Leiche.

Marys Schwester Lila besucht ihren Freund Sam Loomis, um ihm mitzuteilen, dass sie verschwunden ist. Sie planen eine Suche nach ihr und werden bald von Milton Arbogast, einem Privatdetektiv, der ebenfalls nach Mary sucht, gefunden. Sie vereinbaren, dass Arbogast die Suche leiten soll. Er beginnt, ihre Bewegungen zu verfolgen, und die Spur führt ihn zum Bates Motel. Norman erzählt ihm, dass Mary dort nur eine Nacht verbracht hat und dann weiterzog. Arbogast bittet daraufhin darum, mit Normans Mutter zu sprechen, was dieser jedoch ablehnt. Misstrauisch ruft Arbogast Lila an und sagt, er wolle versuchen, mit Mrs. Bates zu sprechen.

Arbogast gelingt es, in das Haus der Bates einzudringen und beginnt, die Räume zu durchsuchen. Plötzlich greift ihn eine fremde Gestalt - dieselbe, die Mary getötet hat - mit einem Rasiermesser an.

Da auch Arborgast vermisst wird, fahren Sam und Lila zum Bates Motel, um Nachforschungen anzustellen. Der örtliche Sheriff ist überrascht, als er erfährt, dass Arborgast mit Mrs. Bates sprechen wollte; er enthüllt, dass sie ihren Liebhaber und sich selbst vor Jahren umgebracht hat. Norman fand die Leichen und war so traumatisiert, dass er einige Zeit in einer psychiatrischen Klinik verbrachte. Verwirrt von dieser Geschichte gehen Lila und Sam zum Motel. Sie werden durch Normans Verhalten misstrauisch und Sam hält ihn zum Reden an, während Lila diskret den Sheriff holen soll. Stattdessen beschließt sie, das Haus der Bates zu erkunden. Dabei erzählt Norman Sam, dass sie ihn ausgetrickst hat und in das Haus gegangen ist, wo seine Mutter sie töten wird. Sam versucht, sie zu verfolgen, aber Norman schlägt ihn mit einer Flasche nieder.

Als Lila das Haus untersucht, findet sie die mumifizierte Leiche von Mrs. Bates. Wenige Augenblicke später stürmt Norman, als seine Mutter verkleidet, herein und versucht, sie zu töten. Sam, der sich erholt hat und Norman zum Haus gefolgt ist, überwältigt ihn.

Am Ende stellt sich heraus, dass Norman, der vor Eifersucht wahnsinnig wurde, als seine Mutter eine Beziehung einging, sie und ihren Liebhaber mit Gift ermordet und dann einen Abschiedsbrief gefälscht hatte. Als er geistig zusammenbrach, redete er sich ein, dass sie noch am Leben sei. Er stahl ihre Leiche und bewahrte sie im Haus auf, und wann immer seine Illusion erschüttert wurde, zog er sich ihre Kleider an und sprach mit ihrer Stimme zu sich selbst. Die Wahnvorstellung ging so weit, dass sich seine Persönlichkeit spaltete und die "Mutter"-Hälfte ihn weiterhin beherrschte, wie es seine echte Mutter getan hatte.

Als Bloch seinen Roman schrieb, kannte er nur die groben Umrisse des Falles Gein. Später, als er die

Details erfuhr, gestand er, dass er erstaunt war, wie sehr der wahre Mörder Norman Bates entsprochen hatte.

[5]

HOLLYWOOD HERAUSFORDERND

Alfred Hitchcock hatte in den 1950er Jahren eine Reihe von erfolgreichen Filmen gedreht, doch als sich das Jahrzehnt dem Ende zuneigte, hatte er Probleme mit Paramount Pictures. Seine letzten beiden Projekte, "Flamingo Feather" und "No Bail for the Judge", waren gescheitert - letzterer, weil die weibliche Hauptdarstellerin Audrey Hepburn schwanger geworden war - und er war auf der Suche nach einer dramatischen Idee, die ihm angesichts der Konkurrenz durch andere Regisseure wieder eine Führungsposition verschaffen würde.

Hitchcock war in der Regel nicht bereit, die von den Studios gelieferten Ideen für die Handlung zu akzeptieren; er zog es vor, sich auf seine eigene Inspiration und die Vorschläge einiger vertrauenswürdiger Berater zu verlassen. Eine davon war seine Assistentin beim Dreh, Peggy Robertson. Wie Hitchcock war auch Robertson ein Fan einer Sonntagskolumne in der New York Times, einer Buchbesprechung, die sich auf Krimis spezialisierte. Sie wurde von Anthony Boucher verfasst, der auch als H.H. Holmes schrieb (ein Name, den er von einem Serienmörder des 19. Jahrhunderts übernahm). Eines der Bücher, die Boucher rezensierte, war Psycho. Robertson leitete die Rezension an Hitchcock weiter, der sofort ein Exemplar des Romans bestellte. Es dauerte nicht lange, bis er beschloss, dass dies die Handlung für seinen nächsten Film sein würde.

In dieser Phase tauchten weitere Probleme auf. Der Roman war bereits von Wissenschaftlern bei Paramount und Universal gelesen worden, die sich für eine mögliche Verfilmung interessierten. Nun wandte sich Hitchcock mit seiner Idee an Paramount, nur um zu erfahren, dass man eine Verfilmung von Psycho bereits ausgeschlossen hatte. Es sei kein geeignetes Material, sagte man ihm. Der sexuelle und gewalttätige Inhalt war für sie inakzeptabel.5 Das Publikum würde eine so verstörende Geschichte ohnehin nicht sehen wollen.

Hitchcock hatte seine eigene Meinung dazu, und er war entschlossen, den Film zu drehen. Paramount war jedoch ebenso entschlossen, den Film nicht zu drehen, und der Regisseur war durch einen Vertrag mit ihnen gebunden, der ihn verpflichtete, einen weiteren Film zu drehen. Er begann, mit dem Studio zu verhandeln, um eine Lösung zu finden, die es ihm ermöglichte, mit den Dreharbeiten fortzufahren. Paramount blieb jedoch hartnäckig: Sie konnten ihn zwar nicht daran hindern, den Film zu drehen, aber sie wollten ihm keine Unterstützung gewähren - und auch kein Geld. Hitchcock konterte und bot an, den Film mit einem geringen Budget zu drehen. Er schlug vor, sein TV-Produktionsteam einzusetzen, das mit ihm bei Alfred Hitchcock Presents zusammengearbeitet hatte, und den Film in Schwarz-Weiß zu drehen, um die Kosten niedrig zu halten. Paramount war immer noch nicht bereit, das

Projekt zu finanzieren, und behauptete, dass alle Studios ausgebucht seien, obwohl die Filmindustrie zu dieser Zeit eine Durststrecke durchlief.

Schließlich bot Hitchcock an, den Film selbst zu finanzieren und mit seinem eigenen Team zu drehen, wobei er die Tonbühnen von Universal nutzen würde, wenn Paramount nach der Fertigstellung den Vertrieb übernehmen würde. Anstelle seines üblichen Regiehonorars - das damals 250.000 Dollar betrug - würde er sich mit 60 % der Einnahmen zufrieden geben. Paramount, das nicht damit rechnete, dass der Film viel einbringen würde, willigte schließlich ein.

Nicht nur Paramount stand dem Projekt skeptisch gegenüber. Hitchcocks eigenes Filmteam war in einer Firma namens Shamley Productions organisiert, benannt nach dem englischen Dorf Shamley Green, wo Hitchcock ein Landhaus besaß.6 Joan Harrison, eine englische Produzentin, die als leitende Angestellte bei Shamley tätig war und seit 1933 mit Hitchcock zusammenarbeitete,7 stimmte mit dem Studio darin überein, dass das Projekt kein kommerzieller Erfolg werden würde. Ein anderer Produzent von Shamley, Herbert Coleman, stimmte dem zu. Hitchcock setzte sich über die Einwände der beiden hinweg und begann, die Stränge des Projekts zusammenzufügen. Neben seiner Entschlossenheit, den Film zu produzieren, spielte auch ein gewisses Maß an Neugier eine Rolle. Die großen Hollywood-Studios mochten bei der Verfilmung von Sex und Gewalt zurückhaltend sein, aber einige der kleineren unabhängigen Studios hatten keine solchen Skrupel. In den späten 1950er Jahren gab es immer mehr Low-Budget-Horrorfilme, in der Regel mit sehr niedrigem Produktionswert. Jetzt hatte Hitchcock die Chance zu zeigen, wie gut ein Low-Budget-Titel gemacht werden konnte.

[6]

ERSTELLEN DES PLOTS

Der erste Schritt bei der Entwicklung des Films war das Drehbuch. Hitchcock übertrug diese Aufgabe an James P. Cavanagh, der einen Entwurf erstellte. Es war jedoch nicht das, was der Regisseur wollte. Er war der Meinung, dass es sich eher für eine Fernsehkrimiserie eignete, was wahrscheinlich nicht verwunderlich war, da Cavanagh normalerweise Episoden für Alfred Hitchcock Presents schrieb, und dass es nicht genug Spannung und Horror enthielt. Dann trat Joseph Stefano an ihn heran, ein ehemaliger Popmusikkomponist, der bisher nur ein Drehbuch geschrieben hatte. Er war kürzlich von 20th Century Fox eingestellt worden und sein Agent wollte nun wissen, was sein nächstes Projekt sein würde. Stefano, der einen lebhaften Sinn für Humor hatte, übergab ihm eine Liste mit den zehn führenden Regisseuren in Hollywood und sagte dem Agenten, er solle sie kontaktieren, aber Stefano nicht mit ihren Antworten belästigen, es sei denn, einer von ihnen hätte einen Job in Aussicht. Er war sehr erstaunt, als er eine Antwort von Hitchcock erhielt.

Trotz der relativen Unerfahrenheit von Stefano beschloss Hitchcock, es mit ihm zu versuchen - schließlich hatte das einzige Drehbuch, das er bis dahin geschrieben hatte, Anthony Quinn und Sophia Loren in den Hauptrollen hervorgebracht.8 Loren hatte mit diesem Film bei den Filmfestspielen von Venedig den Preis für die beste Darstellerin gewonnen, es war also kein so großes Risiko, wie es vielleicht schien.9 Doch auf Stefano wartete ein weiterer Schock. Der Schriftsteller war begeistert von der Idee, an einem von Hitchcocks berühmten Dramen zu arbeiten; nun wurde ihm ein blutiges Horror-Taschenbuch in die Hand gedrückt und er sollte es adaptieren.

Stefano beschloss sofort, dass einige Änderungen vorgenommen werden mussten. Das Kinopublikum entwickelt auf andere Weise Empathie für die Figuren als der Leser, und Stefano war der Meinung, dass es die Zuschauer nicht sonderlich interessieren würde, wenn Mary Crane einfach auftauchen, im Bates Motel anhalten und fast sofort getötet werden würde. Er entwickelte eine Nebenhandlung, in der sie ihrem Chef 40.000 Dollar stiehlt und mit dem Geld flieht. Während eines Gesprächs mit Norman Bates sagt ihr Gewissen ihr, dass sie das Geld zurückgeben muss, und sie hat sich gerade dazu entschlossen, als sie getötet wird. Das gab dem Publikum Zeit, die Figur kennenzulernen, so dass ihr Tod mehr Wirkung hatte.

Er hat auch den Charakter von Norman selbst verändert. Im Roman ist er eine ziemlich degenerierte Figur, ein Alkoholiker mittleren Alters, der Pornografie sammelt und sich an weiblichen Gästen vergreift, um sich zu vergnügen. Stefano machte aus ihm eine jüngere und im Grunde sympathische Figur.

Auch andere Szenen wurden hinzugefügt, vor allem eine, die Mary und Sam zusammen im Bett zeigt. Dies sollte später für Kontroversen sorgen. Die meisten anderen Änderungen waren geringfügig und zielten darauf ab, die Spannung auf der Leinwand effektiver aufzubauen. Die Handlung lehnte sich ziemlich eng an die von Bloch an, auch wenn die Dialoge und Szenendetails umfassend überarbeitet worden waren.

Nach einigen geringfügigen Änderungen war Hitchcock mit dem Drehbuch von Stefano zufrieden und wandte sich der Besetzung zu. Er schlug Janet Leigh für die Rolle der Mary vor - er ordnete auch an, dass ihr Name in Marion geändert werden sollte, nachdem er herausgefunden hatte, dass eine echte Frau namens Mary Crane in Phoenix lebte.10 Leigh war zu dieser Zeit ein großer Name, und die Besetzung mit ihr würde die Attraktivität des Films erheblich steigern. Der Tod der weiblichen Hauptdarstellerin nach nur 45 Minuten wäre für das Publikum ebenfalls ein großer Schock gewesen. Stefano war sich bei Leigh nicht sicher, da er der Meinung war, sie habe "keine Assoziation" mit dieser Art von Film, aber tatsächlich hatte sie 1958 eine ähnliche Rolle in dem Orson Welles-Thriller Touch of Evil gespielt.11 Auch sie war begeistert; nachdem sie den Roman gelesen hatte, stimmte sie der Rolle zu, ohne Hitchcock überhaupt nach ihrer Gage zu fragen (sie betrug 25.000 Dollar - ein Viertel dessen, was sie normalerweise von Paramount bekam).

Da Bates nun als eine weniger offensichtlich gestörte Figur dargestellt wurde als im Roman, entschied sich Hitchcock für Anthony Perkins für diese Rolle. Perkins war erst Ende 20 und hatte ein angenehmes und jugendliches Aussehen, das genau zu Stefanos Bild von Norman passte. Er hatte auch das Talent, die Rolle zu spielen - er war 1956 für einen Oscar nominiert worden und hatte an der Seite von Jane Fonda und Sophia Loren gespielt.

Obwohl Leigh als Marion die prominenteste Darstellerin im Drehbuch war, sollte die Frau, die die meiste Zeit auf der Leinwand verbrachte, ihre Schwester Lila sein. Hitchcock wollte eine talentierte und zuverlässige Darstellerin für diese Rolle, und er wandte sich an Vera Miles. Die 30-jährige Miles hatte schon einmal mit ihm zusammengearbeitet, als sie 1956 in dem Dokudrama Der falsche Mann die Frau eines zu Unrecht angeklagten Musikers spielte.

John Gavin, ein relativ neuer Schauspieler, der von Universal für die männliche Hauptrolle vorgesehen war, wurde für die Rolle des Sam Loomis ausgewählt. Gavin - der später für die Rolle des James Bond in Betracht gezogen wurde - würde eine sympathische Figur abgeben, war aber nicht prominent genug, um Perkins und Miles in den Schatten zu stellen.

Die Besetzungsliste passte perfekt zu Hitchcocks Zielen. Ohne die Unterstützung von Paramount war sein

Budget auf das beschränkt, was er selbst aufbringen konnte, und er war auch zunehmend frustriert über einige der großen Hollywood-Stars. Hohe Gagen konnten große Teile des Filmbudgets verschlingen, und einige von ihnen fühlten sich sicher genug, um überzogene Forderungen als Bedingung für einen Auftritt zu stellen. Eine von Hitchcocks Sorgen zu dieser Zeit war es, eine Gruppe von Schauspielern und Schauspielerinnen zusammenzustellen, die über das von ihm gesuchte Talent verfügten, aber nicht so mächtig waren, dass sie auf Änderungen des Drehbuchs bestanden, um ihrem Selbstverständnis zu entsprechen. Das Ensemble, das er nun zusammengestellt hatte, erfüllte diese Anforderungen. Nun war es an der Zeit, mit den Dreharbeiten zu beginnen.

[7]

BEGINN DER DREHARBEITEN

Da die Tonstudios von Paramount nicht zur Verfügung standen, griff Hitchcock auf die Ressourcen zurück, die er für seine Fernsehshow verwendete. Revue Productions war 1943 von MCA als Radiostudio gegründet worden und expandierte 1950 ins Fernsehen. Ab 1960 gehörte es zur Universal-Gruppe und Alfred Hitchcock Presents wurde zu einer ihrer beliebtesten Sendungen. Da es sich bei den meisten Aufnahmen für Psycho um Innenaufnahmen handeln würde, verfügte das Studio über die erforderlichen Einrichtungen. Ein weiterer Vorteil war, dass er den Zugang streng kontrollieren konnte, was dazu beitrug, dass die Einzelheiten der Handlung nicht in die Hollywood-Presse gelangten.12 Hitchcock schickte Forscher aus, um die Art von Schauplätzen zu finden, die in dem Film gezeigt werden sollten - Immobilienbüros, Motelzimmer und Vorstadthäuser - und Hunderte von Fotos zu machen. Dies war typisch für seine Liebe zum Detail, die es den Set-Designern ermöglichte, das Gefühl eines realen Ortes einzufangen. Er suchte sich sogar eine Frau, die seinem Bild von Lila Crane ähnelte, und ließ ihre gesamte Kleiderkollektion fotografieren. Es würde keine

gewöhnliche Frau mit einer Laufsteggarderobe sein -
Lila würde authentische Outfits tragen.

Der größte Teil der Crew für Psycho wurde
direkt von Alfred Hitchcock Presents übernommen.
Hitchcock kannte sie bereits und sie waren mit seiner
Arbeitsweise vertraut, was das Leben am Set erleichtern
würde. Einige wichtige Spezialisten wurden von außen
hinzugezogen, zumeist Leute, mit denen er schon bei
früheren Filmen zusammengearbeitet hatte. Einer von
ihnen war Bernard Hermann, der den Großteil der
Musik für seine Filme geschrieben hatte. George Tomasini hatte seit 1954 sieben Hitchcock-Filme geschnitten, darunter North by Northwest und den klassischen
Krimi Rear Window.13 Schließlich wurde der Designer
Saul Bass mit der Erstellung der Storyboards und der
Titelsequenzen beauftragt.

Eines der ikonischsten Bilder aus Psycho ist das
Bates-Haus selbst. Das wackelige, klapprige und un-
heimliche Haus erhebt sich über dem Motel und einige
der dramatischsten Szenen spielen sich in und um das
Haus herum ab. Inspiriert wurde es durch ein Gemälde
von Edward Hopper, einem realistischen Künstler, der
sich auf Szenen aus dem gewöhnlichen amerikanischen
Leben spezialisiert hatte. Sein Ölgemälde The House by
the Railroad zeigte ein dreistöckiges Fachwerkhaus mit
einer großen Veranda und einem neugotischen Turm,
und Hitchcock beschloss, dieses Aussehen für den Film
nachzuahmen.14

Während die Kulissen für das Haus und das Motel gebaut wurden, begann Hitchcock mit der Arbeit an den Außenaufnahmen. Eines seiner technischen Ziele war es, eine Einstellung zu übertreffen, die zwei Jahre zuvor von Orson Welles, einem seiner größten Rivalen unter den Hollywood-Regisseuren, gedreht worden war. In Touch of Evil eröffnete Welles den Film mit einer langen "Dolly Shot"-Aufnahme, einer schwungvollen Szene durch eine Stadt, bei der die Kamera mehrere hundert Meter auf einer an einem Kran befestigten Plattform verschoben wurde. Das war eine beeindruckende Kameraarbeit, und Hitchcock überlegte, wie er sie noch übertreffen könnte. Die Lösung, die er fand, war der Einsatz eines Hubschraubers. Seine Vision war eine Szene, in der die Kamera eine Stadt durchquert und schließlich an ein Hotelfenster heranzoomt, durch das man Sam und Marion zusammen im Bett sehen kann. Wenn alles wie geplant funktionierte, würde die Aufnahme unglaubliche vier Meilen umfassen und damit Welles' Leistung bei weitem übertreffen.

Wie sich herausstellte, ist das Filmen aus einem Hubschrauber nicht so einfach, wie es aussieht. Hubschrauber sind berüchtigt für ihre Vibrationen, und bis zur Entwicklung stabilisierter Kamerahalterungen war das Filmen aus einem Hubschrauber ein äußerst schwieriges Unterfangen. Teile der Aufnahme waren zu wackelig, um verwendet werden zu können, und mussten mit Studiomaterial zusammengeschnitten werden. Hitchcocks Ziel, Welles zu übertrumpfen, wurde zwar nicht ganz erreicht, aber der lange Schwenk von der Skyline von Phoenix hinunter zum Fenster wirkte wie ein dramatisches Stück Kino.

Neben solchen aufsehenerregenden Szenen wurde auch eine große Anzahl an Archiv- und Hintergrundmaterial benötigt. Zu Beginn des Films macht sich Marion mit ihrem Auto von Phoenix aus auf die Reise, die schließlich im Bates Motel enden wird. Für die Szenen, in denen sie mit dem Auto fährt, wurde Highway-Material benötigt, das dann im Bluescreen-Verfahren als Hintergrund hinzugefügt wurde. Ein Filmteam drehte entlang des Highway 99 zwischen Fresno und Bakersfield, wobei ein kalifornischer Drehort gewählt wurde, weil er für das Universal-Gelände in Los Angeles, wo die Produktion angesiedelt war, günstiger war. Die Aufnahmen für die Szene, in der ein Autobahnpolizist Marion schlafend in ihrem Auto vorfindet, wurden ebenfalls zur gleichen Zeit gemacht.

Andere Dreharbeiten wurden in Phoenix fortgesetzt, darunter auch Straßenszenen. Bei der Sichtung des Filmmaterials einer Aufnahme stellte Hitchcock fest, dass in einigen Geschäften Weihnachtsdekorationen zu sehen waren. Anstatt die Szene neu zu drehen, fügte er einfach ein passendes Datum - den 11. Dezember - in den Anfangstitel ein.

Endlich waren die Kulissen auf dem Universal-Gelände fertig und der Großteil der Dreharbeiten konnte beginnen. Obwohl seine Crew normalerweise an seiner Fernsehserie arbeitete, wurde Alfred Hitchcock

Presents mit einer Standard-Filmkameraausrüstung gedreht, die auch für Psycho verwendet wurde. Die 35-mm-Kameras waren mit 50-mm-Objektiven ausgestattet, statt mit den kurzen Teleobjektiven, die normalerweise bei Filmproduktionen bevorzugt werden. Die 50-mm-Optik hat ein ähnliches Gesichtsfeld wie das menschliche Auge, was dem Film einen intimeren Look verleiht. Das würde die Atmosphäre von Innenraumszenen erheblich verbessern. Bei Außenaufnahmen wurden häufig Standardobjektive mit einer Brennweite von 80 mm oder mehr verwendet.

Anstatt die Aufnahmen streng nach Drehbuch zu gestalten, beschloss Hitchcock, die Stars ihre Szenen improvisieren zu lassen. Das hatte einige amüsante Folgen. Im fertigen Film sieht man Norman oft Candy Corn essen, eine von Perkins eingeführte Marotte.

Hitchcock hatte natürlich seine eigenen Macken. In 39 seiner 52 erhaltenen Spielfilme tritt er in einer Cameo-Rolle auf. Dies wurde schnell zu einem beliebten Merkmal seiner Arbeit, und die Fans warteten sehnsüchtig darauf, einen Blick auf den Regisseur zu erhaschen. Es wurde sogar so beliebt, dass er begann, die Cameos kurz vor Beginn des Films einzuführen, damit das Publikum nicht zu sehr damit beschäftigt war, nach ihm zu suchen, um wichtige Elemente der Handlung zu erkennen. Für seinen Auftritt in Psycho beschloss er, eine familiäre Verbindung zu spielen. Hitchcocks Tochter Patricia war Schauspielerin und hatte neben häufigen Rollen in Alfred Hitchcock Presents bereits in drei Filmen mitgewirkt (zwei davon, Stage Fright und Strangers on a Train, unter der Regie ihres Vaters). In Psycho wurde sie als Marions Arbeitsfreundin Caroline besetzt.15 Um sich mit ihr ablichten zu lassen und dabei nicht zu aufdringlich zu sein, stand er mit einem Stetson-Hut vor dem Fenster des Büros, während Leigh und Patricia sich drinnen unterhielten.

Natürlich wurde Psycho von Anfang bis Ende mit Hitchcocks gewohnter Sorgfalt und Aufmerksamkeit gedreht, aber eine Szene wird jedem, der den Film je gesehen hat, immer im Gedächtnis bleiben. Das ist die berüchtigte Duschszene. Sie richtig hinzubekommen, sollte zu einer der größten technischen Herausforderungen seiner langen Karriere werden.

[8]

DEN HORROR ERSCHAFFEN

In Blochs Roman ist die Duschszene kurz und kommt zu einem abrupten Ende, das ebenso sachlich wie grausam ist - "Es war das Messer, das ihren Schrei abschnitt. Und ihren Kopf." Hitchcock wollte damit die Spannung auf dem Weg zu einem schockierenden Höhepunkt aufbauen, und dazu brauchte er jedes Quäntchen kompositorisches Geschick.

Die Duschszene ist eine komplexe Mischung aus verschiedenen Blickwinkeln, von denen einige technische Schwierigkeiten aufwiesen. Zum Beispiel blickt eine Einstellung direkt auf den Duschkopf, wobei Wasserstrahlen um die Kamera herumfließen. Wäre das Wasser tatsächlich auf die Linse getroffen, hätte dies das Bild so verzerrt, dass es unbrauchbar geworden wäre. Die Mitteldüsen der Dusche wurden blockiert und die Kamera mit einem Teleobjektiv ausgestattet. Obwohl es so aussieht, als sei die Kamera nahe an der Dusche, war sie doch ein ganzes Stück entfernt, und die Wasserstrahlen hatten sich so verteilt, dass sie weit an ihr vorbeigingen.

Ein weiteres Anliegen war es, den Anteil der Nacktheit in der Szene zu minimieren. Die Tatsache, dass sie unter der Dusche stand, bedeutete natürlich, dass Marion nackt sein würde, aber es gab eine Grenze für die Menge an Fleisch, die gezeigt werden konnte, ohne mit der Zensur in Konflikt zu geraten. Brüste zum Beispiel mussten vermieden werden. Die ersten Aufnahmen waren einfach - Leigh wurde entweder so gefilmt, dass die Aufnahme an ihrer oberen Brust abgeschnitten wurde, oder man sah sie durch den halb undurchsichtigen Duschvorhang. Der eigentliche Angriff war jedoch schwieriger: Der Vorhang war nicht zu sehen, und Hitchcock wollte zeigen, wie Marion sich vor den wiederholten Messerstichen duckt. Das erforderte eine sorgfältige Koordination von Kamera und Leighs Bewegungen. Außerdem waren zahlreiche Nachdrehs erforderlich. Hitchcock hat Wiederholungen immer vermieden, wo immer es möglich war, da er der Meinung war, dass die erste Aufführung einer Szene am frischesten und natürlichsten wirkte. In der Tat ließ er bei vielen seiner Filme die Proben filmen und verwendete oft dieses Material, während er die "offiziellen" Aufnahmen als Backup aufbewahrte.

Bei der Duschszene hat das nicht so funktioniert. Von dem Moment, in dem Marion ihren Bademantel ablegt und in die Dusche steigt, bis zu dem Punkt, an dem die Kamera von ihrem toten Gesicht wegschwenkt, vergehen nur zwei Minuten und 43 Sekunden, aber die Dreharbeiten dauerten eine Woche. Es wurden zwei Kameras verwendet, eine davon ein Handheld-Modell, das für schwierige Nahaufnahmen verwendet werden konnte.

Es gab nicht nur Schwierigkeiten, Leighs auffällige Reize aus dem Bild zu halten, sondern auch mit dem Ende der Szene, als die Kamera auf ihrem Gesicht verweilt, während sie auf dem Boden liegt. In der fertigen Aufnahme sind Leighs Pupillen zu winzigen Punkten zusammengezogen, eine natürliche Reaktion auf die helle Beleuchtung. In Wirklichkeit erweitern sich die Pupillen einer toten Person zu ihrer vollen Größe.16 Hitchcock erwog die Verwendung von Kontaktlinsen, um dieses Aussehen zu erreichen, verwarf die Idee jedoch. Die Kontaktlinsentechnologie war damals viel primitiver als heute, und bevor Leigh die Linsen über einen längeren Zeitraum hätte tragen können, hätte sie sich daran gewöhnen müssen. Das hätte bis zu sechs Wochen gedauert, eine nicht hinnehmbare Verzögerung.

Andere Faktoren machten die Szene zu einer schwierigen Angelegenheit. Tote Menschen reagieren nicht auf das, was um sie herum geschieht, aber Leigh reagierte immer wieder auf das Wasser, das ihr ins Gesicht spritzte. Dagegen konnte man nichts tun; das ist ein Reflex und kann nicht kontrolliert werden. Die einzige Lösung bestand darin, diese Sequenz immer wieder zu drehen, bis sie richtig war.

Insgesamt bestand die Duschszene aus über 50 Einzelaufnahmen, die im Durchschnitt kaum länger als drei Sekunden dauerten - und viele davon waren noch viel kürzer. Sie zu einer fertigen Sequenz zusammenzufügen, war ein langer und anspruchsvoller Prozess.

Jede einzelne Aufnahme musste sorgfältig auf Kontinui-
tätsfehler, unerwünschte Bewegungen und Brüste untersucht, auf ihre Eignung geprüft und dann verwendet
oder verworfen werden. Das zusammengesetzte Filmmaterial musste mit Herrmanns atmosphärischer, wag-
nerianischer Filmmusik koordiniert werden, die eine
große Rolle in der fertigen Szene spielte. Eigentlich
wollte Hitchcock die Duschszene ursprünglich ohne
Musik zeigen, aber Herrmann bestand darauf. Als der
Regisseur das Ergebnis sah, verdoppelte er sofort
Herrmanns Honorar.

Trotz aller Bemühungen hätte sich fast ein Fehler
in den endgültigen Druck eingeschlichen. Glücklicherweise hatte Hitchcocks Frau Alma Reville die Angewohnheit, alle seine Arbeiten vor der Veröffentlichung
zu überprüfen. Reville war Regieassistentin und Filmedi-
torin und hatte Hitchcock kennengelernt, als sie beide
in den 1920er Jahren in einem Londoner Studio arbeiteten. Sie wirkte an vielen seiner späteren Filme mit,
und obwohl sie offiziell nicht als Mitarbeiterin an Psycho
genannt wurde, war sie an der Produktion des Films
sehr interessiert. Die Tatsache, dass Hitchcock ihr Haus
mit einer Hypothek belastet hatte, um die Finanzierung
des Films zu ermöglichen, mag ihr einen Anreiz gegeben haben, auf jedes Detail zu achten. Auf jeden Fall
fiel ihr auf, dass man in der letzten Einstellung, in der
Marion tot auf dem Boden liegt, sehen konnte, wie sie
atmete.17 Es blieb nicht viel Zeit, dieses Problem zu lösen, da es sich um eine der letzten Vorführungen vor

der Veröffentlichung handelte, aber Hitchcock gelang es, die Negative rechtzeitig zu bearbeiten.

Die Dreharbeiten für die Duschsequenz sorgten noch Jahrzehnte nach der Veröffentlichung von Psycho für eine Kontroverse. Sowohl Hitchcock als auch Leigh beharrten darauf, dass kein Body-Double eingesetzt worden war und dass Leigh alle Szenen selbst gedreht hatte. Kein Mitglied der Filmcrew hat jemals ein Körperdouble erwähnt. In einem Buch des Autors Robert Graysmith aus dem Jahr 2010 wird jedoch behauptet, dass viele der Aufnahmen in der Dusche von Marli Renfro stammen, einem Softpornomodell, von dem Graysmith zugegebenermaßen besessen war, seit er sie 1960 im Playboy gesehen hatte.18 Tatsächlich wurde Renfro, die ungefähr die gleiche Statur wie Leigh hatte, als Double für die Szene engagiert, in der Norman Marions in Plastik eingewickelten Körper in den Kofferraum ihres Autos trägt. Graysmith wusste das 1960 noch nicht, als er sich versprach, eines Tages ein Buch über die "einzigartige, unvergessliche" rothaarige Stripperin19 mit der "undefinierbaren Qualität" zu schreiben, die ihn faszinierte.

Graysmith scheint durch die Zeitungsberichte von 2001 über einen alten Mord verwirrt worden zu sein, obwohl er zu seiner Verteidigung nicht der Einzige war. Leigh hatte für den Film eine Ersatzdarstellerin, Myra Davis. Deren Aufgabe war es, Leighs Platz einzunehmen, während die Aufnahmen vorbereitet wurden, so dass die Crew die Beleuchtung und den Ton

überprüfen konnte, ohne teure Stars am Set zu haben.
Davis wurde 1988 vergewaltigt und erdrosselt, und als
ihr Mörder dreizehn Jahre später gefasst und verurteilt
wurde, berichteten einige Zeitungen fälschlicherweise,
sie sei Leighs Double gewesen. Graysmith dachte
zunächst, Myra Davis sei Renfros richtiger Name
gewesen, fand dann aber heraus, dass der 63-jährige
Renfro noch am Leben war und in Kalifornien lebte.20 In
seinem Buch behauptet er, dass der Mörder von Davis,
der Handwerker Kenneth Dean Hunt, ein besessener
Psycho-Fan war, der aus Eifersucht Leighs Doppel-
gängerin töten wollte, es aber vermasselte und das
Double ermordete.

Wer auch immer die Leiche in der Dusche war -
und Leigh sagte mehrmals, dass sie es war - die
Gesamtwirkung war schockierend. Wenn man Bild für
Bild analysiert, wird überraschend wenig enthüllt, aber
der Film ist so gut geschnitten und bearbeitet, dass das
Publikum eine schnelle Abfolge von Bildern aufnimmt
und sie zu einem schrecklich detaillierten Bild eines brutalen Mordes zusammensetzt. Selbst so einfache Dinge
wie Marions Blut, das in den Abfluss fließt - es wurde
Schokoladensirup verwendet, weil er auf Schwarz-Weiß-
Film besser zu sehen ist - wurden geschickt arrangiert,
um die Atmosphäre zu verstärken.

Zwei weitere Mythen haben sich um die Duschszene gebildet. Der eine besagt, dass Saul Bass, der
Grafikdesigner, bei dieser Szene Regie geführt hat. Bass
behauptete dies in den 1990er Jahren, wurde aber von

Leigh und Regieassistent Hilton Green widerlegt. Es scheint unwahrscheinlich, dass Hitchcock, der für seinen Perfektionismus und die strenge Kontrolle, die er über jedes Detail des Produktionsprozesses forderte, bekannt war, eine so wichtige Szene jemandem überlassen hätte, der nicht einmal ein ausgebildeter Regisseur war. Schließlich wird oft gemunkelt, dass Leighs Schreie durch die Dusche mit kaltem Wasser besprüht wurden, um sie realistischer zu machen. Auch das hat Leigh dementiert und gesagt, dass die Crew immer sehr gut darauf geachtet hat, dass sie heißes Wasser hatte.

[9]

REZEPTION

Psycho wurde am 16. Juni 1960 unter äußerst strengen Bedingungen veröffentlicht. Hitchcock bestand darauf, dass die Hauptdarsteller vor dem Kinostart keine Interviews gaben, da sie sonst die Wendungen der Handlung verraten hätten. Das mag für einen Film, der auf einem Roman basiert, der seit einem Jahr im Handel war, sinnlos erscheinen, aber es halten sich hartnäckige Gerüchte, dass Hitchcock fast alle Exemplare des Buches aufgespürt und gekauft hatte, um dessen Geheimnisse so gut wie möglich zu bewahren. Vorabvorführungen für Filmkritiker wurden gestrichen, was die Kritiker zwar verärgerte (und einige mittelmäßige Kritiken einbrachte), aber ein Durchsickern verhinderte. Am umstrittensten war, dass Hitchcock den Kinobesitzern anordnete, niemanden nach Beginn des Films hineinzulassen. Dagegen gab es Proteste, da einige befürchteten, dass sie dadurch Geschäftseinbußen erleiden würden, aber am Ende bekam Hitchcock Recht. Die geheimnisvolle Atmosphäre, die sich um Psycho bildete, sorgte dafür, dass am Premierenabend in vielen Kinos Warteschlangen gebildet wurden. Der Film spielte über 60 Millionen Dollar an den Kinokassen ein und war so erfolgreich, dass er 1965 neu aufgelegt wurde. Der Film wurde 1967 erstmals im Fernsehen ausgestrahlt und wird seither regelmäßig wiederholt. Gute Einschaltquoten sind immer noch garantiert. Das Kinopublikum liebte Psycho, aber die Filmzensur war sich da nicht so sicher. Die amerikanische Filmindustrie unterlag damals den eisernen Beschränkungen des Motion Picture Production Code, einer Reihe von Richtlinien, die festlegten, was akzeptabel war. Der 1930 verabschiedete Produktionskodex basierte auf der früheren Arbeit eines Presbyterianers, Will H. Hays, und war in Sachen "Unmoral" vorhersehbar streng. Er enthielt eine lange Liste von Dingen, die nicht im Film gezeigt werden durften, darunter Beziehungen zwischen Rassen, Homosexualität, eine lange Liste von Schimpfwörtern, Ehebruch und Prostitution. Alle Verbrechen, die in einem Film gezeigt wurden, mussten bestraft werden, und es war verboten, sie so darzustellen, dass die Verbrecher sympathisch wirken konnten. Sex außerhalb der Ehe durfte nicht in einem positiven Licht dargestellt werden, und Autoritätspersonen mussten mit Respekt behandelt werden. Der Klerus durfte unter keinen Umständen als komische Figur oder als Übeltäter dargestellt werden, obwohl dies bei Polizeibeamten gelegentlich möglich war. Selbst für die Verhältnisse der 1930er Jahre war der Kodex unglaublich streng; beunruhigenderweise wurde darin sogar die Notwendigkeit erörtert, "Gedankenverbrechen" zu verhindern, fast zwei Jahrzehnte bevor George Orwell den Begriff in Nineteen Eighty-Four berühmt machte.

Der Production Code war ein Relikt aus der Zeit
der Prohibition in den USA, und Ende der 1950er Jahre
wurde er zunehmend verspottet. Das   amerikanische Publikum strömte in die Kinos, um ausländische
Produktionen zu sehen, die den Kodex offen mis-
sachteten. Brüste waren in einem Hollywood-Film un-
denkbar, aber in einem italienischen Film würden sie
unbemerkt bleiben (zumindest von der italienischen
Zensur - vielleicht weniger vom US-Publikum). Auch unabhängige Filmemacher verstießen regelmäßig gegen
die Beschränkungen, und da die Studios aufgrund der
Kartellgesetze keine Kinos besitzen durften, entstand
ein wachsender Markt für Tabufilme.

Der Kodex war auf Wunsch der Studios
aufgestellt worden und wurde von ihnen durchgesetzt;
er hatte keinen rechtlichen Rückhalt. Da Hitchcock mit
Psycho mehr oder weniger auf sich allein gestellt war,
beschloss er, die Grenzen auszuloten und zu sehen,
womit er durchkommen konnte. Er ging natürlich nicht
zu weit - er wollte das Vertriebsnetz von Paramount auf
seiner Seite haben -, aber der Kodex knarrte definitiv
unter der Belastung und Hitchcock wusste das. Die
zusätzliche Belastung durch Psycho begann, ihn zu zer-
brechen, und er wurde schließlich 1968 durch das
MPAA-Rating-System ersetzt.

Das erste Problem mit den Zensoren des Pro-
duction Code war die Szene zu Beginn des Films, in der
Marion und Sam zusammen im Bett liegen. Obwohl
Leigh als kleines Zugeständnis an den Anstand einen

Büstenhalter trug, behaupteten einige der Zensoren von Paramount, sie könnten eine nackte Brust sehen. Hitchcock wusste, dass das nicht möglich war, weil keine Brust zu sehen war, aber er wusste auch, dass es sinnlos war, mit Hollywoods selbsternannten Moralhütern zu streiten. Stattdessen sagte er ihnen, er würde die Szene neu drehen. Ein paar Tage später legte er ihnen genau dieselbe Kopie zur Prüfung vor. Diesmal sahen die Zensoren, die die Brust zuvor gesehen hatten, sie nicht, während diejenigen, die sie nicht gesehen hatten, sie sahen. Die Szene wurde genehmigt.

Unglaublicherweise war der andere wichtige Einwand - der die Zensurbehörde noch mehr beunruhigte als die Duschszene - der Anblick von Marion, die einen zerrissenen Brief in der Toilette herunterspült.21 Noch nie zuvor war eine Toilettenspülung in einem amerikanischen Film gezeigt worden, und der Gedanke, diese Szene zuzulassen, beunruhigte die Zensoren sehr. Es ist nicht ganz klar, wovor sie das amerikanische Publikum zu schützen gedachten - die meisten Kinobesucher besaßen zweifellos selbst eine Toilette mit Wasserspülung -, aber sie zögerten dennoch, den Film freizugeben. Nur Hitchcocks Überredungskunst war es zu verdanken, dass der Film schließlich freigegeben wurde. Das war auch gut so, denn er war für die Handlung von entscheidender Bedeutung; ein Teil des Briefes, der nicht weggespült wurde, ist ein Hinweis auf Marions Verschwinden.

SCHLUSSFOLGERUNG

Als Hitchcock Psycho drehte, war sein Ruf als einer der größten Filmemacher des 20. Vielleicht war es das, was ihn dazu brachte, diesen Film zu machen, denn er unterschied sich stark von den Spannungsfilmen, auf denen er seine Karriere aufgebaut hatte. Psycho war, obwohl er Spannung sehr effektiv einsetzte, im Grunde ein Slasher-Film. Sein großer kommerzieller Erfolg veränderte die Sichtweise Hollywoods auf Sex und Gewalt und beschleunigte den Zusammenbruch des restriktiven Production Code. Die meisten Horrorfilme, die heute gedreht werden, verdanken ihre Existenz dem Film Psycho.

Was hat Psycho für sein Produktionsteam und seine Stars gebracht? Alle vier Hauptdarsteller setzten ihre erfolgreiche Schauspielkarriere fort, und vor allem Perkins erhielt durch die Bekanntheit seiner Rolle als Norman Bates einen enormen Auftrieb. Für Hitchcock war der Film ein künstlerischer Triumph und ein finanzieller Glücksfall - aufgrund der enormen Einspielergebnisse lag sein Anteil von 60 % weit über dem normalen Honorar, das ihm Paramount verweigert hatte. Für Hitchcock bedeutete der Film keine wesentliche Änderung seiner künstlerischen Richtung - sein nächster Film, Die Vögel, war ein weiterer Horrorfilm, aber danach kehrte er mit Marnie zu psychologischen Dramen zurück. Er muss sich allerdings manchmal gewundert haben, denn nichts, was er später drehte, kam an den kommerziellen Erfolg von Psycho heran.

Psycho muss als Erfolg für die Menschen gewertet werden, die ihn gemacht haben, und - auch wenn viele von ihnen das damals nicht wahrhaben wollten - für die amerikanische Filmindustrie. Indem er den Studios die Freiheit zurückgab, mit ausländischen Filmen zu konkurrieren, öffnete er Hollywood den Weg, Inhalte zu produzieren, die auf ein anderes Publikum zugeschnitten sind, anstatt die drakonischen, für alle geltenden Beschränkungen des Production Code zu befolgen.

Aber was ist mit den Zuschauern? Nach heutigen Maßstäben ist die tatsächliche Gewalt in dem Film unglaublich zurückhaltend, aber die Kunstfertigkeit, die dahinter steckt, bedeutet, dass er immer noch als einer der besten Horrorfilme aller Zeiten gilt. Vielleicht hat der Film deshalb nicht die Anerkennung bekommen, die er verdient hätte, weil er für vier Oscars nominiert war, darunter für die beste Regie und die beste Nebendarstellerin (für Leigh), obwohl Leigh bei den Golden Globes die gleiche Auszeichnung erhielt und die Edgar-Allen-Poe-Preise den Film als besten Film auszeichneten.

Natürlich ist nichts davon die Anerkennung, auf die es wirklich ankommt. Selbst heute, mehr als ein halbes Jahrhundert nachdem der Duschvorhang zum ersten Mal zurückgeschoben wurde und Norman in den Kleidern seiner Mutter zum Vorschein kam, tut Psycho immer noch das, was Hitchcock beabsichtigte. Er bringt die Leute zum Schreien.

DIE VÖGEL

EINFÜHRUNG

Wie sein Spitzname vermuten lässt, sind die meisten Hitchcock-Filme engmaschig und kompliziert. Sir Alfred Hitchcock war eine der größten Persönlichkeiten des Kinos im 20. Jahrhunderts. Verantwortlich für eine Reihe von Erfolgen, die von den 1920er Jahren über einen Höhepunkt in den 50er und frühen 60er Jahren bis zu seinem letzten Film, Family Plot von 1976, reichten, führte er bei über 50 Filmen Regie oder produzierte sie. Er spielte eine große Rolle beim Aufstieg der britischen Filmindustrie, überquerte dann den Atlantik und half Hollywood, den Spitzenplatz zu behaupten. Unter seinen Filmen sind vielleicht ein Dutzend echte Klassiker, die Genres von Spionagethriller bis Horror abdecken. Am bekanntesten ist er wohl für Psycho, aber auch seine erschreckende Geschichte über eine kleine Gemeinde, die von einer bösartigen fliegenden Bedrohung angegriffen wird, ist nicht weit davon entfernt.

Die Vögel" unterscheidet sich von den meisten Werken Hitchcocks. Spannung und Gefahr waren häufige Themen in seinen Filmen, aber normalerweise ging die Bedrohung von Menschen aus. Ein Teil seines Talents bestand darin, die Motive seiner Figuren so lange zu verbergen, bis sie als Handlungselement aufgedeckt werden konnten; bis dahin musste das Publikum viel von dem, was vor sich ging, erraten, und Hitchcock war ein Meister im Einfügen irreführender Hinweise, um sie aus der Bahn zu werfen. Egal, wie genau man die Handlung verfolgt, eine große

Überraschung ist fast garantiert. In Die Vögel jedoch war der Feind kein menschlicher Bösewicht, sondern Tausende von Vögeln, die plötzlich und ohne ersichtlichen Grund angriffen. Sie hatten keine Beweggründe zu verbergen, nur einen unstillbaren Drang zu töten. Das machte sie mindestens so furchterregend wie alle denkwürdigen Bösewichte von Hitchcock.

Für Bewunderer von Hitchcock wirft Die Vögel auch beunruhigende Fragen über den Regisseur als Person auf. Er war in vielerlei Hinsicht ein komplexer und verwirrender Charakter, und vielleicht ist es nicht verwunderlich, dass jemand, der seine Karriere darauf aufbaute, Spannung und Angst auf der Leinwand zu erzeugen, auch einige dunklere Seiten in seinem Privatleben hatte. In den Jahrzehnten seit der Entstehung von Die Vögel gab es viele Enthüllungen über Hitchcocks gestörte Beziehung zu Tippi Hedren, dem obskuren Modell, das er auswählte und fast über Nacht zum Star machte. Die tatsächliche Natur dieser Beziehung ist äußerst umstritten. Einige bezeichnen Hitchcock als sexuelles Raubtier, während andere Hedren als Lügnerin und Fantastin bezeichnen. Die Wahrheit ist zu diesem Zeitpunkt wahrscheinlich genauso schwer zu ergründen wie eine seiner komplizierten Handlungen.

Abgesehen von den Details der Geschichte und wie es zur Verfilmung kam, ist eine der interessantesten Fragen zu Die Vögel jedoch, warum Hitchcock den Film überhaupt gedreht hat. Der Titel stammt aus einer Kurzgeschichte der englischen Autorin Daphne du

Maurier, aber abgesehen von der Grundidee, dass Menschen von Vögeln angegriffen werden, wurde nicht viel mehr daraus übernommen. Die Handlung war Hitchcock pur. Woher kam der Film also?

Es stellte sich heraus, dass er durch einen seltsamen und beunruhigenden Vorfall inspiriert wurde, der sich nur wenige Meilen von seinem Wohnort in Kalifornien entfernt ereignete. In einer Nacht im Jahr 1961 flogen Tausende von Seevögeln auf mysteriöse Weise an Land und stürzten in Autos, Häuser und Menschen entlang eines Küstenstreifens. Jüngste Forschungen haben endlich die wahre Ursache der Invasion aufgedeckt, aber das tut dem Klassiker Die Vögel keinen Abbruch. Wie so oft war Hitchcock ein Genie darin, das Wahre mit dem Fantastischen zu vermischen.

[1]

MONTEREY-BUCHT

Die Geschichte von "Die Vögel" ist im Grunde ganz einfach und jedem Fan des Horrorgenres bekannt. Vor allem von den 1960er bis zu den frühen 80er Jahren waren Massenangriffe von zuvor harmlosen oder einsamen Tieren ein beliebtes Motiv für alle, die ihren Lesern oder Zuschauern einen Schrecken einjagen wollten. Manchmal werden die Bösewichte aus den Nachrichten übernommen, wie bei der "Killerbienen"- Panik, die die USA in den 70er und 80er Jahren heimsuchte, als sich afrikanisierte Honigbienen von Brasilien aus über Mittel- und dann Nordamerika nach Norden ausbreiteten.1 Andere spielen auf die Abneigung der Vorfahren gegenüber echten Schädlingen wie Ratten an. Einige Filme haben sich ganz von der Realität verabschiedet - Piranhas können gefährlich sein, wenn man in den falschen Fluss fällt, aber sie haben nie Flügel entwickelt und sind nie in Strandbäder eingedrungen.

Wie das Thema vermuten lässt, zielen viele Romane und Filme über Tierangriffe auf das untere Ende des Marktes ab. Es gibt aber auch Ausnahmen, und "Die

---

1 Die "Killerbienen" erreichten 1985 schließlich die USA. Bisher haben sie etwas weniger Menschen getötet als normale Bienen.

Vögel" ist einer der Höhepunkte des Genres. Hitchcock hat hier seine ganze Kunstfertigkeit eingebracht und einige klassische Spannungsmomente geschaffen. Eine Frage, die sich viele gestellt haben, lautet: Woher hatte Hitchcock die Idee? Offiziell basiert der Film auf dem gleichnamigen Kurzroman von Daphne du Maurier, aber abgesehen von der zentralen Idee, dass Vögel Menschen angreifen, ist die Verbindung eher lose. Im Jahr 2011 brachte ein Team von Umweltwissenschaftlern der Louisiana State University Licht ins Dunkel, indem es den Mageninhalt von 1961 gefangenen Meerestieren untersuchte. Sie fanden heraus, dass eine normalerweise harmlose Art von Meeresalgen giftig geworden war und die Gehirne von Seevögeln vor der Küste Kaliforniens - dem Drehort des Films - angriff. In jenem Jahr wurden die Bewohner der Monterey Bay für kurze Zeit durch bizarre Vorfälle mit Hunderten kranker, wahnsinniger Vögel in Angst und Schrecken versetzt. Die Wahrheit war weit weniger beängstigend als Hitchcocks Film, aber sie war beängstigend genug für die Menschen, die darin verwickelt waren. Es war auch ein anschauliches Beispiel dafür, wie kleine Faktoren eine schwerwiegende - und manchmal gefährliche - Wirkung auf die Natur haben können.

Kalifornien ist seit über 40 Jahren der bevölkerungsreichste Staat der USA, aber das war nicht immer so. Als es 1850 der Union beitrat, war es fast unbewohnt, und die meisten Menschen, die dort lebten, waren in den letzten Monaten auf der Suche nach Gold gekommen.

Zwischen 1849 und 1852 wuchs San Francisco von einer winzigen Siedlung mit 200 Einwohnern rund um eine Missionsstation zu einer Stadt mit fast 40.000 Einwohnern. Der Goldrausch ebbte um 1855 ab, aber es zog immer mehr Menschen nach Kalifornien; es war ein großartiger Ort für die Landwirtschaft, und der zunehmende Handel mit dem Fernen Osten zog Seeleute, Kaufleute und Hafenarbeiter an. Entlang der Küste entstanden Häfen, in denen Geschäfte, Saloons und Transportunternehmen angesiedelt wurden. Die Bevölkerung wuchs weiter, und die Küstenorte entwickelten sich zu blühenden Städten.

Nach dem Zweiten Weltkrieg erlebte Kalifornien einen weiteren Wachstumsschub. Als die Amerikaner wohlhabender wurden, zog es viele von ihnen zum Wetter und zur Pazifikküste des Bundesstaates, aber nicht alle wollten in einer Großstadt leben. Kleine, angenehme Küstenstädte begannen, sich zu Wohnvororten zu entwickeln, in denen die Menschen nur eine kurze Fahrt von den Städten und ihren Arbeitsplätzen entfernt einen guten Lebensstandard genießen konnten. Da der Autobesitz rasch zunahm, war dies ideal. Da die Bevölkerung so schnell wuchs, entstand natürlich ein Druck auf das Wohnungsangebot, so dass Hunderttausende neuer Häuser gebaut werden mussten. In den 1940er Jahren wuchs die Bevölkerung Kaliforniens um über 50 Prozent, als sich dreieinhalb Millionen Neuankömmlinge ansiedelten. In den 1950er Jahren kamen weitere fünf Millionen hinzu.22 Während des Krieges und in den zwei Jahrzehnten danach war die gesamte Küste des Bundesstaates mit Baustellen übersät, auf denen Zehntausende von Arbeitern an der Errichtung neuer Häuser arbeiteten. Auf jeder dieser Baustellen gab es Toiletten für die Arbeiter, und die meisten von ihnen wurden in eilig gebaute Klärgruben entsorgt. Einige von ihnen waren aus Sicherheitsgründen zu hastig gebaut worden, und ein ständiges Rinnsal roher Abwässer fand seinen Weg ins Meer.

Wenn wir an das Leben im Meer denken, kommen uns in der Regel zuerst Fische in den Sinn, aber tatsächlich sind die zahlreichsten Lebensformen im Ozean das Plankton. Das häufigste Plankton sind Algen, winzige pflanzenähnliche Einzeller, die an der Wasseroberfläche schwimmen, wo sie Energie aus dem Sonnenlicht gewinnen können. Die meisten von ihnen sind mikroskopisch klein, so dass sie außer von Wissenschaftlern nur selten gesehen werden, aber in einem einzigen Eimer Meerwasser kann es Millionen davon geben. Algen sind ein wesentlicher Bestandteil des Ökosystems des Meeres - sie liefern nicht nur Nahrung für viele größere Tiere, sondern bauen auch Kohlendioxid ab und produzieren Sauerstoff, der sich entweder im Wasser auflöst oder in die Atmosphäre entweicht. Zu den schönsten Algen, wenn man ein Mikroskop hat, gehört die große Gruppe der Kieselalgen. Sie sind in glasartige Käfige aus Siliziumdioxid gehüllt, ein einzigartiges Merkmal unter den Algen, und sie sehen auf Mikroskopbildern spektakulär aus.

Kieselalgen sind für Wissenschaftler auch nützlich, um die Wasserqualität zu messen - sie reagieren sehr empfindlich auf Verschmutzung. Einige Arten der Verschmutzung töten Kieselalgen ab, aber andere können sie ernähren und eine schnelle Bevölkerungsexplosion verursachen. Wenn das passiert, nennen Wissenschaftler das eine Algenblüte. Manchmal entstehen sie auf natürliche Weise, aber wenn sie in Küstennähe auftreten, stellt sich oft heraus, dass die Verschmutzung dafür verantwortlich ist. Bei vielen Algenarten führt ihre Vermehrung lediglich dazu, dass die Meerestiere mehr zu fressen haben, aber einige Arten können dem Wasser schnell alle Nährstoffe entziehen und große Umweltprobleme verursachen. Die schlimmsten Fälle treten jedoch auf, wenn die Algen giftig sind. In diesem Fall spricht man von einer schädlichen Algenblüte, kurz HAB. Es gibt auch einen dramatischeren Namen dafür - Rote Flut.

Vor der Küste Kaliforniens sind die häufigsten giftigen Algen aus der Familie der Pseudo-Nitzschia bekannt. Nicht alle von ihnen sind giftig; einige sind es nur, wenn die Bedingungen richtig sind. Wenn dies der Fall ist, produzieren sie jedoch eine Chemikalie namens Domoinsäure. Diese ist ein Neurotoxin - sie greift das Nervensystem an. Die Domoinsäure wird mit vielen Vergiftungsfällen beim Menschen in Verbindung gebracht, da sie sich in Muscheln, die sich durch das Herausfiltern von Plankton aus dem Wasser ernähren, in gefährlichen Mengen ansammeln kann. Wenn jemand die Muscheln dann isst, kann er Opfer einer Amnesie-Vergiftung werden, die eine Reihe von Symptomen wie Übelkeit, Schwindel, Gehirnschäden und Gedächtnisverlust verursacht. Sie kann sogar tödlich sein; von 107 bestätigten Fällen starben vier Opfer.

Nicht nur Schalentiere können eine gefährliche Dosis Domoinsäure aufnehmen, wenn sie sich von Plankton ernähren, sondern auch einige Fische, darunter Sardinen und Anchovis. Diese kleinen Fische schwimmen in großen Schwärmen nahe der Wasseroberfläche und werden daher häufig von Seevögeln gefressen. Sardellen brüten in großer Zahl vor der kalifornischen Küste, und sie versammeln sich in der Regel in und um die Monterey Bay; dort ist das Wasser etwas wärmer, so dass ihre Eier schneller schlüpfen, wenn sie sie dort ablegen.23 Die dichten Schwärme der winzigen Fische ziehen Seelöwen, Buckelwale, Große Tümmler - und Vögel - an.

Der Rußsturmtaucher ist etwa so groß wie eine Möwe, hat eine Flügelspannweite von über einem Meter und ein charakteristisches dunkelbraunes Gefieder. Sie brüten nur an wenigen Orten im äußersten Süden - in Neuseeland, an der Ostküste Australiens, an der äußersten Spitze Südamerikas um Kap Hoorn und auf den Falklandinseln. Man kann sie aber fast überall auf den Weltmeeren sehen, denn sie machen jedes Jahr eine erstaunliche Wanderung, bei der sie fast bis an den Rand des Polarkreises fliegen. Vögel von den Falklandinseln wurden im Norden Norwegens gesichtet, mehr als 8.700 Meilen entfernt. Im Pazifik können sie sogar noch weiter fliegen; es gibt Hinweise darauf, dass Vögel aus Neuseeland jedes Jahr bis zu 46.000 Meilen zurücklegen.24 Diese unglaublichen Reisen werden unternommen, damit die Sturmtaucher das ganze Jahr über bei sommerlichem Wetter bleiben können, um das bessere Nahrungsangebot in wärmeren Meeren zu nutzen. Ein Zwischenstopp auf ihrer langen Wanderung ist für die neuseeländischen Vögel die Küste von Kalifornien.

Sturmtaucher sind den Fischern wohlbekannt; sie folgen oft Fischerbooten auf See und ernähren sich von über Bord geworfenen Abfällen. Fische und Tintenfische gehören zu ihrer normalen Nahrung, und sie sind sehr gut darin, diese zu finden. Wenn nötig, können sie mehr als 200 Fuß unter die Oberfläche tauchen, um Beute zu machen, aber sie ziehen es vor, ihre Nahrung nahe der Oberfläche zu fangen. Sie folgen oft großen, fischfressenden Walen, um Fische zu erbeuten, die vor den riesigen Tieren fliehen. Natürlich sind auch kleine Fische, die in Küstennähe fressen, ein bevorzugtes Ziel von Sturmtauchern. Diese Fische folgen den Nahrungsquellen, und das sind in der Regel die Strömungen. Meeresströmungen können unvorstellbare Mengen an Wasser bewegen - oft Milliarden von Tonnen pro Sekunde - und dabei wird eine Menge Nahrung mitgerissen. In der Tiefsee fließen die Strömungen langsam und gleichmäßig, aber in Küstennähe werden sie oft durch die Küste oder den Meeresboden gestört, so dass riesige Strudel entstehen, in denen sich die Nahrung verfängt. Dies sind ideale Futterplätze für kleine Fische wie Sardellen, die wiederum Sturmtaucher anlocken. Die Monterey Bay ist 22 Meilen breit und schneidet 16 Meilen in die Küste ein; Gezeiten und die Strömungen, die die Küste hinauffließen, sorgen für eine enorme Zirkulation in ihr und schaffen einen biologischen Hotspot, der so gut wie jedes Glied der Nahrungskette anzieht.

Viele Vögel ziehen in großen Schwärmen los. Sturmtaucher tun das nicht - sie ziehen einzeln los. Es gibt jedoch Millionen von ihnen - die meisten Schätzungen gehen von einer weltweiten Population von etwa 20 Millionen aus[25] - und sie ziehen alle ungefähr zur gleichen Zeit. Das bedeutet, dass sich zeitweise riesige Schwärme an beliebten Futterplätzen bilden können, was vor der Küste Kaliforniens nicht ungewöhnlich ist. Manchmal sind die Schwärme so groß, dass sie den Himmel buchstäblich verdunkeln, wenn sie über uns hinwegfliegen.[26] In der Monterey Bay ist es nicht ungewöhnlich, dass sich über 100.000 von ihnen auf einmal versammeln.[27] Es ist ein beeindruckender Anblick, und viele Vogelbeobachter reisen jedes Jahr an die kalifornische Küste, um sie zu beobachten, aber so viele Vögel an einem Ort zu haben, kann schreckliche Folgen haben, wenn etwas schief geht.

Im Sommer 1961 tauchten die Sturmtaucher wie üblich in großer Zahl vor der Monterey Bay auf. Wie immer ließen sie sich über den Sardellenschwärmen nieder und machten sich daran, so viele zu fressen, wie sie konnten. Sardellen können sich zu Hunderten von Millionen versammeln, so dass selbst ein großer Schwarm von Sturmtauchern nur eine kleine Delle in deren Bestand verursacht. In diesem Jahr sollten die Sardellen den Sturmtauchern eine viel größere Delle zufügen.

Irgendwann Anfang August begann die Population der Pseudo-Nitzschia-Algen vor der kalifornischen Küste explosionsartig zu wachsen, da sie sich von auslaufendem Abwasser ernährten. Normalerweise sind die meisten Pseudo-Nitzschia-Arten nur geringfügig giftig, aber wenn sie mit bestimmten Bakterien in Kontakt kommen, beginnen sie, hohe Mengen an Domoinsäure zu produzieren.[28] Die Abwässer sind vor allem in den warmen Sommermonaten mit Bakterien verseucht, und die Algen reagieren darauf, indem sie riesige Mengen des Giftstoffs absondern. Milliarden von Sardellen entlang der Küste ernährten sich von den Algen. Die Fische verdauten den größten Teil der Kieselalgenzellen und verwandelten ihn in die Nährstoffe, die sie zum Überleben und Wachsen brauchten, und schieden die winzigen, glasigen Fragmente der Zellkörper aus. Die Säuremoleküle sammelten sich jedoch langsam in ihren Körpern an. Domoinsäure scheint für Fische nicht schädlich zu sein - obwohl sie als Ursache für das Sardinensterben untersucht wird[29] -, so dass sie auf die Sardellen keine nennenswerten negativen Auswirkungen hatte, aber jeder winzige Silberkörper wurde zu einer Miniaturraffinerie, in der sich die Säure auf ein Niveau konzentrierte, das weit über dem eines Eimers Plankton lag. Als sich die Sturmtaucher von Sardellen ernährten, begann sich die giftige Säure auch in ihren Körpern anzusammeln.

Viele Algen enthalten Kainsäure, die das Nervensystem von Tieren, die sie verzehren, stimuliert. Die meisten Tiere haben spezifische Rezeptoren in ihrem Gehirn, die durch Kainsäure aktiviert werden. Leider hat das Säuremolekül fast genau die gleiche Form wie die Domoinsäure, so dass das Toxin die gleichen Rezeptoren aktivieren kann. Wenn dies geschieht, ermöglicht die etwas andere Form des Moleküls, dass Kalzium in die Gehirnzellen eindringt und ihre innere Struktur schnell zerstört. Das Toxin scheint sich auf Gedächtniszellen zu spezialisieren, die Informationen im Gehirn speichern.

Sturmtaucher studieren, wie andere Zugtiere auch, keine Karten mit den Routen, denen sie folgen werden, wenn sie erwachsen sind; sie werden mit den Informationen geboren, die in ihrem Gehirn fest verdrahtet sind. Wenn die Zeit für ihre Wanderung gekommen ist, werden sie durch Umweltreize wie die Temperatur oder den Sonnenstand auf die Reise geschickt und folgen einer Reihe von instinktiven Befehlen, die sie dorthin führen, wohin sie gehen sollen. Eine kleine Anzahl einfacher Anweisungen kann zu sehr komplexen Ergebnissen führen - dies ist ein Bereich der Wissenschaft, den Biologen als emergentes Verhalten bezeichnen - und deshalb gehören Sturmtaucher zu den erstaunlichsten Reisenden im Tierreich. Damit alles funktioniert, müssen jedoch alle Anweisungen vorhanden sein, und als sie die giftigen Sardellen aßen, begann ihr Gehirn zu degenerieren.

Als ihre Instinkte verstümmelt wurden und verschwanden, begann sich das Verhalten der vor der Monterey Bay versammelten Sturmtaucher zu ändern. Sie wurden desorientiert und waren nicht mehr in der Lage, richtig zu navigieren. Gleichzeitig verursachte die Säure Übelkeit und sie begannen, Sardellen zu erbrechen. Große Schwärme mit Tausenden von Vögeln begannen in Richtung Küste zu treiben, wo gerade Hunderte von neuen Häusern gebaut worden waren.

Einige der wichtigsten Instinkte von Zugvögeln sind die Routinen zur Vermeidung von Kollisionen. Natürlich ist es für jeden Vogel lebenswichtig, dass er nicht in etwas hineinfliegt, aber es wird noch wichtiger, wenn Tausende von ihnen in einem dichten Schwarm zusammenfliegen. Vögel sind nicht schwer, aber sie sind schnell, und wenn zwei oder mehr von ihnen zusammenstoßen, werden sie wahrscheinlich beide schwer verletzt. Die Flügelknochen sind zerbrechlich, und ein Zusammenstoß würde sie wahrscheinlich brechen, was zu einem tödlichen Sturz auf den Boden führen würde. Um dies zu vermeiden, haben sich Schwarmvögel so entwickelt, dass sie alles, was sich um sie herum befindet, genau wahrnehmen und automatisch manövrieren, um Abstand zu halten. Deshalb kann ein großer Schwarm innerhalb von Sekunden die Richtung ändern - wenn ein einzelner Vogel seinen Kurs ändert, passen alle Vögel um ihn herum ihre Flugbahn an, um einen sicheren Abstand zu wahren, und in wenigen Augenblicken breitet sich die Bewegung auf die gesamte Gruppe aus. Vögel machen zwar Fehler - sie fliegen zum Beispiel gerne in große Glasfenster -, aber im Allgemeinen ist es ein gutes System, das fast immer funktioniert. Jetzt, in der Monterey Bay, brach es zusammen.

Am Nachmittag des 17. August sah man Vögel über Rio del Mar kreisen, einem bei Touristen beliebten Ort am nördlichen Ende der Küstenlinie der Bucht. Das war ungewöhnlich - normalerweise hielten sich die Sturmtaucher über dem Wasser auf - und der örtliche Schnapsladenbesitzer Joe Sunseri war darüber verwundert. Und es sollte noch viel rätselhafter werden für noch viel mehr Leute.

Am frühen Morgen des 18. August kam ein riesiger Schwarm von Sturmtauchern am nördlichen Ende der Monterey Bay an Land, entlang einer fünf Meilen langen Strecke zwischen Pleasure Point und Rio del Mar.30 In dieser Nacht war die Sicht schlecht, da die Küste durch dichten Nebel verdeckt war, und die Vögel waren verwirrt und desorientiert. Es dauerte nicht lange, bis die Dinge anfingen, schief zu laufen.

Gegen 2 Uhr nachts war Gibson Walters vor seinem Haus in Pleasure Point und sah sich mit einer Taschenlampe um, als ein großer Vogel so tief auf ihn zuflog, dass er sich ducken musste, um ihm auszuweichen. Kurz darauf wurde ein Streifenwagen des Sheriffs, der in der gleichen Gegend unterwegs war,

von mehreren Vögeln getroffen. Deputy Ed Cunning-
ham hatte zu diesem Zeitpunkt den Scheinwerfer des
Wagens eingeschaltet, und die verwirrten Vögel waren
wahrscheinlich in dessen Strahl geflogen. Ein Jugendlicher in der Nähe wurde von einem Sturmtaucher getroffen, als er hinauslief, um den Lärm zu untersuchen.
Gegen 3 Uhr morgens nahm der Strom der Vögel
über Pleasure Point zu. Hunderte von ihnen begannen,
gegen Hauswände zu prallen, und der Lärm weckte die
Bewohner auf. Die Menschen eilten mit Taschenlampen
nach draußen, um zu sehen, was da los war. Die meisten
von ihnen zogen sich schnell zurück, als die
Sturmtaucher auf die Lichtstrahlen zusteuerten und mit
ihnen zusammenstießen. Oben schlugen die Vögel
gegen die Fernsehantennen und brachen viele von ihnen ab. Gegen 4 Uhr morgens traf ein Sturmtaucher
eine Stromleitung, die gegen die benachbarte Leitung
prallte, so dass beide kurzgeschlossen wurden und ein
Teil der Straße verdunkelt wurde.

Im Morgengrauen waren Höfe, Rasenflächen und
Straßen mit Hunderten von toten und sterbenden
Sturmtauchern übersät. Viele waren auf der Stelle tot,
ihr Genick war gebrochen, als sie mit hoher
Geschwindigkeit gegen Gebäude oder Autos prallten.
Andere hatten gebrochene Flügel. Viele schienen unver-
letzt zu sein, konnten aber nicht fliegen - Anwohner sahen, wie sie über den Boden hüpften und versuchten, in
die Luft zu kommen, nur um dann wieder auf den Bauch
zu fallen. Die angeschlagenen Vögel erbrachen

halbverdaute Sardellen und winzige Fischskelette in der ganzen Nachbarschaft. Katzen wurden durch den starken Fischgeruch angelockt und fanden dann den Ort voller leichter Beute - am Boden liegende Vögel, die nicht entkommen konnten. Als die Sonne aufging, versuchten die Bewohner zu tun, was sie konnten. Es war ein erbärmliches Bild, und ein lautes dazu. Die Vögel gaben die unterschiedlichsten Geräusche von sich, einige schnatterten wie Enten, andere schrien wie Babys. Neben den Toten und Verletzten gab es auch Gruppen von unverletzten, aber verwirrten Menschen, die sich unter Autos und Vordächern versteckten. Die Menschen räumten die Kadaver weg, und wo sie die lebenden Vögel fangen konnten, setzten sie sie in Kisten und trugen sie zurück ans Ufer. Obwohl sie an Land hilflos waren, schienen viele von ihnen wieder aufzuerstehen, als sie ins Wasser zurückkehrten, und es gelang ihnen, zu fliegen. Es ist möglich, dass viele der Sturmtaucher nicht von den giftigen Sardellen betroffen waren, sondern ins Landesinnere getrieben wurden, da ihr Schwarminstinkt sie dazu veranlasste, sich mit denjenigen in Formation zu halten, die davon betroffen waren. Während der Aufräumarbeiten wurden acht Menschen von den Vögeln gepickt oder gebissen, und drei von ihnen mussten gegen Tetanus geimpft werden. Zur gleichen Zeit traf Harry Smith ein, der die Vögel mit Bändern versieht, um den Wissenschaftlern zu helfen, ihre Bewegungen zu verfolgen, und brachte Ringe an 65 der Sturmtaucher an, die gesund erschienen.

Die Invasion der Sturmtaucher war bizarr und beängstigend, solange sie andauerte, und stellte die Bewohner der Bucht von Monterey nun vor ein Rätsel. Was hatte den seltsamen Vorfall verursacht und könnte er sich wiederholen? Viele Menschen stellten Theorien auf, um den Vorfall zu erklären. Eine der ersten war, dass die Vögel so viele Sardellen gegessen hatten, dass sie nicht mehr richtig fliegen konnten. Das wurde von den Biologen schnell ausgeschlossen - immerhin hatten sie es geschafft, ins Landesinnere zu fliegen. Viel wahrscheinlicher schien das Wetter die Ursache zu sein. Nebel kann Vögel verwirren, die nach der Sonne oder den Sternen navigieren, wie es bei den Sturmtauchern der Fall sein soll. Wenn die Lichter, nach denen sie ihren Kurs planen, verdeckt sind, versuchen sie oft, andere Lichter zu ersetzen. Leuchttürme entlang der kalifornischen Küste werden bei nebligem Wetter manchmal von Hunderten von Seevögeln angeflogen, und es wurde schnell festgestellt, dass viele der Menschen, die den Sturmtauchern am nächsten kamen, Taschenlampen dabei hatten. Ward Russell, ein Zoologe von der Universität von Kalifornien, untersuchte den Vorfall und kam zu dem Schluss, dass Nebel und Licht die wahrscheinlichste Ursache waren. In der Zwischenzeit setzten die Anwohner die Aufräumarbeiten fort, und die Kalifornier an der ganzen Küste lasen in ihren Morgenzeitungen von dem unheimlichen Vorfall. Einer von ihnen war

Alfred Hitchcock, der nicht weit entfernt in den Bergen von Santa Cruz ein Haus besaß.

Hitchcock hatte sich in den 1920er und 30er Jahren einen hervorragenden Ruf im britischen Kino erworben, und Ende der 30er Jahre war er auch im Ausland sehr beliebt. Hollywood war bereits das Zentrum der globalen Filmindustrie, und da seine Dienste gefragt waren, zog er im März 1939 nach Kalifornien. Dort erreichte seine Karriere neue Höhen, und 1960 drehte er seinen vielleicht berühmtesten Film - Psycho. Es war immer schwer, diesem Film zu folgen, aber Hitchcock war entschlossen, sein Bestes zu geben. Er war immer auf der Suche nach neuem Material, das er in ein Drehbuch einarbeiten konnte, und als er von der seltsamen Sturmtaucher-Invasion in der Monterey Bay hörte, erinnerte ihn das an eine Kurzgeschichte, die er über Killervögel gelesen hatte.

[2]

DER PLOT

Daphne du Maurier wurde 1907 in London als zweite von drei Töchtern der bekannten Schauspieler Sir Gerald du Maurier und Muriel Beaumont geboren. Keines der drei Mädchen folgte ihren Eltern in die Schauspielerei, obwohl alle eine künstlerische Laufbahn einschlugen - eine wurde Malerin und die beiden anderen, darunter Daphne, Schriftstellerin. Daphne war bei weitem die erfolgreichste der drei und veröffentlichte eine Reihe von viel beachteten Romanen und Kurzgeschichten.

Du Mauriers Werk hat seine Kritiker, ist aber auch Jahrzehnte nach ihrem Tod im Jahr 1989 noch beliebt, und vier ihrer Werke wurden verfilmt, drei davon von Alfred Hitchcock. In vielerlei Hinsicht war es nur natürlich, dass sich Hitchcock zu Du Mauriers Werk hingezogen fühlte. Beide waren auf ihrem Gebiet dafür bekannt, Spannung zu erzeugen, und so zog sich ein roter Faden durch ihre künstlerische Laufbahn.

Es ist üblich, dass Künstler wie Romanautoren Beziehungen zu anderen Künstlern eingehen, wie es auch Du Mauriers Eltern, die Schauspieler waren, getan hatten. Du Maurier selbst machte jedoch eine dramatische Ausnahme von dieser Tendenz. Im Jahr 1932 heiratete sie Frederick Arthur Montague Browning, der im Jahr zuvor ihren Roman The Loving Spirit gelesen hatte und von den Beschreibungen der Küste Cornwalls so beeindruckt war, dass er sich das Werk selbst auf seiner Motoryacht ansah. Als er hörte, dass sich die Autorin von einer Blinddarmoperation erholte, besuchte er sie, und nach einer anfänglichen Ablehnung gingen sie eine Ehe ein, aus der drei Kinder hervorgingen. "Boy" Browning war allerdings weder Schriftsteller noch Schauspieler. Er war Major bei den Grenadier Guards, einem Elite-Infanterieregiment der britischen Armee und Teil der persönlichen Leibwache des Herrschers. Als 1939 der Zweite Weltkrieg ausbrach, war er als Brigadier Befehlshaber einer Heimatverteidigungsbrigade. 1941 wurde er zum Generalmajor befördert und übernahm seine bekannteste Aufgabe - den Aufbau der britischen Fallschirmjägertruppe aus der brandneuen und unorganisierten 1st Airborne Division. Browning erlebte einen harten Krieg und spielte eine wichtige Rolle bei der umstrittenen Operation Market Garden im Jahr 1944, bei der der größte Teil der 1. Es muss du Maurier sehr betroffen gemacht haben, dass ihr Mann an einigen der gefährlichsten Schlachten des Krieges teilnahm, obwohl sich später herausstellte, dass beide während des Krieges eine Affäre hatten. Doch so hoch die Risiken waren, so hoch waren auch die Belohnungen - Browning wurde für seine Leistungen zum Ritter geschlagen, und als er 1948 aus der Armee ausschied, wurde er in den persönlichen Stab von Prinzessin

Elizabeth (später Königin Elizabeth II.) aufgenommen. Das bedeutete, dass das Paar ein Haus in London behalten musste, aber auch einen Wohnsitz in Cornwall hatte. Du Mauriers klassischer Roman Rebecca von 1938 (der auch von Hitchcock verfilmt wurde) war von einem riesigen, verfallenen Herrenhaus in Fowey, Cornwall, inspiriert worden. Du Maurier gelang es, das Haus, Menabilly, 1943 zu pachten und zu restaurieren. Nach dem Krieg verbrachten sie und Browning so viel Zeit dort, wie sie konnten.

Irgendwann zwischen Brownings Ausscheiden aus der Armee und 1952 ging du Maurier in der Nähe von Menabilly spazieren, als sie einen örtlichen Landarbeiter beim Pflügen eines Feldes sah.31 Ein Schwarm Möwen kreiste über ihm, und du Maurier, die ein Auge für Spannung hatte, stellte sich vor, dass die Vögel sich auf einen Angriff vorbereiteten und nicht einfach nur in der rohen Erde nach Essbarem suchten.

In den späten 1940er und frühen 50er Jahren schwand der Optimismus, der durch das Kriegsende entstanden war, und wurde durch Unbehagen über die neue Weltordnung ersetzt. Der Kalte Krieg wurde von Monat zu Monat bedrohlicher, da die UN-Truppen in Korea gegen die von der Sowjetunion unterstützten kommunistischen Armeen kämpften. Du Maurier verband diese neuen Ängste mit dem bedrohlichen Bild der kreisenden Möwen und schuf ein kurzes Werk, das er einfach Die Vögel nannte. Es wurde 1952 als Teil einer Sammlung mit dem Titel Der Apfelbaum veröffentlicht, die nach dem Erfolg von Hitchcocks Film in Die Vögel und andere Geschichten umbenannt wurde.

Du Mauriers Novelle wird aus der Sicht von Nat Hocken erzählt, einem Kriegsveteranen, der seine Militärrente durch einen Teilzeitjob bei einem örtlichen Bauern aufbessert. Ein abrupter Wechsel des winterlichen Wetters scheint ein seltsames Verhalten unter den Vögeln hervorzurufen, denn riesige Möwenschwärme sammeln sich an der Uferpromenade. Der erste Angriff ist eine Möwe, die an Nats Schlafzimmerfenster klopft und dann mit einem Picken seine Hand zerkratzt. Weitere Vögel versuchen, in das Schlafzimmer seiner Kinder einzudringen. Nat vertreibt sie, aber am nächsten Tag hört er, dass Vögel in ganz Großbritannien Menschen angreifen. Nat vernagelt seine Fenster und bereitet sich darauf vor, die Angriffe abzuwehren. Der nationale Notstand wird ausgerufen, und die Vogelschwärme werden von Kampfflugzeugen angegriffen, aber die Jäger werden abgeschossen. Das ist nicht so verrückt, wie es sich anhört - Vogelschläge sind eine häufige Ursache für Flugzeugabstürze. Schließlich findet Nat heraus, dass alle seine Nachbarn von den Vögeln getötet wurden. Er sammelt Vorräte und kehrt nach Hause zurück, aber weitere Schwärme greifen sein Haus an. Die Geschichte endet damit, dass er eine letzte Zigarette raucht und die leere Schachtel in den Kamin wirft.

Die Vögel" verwendet die für du Maurier typischen Spannungstricks, um die Angst des Lesers zu steigern. Das hinderte sie jedoch nicht daran, des Plagiats bezichtigt zu werden, was ihr im Laufe ihres Lebens mehrmals widerfuhr. Frank Baker hatte 1936 einen Roman mit dem Titel Die Vögel veröffentlicht (32), und du Maurier hatte zu dieser Zeit für seinen Verleger gearbeitet. Das eröffnete die Möglichkeit, dass sie sein Buch gelesen und die Handlung gestohlen hatte. Es gab jedoch Unterschiede - Bakers Werk war viel länger und spielte in London, und die Vögel darin schienen übernatürliche Wesen zu sein.33 Du Maurier fügte auch noch andere Elemente hinzu. Das aggressive Verhalten der Vögel in ihrer Novelle schien durch einen winterlichen Ostwind verursacht zu werden, und in der aufkommenden Symbolik des Kalten Krieges war ein Ostwind eine starke Metapher für die kommunistischen Feinde im Osten. Der Winter symbolisierte das eisige Wetter, das oft mit Russland in Verbindung gebracht wurde, sowie die bitteren Winterbedingungen, die die UN-Truppen im Kampf gegen den anderen Feind - China - auf der koreanischen Halbinsel erlebten. Das gab ihrer Geschichte zwei Ebenen - eine einfache, aber spannende Horrorgeschichte über kleine Tiere, die die Menschheit zerstören, und eine subtilere Parabel über die westliche Gesellschaft, die von der östlichen Gefahr überwältigt wird.

[3]

DER FILM

Es dauerte nicht lange, bis Hitchcock von der Invasion der Sturmtaucher in der Bucht von Monterey hörte, und der Gedanke daran weckte sein Interesse. Am 18. August, dem Tag des Vorfalls, rief er im Büro der Zeitung an und bat darum, eine Kopie des Artikels an sein Haus in Scotts Valley zu schicken. Am nächsten Tag rief er sie erneut an, um ihnen mitzuteilen, dass er ihren Artikel als Recherchematerial für seinen nächsten Film verwenden wollte.34 Ende des Monats nahm das Grundgerüst von The Birds Gestalt an und ein Drehbuchautor wurde eingestellt.

Hitchcocks Plan war es, die Grundidee von du Mauriers Geschichte zu übernehmen und die Handlung nach Kalifornien zu verlegen, wobei er Elemente der tatsächlichen Ereignisse in der Monterey Bay einbrachte. Er baute die Handlung um eine wachsende Romanze zwischen den beiden Hauptfiguren auf, die den ersten Teil des Films beherrscht, später aber von der zunehmenden Bedrohung durch die Vögel überschattet wird.

Die Handlung beginnt, als Melanie Daniels in einer Zoohandlung in San Francisco Mitch Brenner begegnet, der (erfolglos) versucht, zwei Unzertrennliche für seine Schwester zu kaufen. Mitch gibt vor, Melanie mit einer

Verkäuferin zu verwechseln, da er sie von einem
Gerichtsprozess kennt, bei dem einer der von ihr
geliebten Streiche nach hinten losging. Melanie weiß
das nicht, spielt ihm aber selbst einen Streich und gibt
vor, ihm einen Maina-Vogel zu verkaufen.35 Schließlich
offenbart er ihr, dass er weiß, wer sie ist. Zuerst ist sie
wütend, doch dann amüsiert sie sich, als sie merkt, wie
er ihre eigenen Tricks gegen sie verwendet hat. Sie
findet seine Adresse anhand des Nummernschilds
seines Autos heraus und kauft ihm ein Paar Unzertrennliche, die sie ihm heimlich nach Hause bringt.

Ein Nachbar erzählt ihr, dass Mitch seine Wochenenden
in einem kleinen Küstenort namens Bodega Bay verbringt, und sie beschließt, die Vögel stattdessen dorthin
zu bringen. Sie findet das Haus von Mitchs Mutter und
lässt die Vögel dort, doch beim Verlassen des Hauses
wird sie von einer Möwe angegriffen und leicht verletzt.
Mitch sieht dies und spricht mit ihr. Er lädt sie zum
Abendessen bei seiner Mutter Lydia ein, obwohl Lydia -
die sich Sorgen macht, dass ihre Hühner nicht fressen -
nicht begeistert zu sein scheint.

Bald darauf kommt es zu weiteren Vorfällen mit
Vögeln. Melanie wohnt bei der örtlichen Lehrerin Annie
Hayworth (die auch eine ehemalige Geliebte von Mitch
ist), als eine Möwe gegen die Tür fliegt und getötet
wird. Am nächsten Tag findet im Freien eine
Geburtstagsfeier für Mitchs kleine Schwester Cathy
statt, und ein kleiner Schwarm Möwen greift an, als die
Kinder Blindekuh spielen, wobei einige von ihnen leicht

verletzt werden. Später fliegt ein Schwarm Mauersegler durch den Schornstein ins Haus.

Mitchs Mutter findet einen ihrer Nachbarn tot auf, offenbar von Vögeln in seinem Haus getötet. In Panik überredet sie Melanie, Cathy von der Schule abzuholen, falls sie auf dem Heimweg angegriffen wird. Sie wartet draußen, während Annie mit den Kindern ein Lied singt, stellt aber fest, dass sich Tausende von Krähen um die Schule versammeln. Schließlich warnt sie Annie und die beiden Frauen versuchen, die Kinder aus der Schule zu führen. Das Geräusch ihrer Schritte provoziert einen Angriff; Melanie wird mit Cathy und einem anderen Kind von der Gruppe getrennt, aber es gelingt ihnen, sich in ein geparktes Auto zu flüchten. Sobald sie in Sicherheit sind, hören die Vögel auf anzugreifen.

Melanie schafft es, in ein Lokal in der Stadt zu gelangen, und ruft ihren Vater an, um ihm von den Angriffen zu erzählen. Die Einheimischen sind skeptisch, bis ein großer Schwarm gemischter Vögel einen Autofahrer an der Tankstelle angreift. Eine fallen gelassene Zigarre entzündet eine Lache verschütteten Benzins, was zu einer Explosion und einem Brand führt und einen Mann tötet. Eine hysterische Frau im Diner beschuldigt Melanie, die Angriffe verursacht zu haben. Mitch kommt an und geht mit Melanie zu Annies Haus, um Cathy abzuholen, aber sie finden Annie tot vor; sie wurde von Vögeln getötet, als sie Cathy durch die Tür schob, um einen weiteren Angriff zu verhindern. Zurück zu Hause verbarrikadieren sie Lydias Haus, um die Vögel fernzuhalten und wiederholte Angriffe abzuwehren. Schließlich beruhigen sich die Vögel und die vier schlafen ein. Melanie wird durch ein Geräusch im Obergeschoss geweckt und geht der Sache nach. Eine Gruppe von Vögeln ist durch das Dach eingedrungen und greift sie an, wobei sie schwer verletzt wird. Mitch hört das Geräusch und rettet sie, aber es ist offensichtlich, dass sie medizinische Hilfe braucht. Als sie sie zum Auto tragen, finden sie das Haus umgeben von einem Meer von wartenden Vögeln, die sie beobachten, während sie ins Auto steigen und wegfahren.

Hitchcock beschloss, mit der Filmtradition zu brechen, indem er für Die Vögel keine konventionelle Hintergrundmusik verwendete. Stattdessen wechselte er zwischen Soundeffekten, sorgfältig ausgewählter Musik, die in die Handlung integriert wurde - etwa wenn Melanie Debussy auf dem Klavier spielt - und dramatischen Stillepassagen. Ein früher elektrischer Synthesizer, das Trautonium, wurde verwendet, um viele Effekte zu erzeugen, darunter auch eine Reihe von Vogelschreien. Hitchcock holte auch den Hollywood-Komponisten Bernard Hermann ins Boot, der schon für frühere Filme wie Psycho die Musik geliefert hatte, um den Soundtrack zu koordinieren.

Die meisten von Hitchcocks Filmen basierten auf Dialogen, Beleuchtung und Schauspielerei, um Spannung zu erzeugen, aber für Die Vögel mussten auch Spezialeffekte eingesetzt werden. Bis vor kurzem haben Regisseure dies nach Möglichkeit vermieden.

Computergenerierte Bilder waren keine Option - die kombinierte Rechenleistung der gesamten Welt war nicht viel mehr als ein einziger High-End-PC heute hat - und die Herstellung überzeugender Effekte war ein langsamer, komplexer und teurer Prozess. Selbst mit den besten Technikern waren die Ergebnisse oft kaum zufriedenstellend. Das ist ein Grund, warum Hitchcocks Spannungsfilme so gut gealtert sind - das moderne Publikum lacht oft über alte Spezialeffekte, aber kunstvolle Spannung ist zeitlos. Dennoch verlangte die Handlung von Die Vögel Angriffe mit Hunderten oder Tausenden von Vögeln, und das bedeutete, dass zumindest einige Effekte benötigt wurden. Hitchcock wandte sich an eines der führenden Unternehmen der damaligen Zeit - die Walt Disney Studios.

In den 1960er Jahren war es üblich, zwei Szenen zu kombinieren, um Spezialeffekte zu erzielen. So wurden beispielsweise in dem britischen Kriegsfilm 633 Squadron Cockpitszenen während eines Luftangriffs mit statischen Flugzeugattrappen gefilmt und dann mit Aufnahmen von vorbeiziehenden Landschaften kombiniert. Dies geschah in der Regel, indem die Schauspieler und ihre Requisiten vor einem einheitlichen blauen oder grünen Hintergrund gefilmt wurden (der Hintergrund wurde so gewählt, dass er sich farblich möglichst stark von dem, was gefilmt wurde, unterschied). Die Hintergrundfarbe wurde dann entfernt und das verbleibende Bild über das Szenenmaterial gelegt, dann wurde ein neuer zusammengesetzter Film mit den kombinierten

Elementen gedreht. Diese Technik funktioniert für viele
Zwecke sehr gut und wird auch heute noch in vielen
Fernsehsendungen verwendet - der Wetterfrosch zeigt
nicht wirklich auf eine Karte, sondern nur auf eine leere
grüne Wand, und die Karte wird digital überlagert. Für
komplexe Szenen ist es allerdings weniger geeignet. In
Filmen funktioniert es bis zu einem gewissen Grad, ist
aber selten sehr überzeugend. In der Regel gibt es
einen farbigen Rahmen um die Schauspieler, und
manchmal fließen Farben aus einem Filmset in das andere ein. Für Hitchcocks Zwecke gab es noch ein
weiteres Problem: Die Technik funktioniert nicht gut bei
sich schnell bewegenden Objekten - wie einem Vogel-
flügel.

Zum Glück für Hitchcock hatte Walt Disney eine Alternative. Sie übernahmen eine Technik, die in den
späten 1950er Jahren von britischen Studios entwickelt
worden war und bei der Natriumdampflampen und ein
Strahlenteiler zum Einsatz kamen. Bei dieser Methode
wurde die Handlung vor einer mit hochintensiven Natriumdampflampen beleuchteten Leinwand gefilmt, die
gelbes Licht in einem sehr schmalen Farbband aus-
strahlt, das sonst nirgendwo zu finden ist. Der vom Ka-
meraobjektiv fokussierte Lichtstrahl wird geteilt und
gleichzeitig auf zwei Filmrollen aufgezeichnet. Die eine
ist ein Standardfilm, die andere ist nur für das Natri-
umlicht empfindlich. Wenn die beiden Filmrollen zusam-
mengeführt werden, entsteht ein sehr klarer Rand um
die Schauspieler herum, und wenn dieser Film zum

Hintergrundmaterial hinzugefügt wird, gibt es keinen Rand oder Farbausbluten. Dadurch sahen die Vogelszenen so realistisch aus wie nichts, was ohne CGI-Technologie erreicht werden konnte. Andere Szenen wurden mit mechanischen Vögeln gedreht, und es wurden auch Hunderte von lebenden Vögeln verwendet.

Natürlich gehörte zu einem guten Film mehr als Musik, Geräusche und Spezialeffekte. Um das Beste aus der Geschichte herauszuholen, die er sich ausgedacht hatte, brauchte Hitchcock auch das richtige Schauspieltalent.

[4]

DIE SCHAUSPIELERIN

Hitchcock arbeitete auf zwei Ebenen: Er arbeitete
die großen Themen seiner Filme aus und sorgte dann
mit enormer Liebe zum Detail dafür, dass die
entscheidenden Szenen perfekt arrangiert, beleuchtet
und vom Ton beeinflusst wurden. Dazwischen gab es
eine weitere Ebene, die er normalerweise anderen über-
ließ - das Schreiben des Drehbuchs. Für Die Vögel holte
er den New Yorker Autor Evan Hunter ins Boot.
Salvatore Albert Lombino wurde 1926 in New York
City geboren. Nach seiner Rückkehr in die Heimat, nachdem er auf einem Zerstörer im Pazifik gedient hatte,
nahm er eine Reihe von Jobs an, während er daran arbeitete, sich als Schriftsteller zu etablieren. 1952 änderte er seinen Namen per Urkunde in Evan Hunter -
ein Pseudonym, das er bereits für einige frühe Kurzgeschichten verwendet hatte -, da sein Literaturagent ihm
gesagt hatte, dass sich jeder Roman, den er schrieb, unter diesem Namen besser verkaufen würde als unter
S.A. Lombino. Sein erster Roman, The Blackboard Jun-
gle, wurde 1954 veröffentlicht und war ein großer Erfolg bei den Kritikern.36 Um sein Einkommen
aufzubessern, schrieb er auch viele Kriminalromane, und
um seinen Ruf für ernsthafte Romane nicht zu

beschädigen, nahm er weitere Pseudonyme an. Eines davon war das, unter dem er später am besten bekannt wurde - Ed McBain. Beginnend mit dem 1956 erschienenen Cop Hater schrieb Hunter 54 Romane seiner 87th Precinct-Reihe sowie eine Reihe von Kurzgeschichten und Spin-offs, die auf denselben Figuren basieren. Mehrere der Bücher wurden verfilmt, und Hunter interessierte sich allmählich auch für das Schreiben von Drehbüchern. Sein erster Hollywood-Auftrag war 1960 das Kirk-Douglas-Drama Strangers When We Meet, eine Adaption eines der Romane, die er unter seinem eigenen Namen veröffentlicht hatte. Es beeindruckte Hitchcock so sehr, dass er Hunter anheuerte, um Die Vögel für ihn zu schreiben.

Als er mit dem Drehbuch begann, hatte Hunter als Hauptdarsteller Cary Grant als Mitch und Grace Kelly als Melanie im Sinn. Grant und Kelly hatten beide bereits mit Hitchcock zusammengearbeitet, unter anderem 1955 in To Catch a Thief. Sie arbeiteten nicht nur gut mit dem Regisseur zusammen, sondern waren auch groß genug, um den Erfolg des Films mehr oder weniger zu garantieren. Dieses Mal war jedoch keiner von ihnen verfügbar. Grant hatte viel zu tun - er war in A Touch of Mink und Charade engagiert - und würde keine Zeit haben, in einer von Hitchcocks berüchtigten anspruchsvollen Produktionen mitzuwirken. Kelly stand ebenfalls nicht zur Verfügung, allerdings aus ganz anderen Gründen. 1955 hatte sie Prinz Rainer, den Herrscher des kleinen Landes Monaco, geheiratet.

Rainer war dagegen, dass sie weitere Filme drehte, und verbot sogar die Aufführung ihrer früheren Rollen in Monaco; ihre Ehe beendete ihre Karriere im Alter von 26 Jahren, und als Hitchcock sie 1964 für Marnie aus dem Ruhestand locken wollte, gab es einen öffentlichen Aufschrei der Untertanen ihres Mannes. Der Regisseur musste sich für Die Vögel anderweitig umsehen.

Einer von Hitchcocks langfristigen Plänen war es, sich einen eigenen Stab von Schauspielern und Schauspielerinnen aufzubauen, die durch persönliche Kontakte an ihn gebunden waren. Er hatte keine Chance, die Top-Stars aus Hollywood zu engagieren - die meisten von ihnen waren noch an Verträge mit den Studios gebunden, und die anderen folgten dem Beispiel von Cary Grant und kümmerten sich um ihre eigene Karriere. Stattdessen entschied er sich, nach talentierten Newcomern zu suchen, die er mit sorgfältig ausgewählten Rollen aufbauen konnte. Die Vögel" gab ihm die Möglichkeit, diesen Plan in die Tat umzusetzen, und er beschloss, die Hauptrollen entsprechend auszuwählen.

Für die Rolle des Mitch Brennan wählte er Rod Taylor, einen Australier, der seit 1954 in Hollywood tätig war. Taylor hatte eine Reihe kleinerer Rollen in Fernsehserien und Low-Budget-Filmen gespielt und die Hollywood-Hierarchie beeindruckt; 1960 erhielt er seine erste große Rolle als Zeitreisender in Die Zeitmaschine. Vielleicht sah Hitchcock Ähnlichkeiten mit Grant; beide waren keine Amerikaner - Grant war Engländer, obwohl er später die US-Staatsbürgerschaft annahm -, aber beide beherrschten den Akzent und kamen auf der Leinwand als sympathische Figuren rüber.

Die Wahl einer Schauspielerin für die Rolle der Melanie war schwieriger, aber schließlich entschied sich Hitchcock für Tippi Hedren, ein Model, dessen einzige Schauspielerfahrung in der Fernsehwerbung bestand. Hitchcock hatte einen dieser Werbespots gesehen und nahm im Oktober 1961 über ihren Agenten Kontakt mit ihr auf. Zunächst erfuhr Hedren nur, dass ein Hollywood-Produzent mit ihr arbeiten wollte; als sie erfuhr, dass es sich um den legendären Hitchcock handelte, war sie so überwältigt, dass sie einen Exklusivvertrag über sieben Jahre unterschrieb.

Der erste Schritt bestand darin, Hedrens Fähigkeit zu beurteilen, eine Rolle zu spielen. Hitchcock arrangierte einen aufwendigen und teuren Test, bei dem er sie bat, Rollen aus seinen früheren Filmen zu spielen. Sie war nervös, arbeitete aber hart daran, sich ihren Text und ihre Bewegungen zu merken.37 Die Mühe zahlte sich aus: Nach den Probeaufnahmen lud Hitchcock sie zum Abendessen ein, schenkte ihr eine goldene Anstecknadel mit drei Vögeln und bat sie, die Rolle der Melanie in Die Vögel zu spielen. Hedren, die mit einer Rolle in der wöchentlichen Fernsehsendung Alfred Hitchcock Presents gerechnet hatte, war verblüfft.

Aufgrund von Hedrens Unerfahrenheit musste Hitchcock sie während der Dreharbeiten in der Schauspielerei unterrichten. Hedren sagte später, sie habe in drei Jahren mit Hitchcock so viel über die Schauspielerei gelernt wie in 15 Jahren anderswo, aber damals war es eine anstrengende Erfahrung.38 Die Dreharbeiten für die wichtigsten Szenen dauerten sechs Monate, und der Zeitplan war so eng, dass Hedren in dieser Zeit nur einen Nachmittag pro Woche frei hatte. Zu dieser Zeit war sie alleinerziehende Mutter einer fünfjährigen Tochter, die den gleichen Namen trug wie ihre Rolle - Melanie Griffith, die später selbst eine erfolgreiche Schauspielkarriere machte. Der Stress war unglaublich, aber Hedren genoss ihn - anfangs.

Hedrens dramatischste Szene war der kulminierende Vogelangriff im Schlafzimmer im Obergeschoss, und sie war besorgt darüber. Hitchcock war standhaft - die Szene musste gemacht werden. Als Hedren, die sichtlich nervös war, nach Melanies Beweggrund fragte, die Treppe hinaufzugehen, antwortete Hitchcock: "Weil ich es dir sage."39 Er beruhigte sie auch: Die Szene würde mit den mechanischen Vögeln gedreht werden, die bereits für andere Aufnahmen verwendet worden waren. Dem war aber nicht so. Als sie das Set betrat, fand sie eine Gruppe von Tierpflegern vor, die mit vier Kisten mit lebenden Krähen, Raben, Tauben und Möwen warteten.

Die Dreharbeiten dauerten fünf Tage, und jeden Tag musste Hedren ertragen, dass die Vögel von den stulpenbewehrten Helfern nach ihr geworfen wurden. Die Schnäbel der Vögel wurden mit Gummibändern zusammengehalten, um die Verletzungsgefahr zu verringern, aber trotzdem war es schrecklich. Schließlich schlitzte der Schnabel eines Vogels ihre Wange auf und verfehlte nur knapp ein Auge. Hedren brach erschöpft zusammen und brach in Tränen aus. Ein Arzt ordnete an, dass sie sich eine Woche lang ausruhen sollte. Hitchcock protestierte und sagte, er könne ohne sie nicht filmen, aber der Arzt blieb hartnäckig. "Was wollen Sie tun, sie umbringen?", fragte er.

[5]

DAS GRAUEN WILLKOMMEN HEIßEN

Die Vögel" wurde am 28. März 1963 in New York uraufgeführt, bevor er landesweit und später auch international gezeigt wurde. Er war ein großer Erfolg. Nach Produktionskosten von 3,3 Millionen Dollar spielte er an den Kinokassen über 11,4 Millionen Dollar ein.40 Bei den renommierten Filmfestspielen von Cannes im Mai wurde er als Sondervorstellung gezeigt und von der Bengalischen Filmjournalistenvereinigung (BFJA) als bester ausländischer Film eingestuft, was wegen seines Einflusses auf den riesigen indischen Markt hoch angesehen ist. Die BFJA verlieh Hitchcock für den Film auch ihren Regiepreis. Hedren erhielt den Golden Globe für den neuen Star des Jahres, den sie sich mit Ursula Andress (für den ersten Bond-Film, Dr. No) und Elke Sommer (für den Spionagethriller Der Preis) teilte. Die Zeitschrift Photoplay verlieh ihr den Preis für den vielversprechendsten Newcomer.

Hitchcocks Aufmerksamkeit für Spezialeffekte war ebenfalls bekannt. Die Effekte stammen von Ub Iwerks, einem Cartoonisten und Techniker, der für seinen Freund Walt Disney die Mickey Mouse geschaffen hatte. Seine Arbeit an Die Vögel brachte ihm eine Nominierung für den Academy Award ein, obwohl er knapp von dem Richard Burton/Elizabeth Taylor-Epos Cleopatra geschlagen wurde. Es war dennoch eine beeindruckende Leistung von Iwerks, da er mit einem viel geringeren Budget gearbeitet hatte - Cleopatra kostete 44 Millionen Dollar, verlor aber 18 Millionen Dollar für 20th Century Fox, obwohl er die höchsten Einnahmen des Jahres an den Kinokassen erzielte.

Es ist nun mehr als 50 Jahre her, dass "Die Vögel" in die Kinos kam, und der Film hat trotz seiner veralteten Spezialeffekte immer noch positive Kritiken bekommen. Viele Hitchcock-Fans betrachten ihn als seinen letzten makellosen Film und er wird vom Internet-Filmaggregator Rotten Tomatoes hoch bewertet - seine Bewertung von "96 % frisch" ist vielen neueren Big-Budget-Hollywood-Produktionen weit voraus. Das American Film Institute stuft ihn als den siebtbesten Thriller aller Zeiten ein. Er hat auch die Aufmerksamkeit von Wissenschaftlern auf sich gezogen, mit Büchern, die jede mögliche Interpretation des Films analysieren, bis hin zu einer "feministisch-vegetarischen kritischen Theorie".41

Der Film hat auch Kontroversen ausgelöst, die sich größtenteils um Hitchcocks Beziehung zu Hedren drehten. Es besteht kein Zweifel, dass Hitchcock eine kontrollierende Persönlichkeit war, und es war zu dieser Zeit weithin bekannt, dass er Hedren nicht nur in der Schauspielerei unterrichtete, sondern sie auch mit Ratschlägen zu Kleidung, Essen und Wein bombardierte. Vieles davon könnte auf seinen Wunsch zurückgeführt werden, sie zu einem großen Star zu machen, aber seit seinem Tod hat Hedren viele Behauptungen über ein sexuelles Motiv von Seiten Hitchcocks aufgestellt. Obwohl der Regisseur verheiratet und Hedren selbst verlobt war, behauptet sie, dass sie während der gesamten Dreharbeiten ständig sexuelle Annäherungsversuche von ihm abwehren musste.42 Während der Dreharbeiten zu Die Vögel sei sie mit der Situation zurechtgekommen, aber als sie 1964 erneut Grace Kelly als weibliche Hauptrolle in dem Drama Marnie ersetzte, waren Hitchcocks Angebote zu offen, um sie zu ignorieren.

Hedrens Behauptungen wurden von einigen unterstützt - Rod Taylor sagte, Hitchcock sei extrem besitzergreifend gewesen und habe ihm ständig befohlen, Hedren nicht zu berühren, nachdem er "Cut" gerufen hatte, während Diane Baker, der Co-Star von Marnie, die Art und Weise verurteilte, wie Hitchcock sie behandelte, und sagte, sie habe Hedren nie gesehen, wie sie sich am Set amüsierte. Andere haben widersprochen, darunter Kim Novak, die mit Hitchcock an Vertigo gearbeitet hat, und Eva Marie Saint, die die weibliche Hauptrolle in North by Northwest spielte. Beide sagen, sie hätten nie Beweise dafür gesehen, dass Hitchcock ein sexuelles Raubtier war, wie es Hedren beschrieben hat. Melanie Griffith hatte das Gefühl, dass er ihr während der Dreharbeiten zu Die Vögel ihre Mutter weggenommen hat. Je mehr Zeit vergeht, desto schwieriger wird es, die Wahrheit über Hitchcocks Beziehung zu Hedren herauszufinden. Hedren selbst bewundert noch immer sein Werk und nahm 1980 an seiner Beerdigung teil. Sie wirft ihm vor, ihre Karriere behindert zu haben - sie haben nach Marnie nie wieder einen gemeinsamen Film gedreht, aber da sie einen Exklusivvertrag mit ihm hatte, konnte sie ohne seine Zustimmung keine anderen Rollen annehmen. 1965 verkaufte er den Vertrag an die Universal Studios, und sie setzte ihre mäßig erfolgreiche Karriere fort, erreichte aber nie wieder die Höhepunkte ihrer ersten beiden Filme.

Im Oktober 2007 machte Hollywood den Vögeln das ultimative, zweifelhafte Kompliment - ein Remake wurde angekündigt. Man wollte sich enger an du Mauriers Novelle halten,43 , und Naomi Watts wurde für die weibliche Hauptrolle vorgesehen. Hedren, die 2005 kontaktiert worden war, als das Projekt erstmals vorgeschlagen wurde, äußerte sich sehr kritisch. "Warum sollten Sie das tun?", fragte sie, "können wir nicht neue Geschichten finden, neue Dinge, die wir tun können?"44 Es scheint, dass andere dem zustimmten; nach der ersten Ankündigung gab es zwei Jahre lang keine Fortschritte. Im Jahr 2009 wurde der Regisseur Martin Campbell durch Dennis Iliadis ersetzt und das Projekt verschwand sofort wieder; vier Jahre später hat man nichts mehr davon gehört.

Hedrens Meinung ist nicht selten - es gibt viele Filmfans, die Remakes ablehnen. Der Versuch, einer klassischen Handlung einen neuen Anstrich zu geben, ist jedoch nicht die einzige Möglichkeit, einen alten Film wieder aufleben zu lassen. 2012 brachten die BBC und HBO einen Fernsehfilm heraus, der auf Hedrens Beziehung zu Hitchcock basiert. The Girl - angeblich die einzige Art und Weise, wie Hitchcock Hedren nach Marnie ansprach - mit Sienna Miller in der Hauptrolle als Hedren konzentriert sich auf die Entdeckung Hedrens durch den Regisseur und die Dreharbeiten zu Die Vögel und Marnie. Hedren assistierte bei der Produktion und verbrachte viel Zeit damit, mit Miller an ihrer Darstellung zu arbeiten; die beiden Frauen bildeten während der Dreharbeiten ein starkes Band, und beide schienen sich mit der anderen zu identifizieren.45 Mehrere Szenen aus The Birds wurden nachgestellt, darunter Hedrens lange Tortur mit den Vögeln im Schlafzimmer: "Ich wurde eine Stunde lang in diesem engen Raum mit lebenden Vögeln beworfen, was an sich schon ziemlich brutal war", sagte Miller, "Tippi hat das fünf Tage lang ausgehalten." The Girl erhielt im Allgemeinen gute Kritiken, obwohl der Film von Hitchcock-Anhängern kritisiert wurde. Der vielleicht interessanteste Kommentar war, dass der Film viel besser gewesen wäre, wenn Hitchcock selbst Regie geführt hätte.46

[6]

EINFLÜSSE UND MAHNUNGEN

The Birds hatte noch Jahrzehnte nach seinem Erscheinen einen starken und vorhersehbaren Einfluss auf das Horrorgenre. Die Angst vor einem Atomkrieg in den 1950er- und frühen 60er-Jahren zeigte sich in der Ära des "Atomkinos", als riesige Insekten oder andere Monster, die durch mutierende Strahlung entstanden waren, ein Hauptthema von Monsterfilmen waren. Nach The Birds verlagerte sich der Schwerpunkt auf Massenangriffe durch kleinere Tiere. Killerameisen, Spinnen und Piranhas hatten alle ihre Sternstunde auf der Leinwand, als Dutzende von Regisseuren versuchten, den Erfolg von Hitchcocks Klassiker zu wiederholen. Keiner von ihnen hat es ganz geschafft - Filme wie Piranha von 1978 hatten durchaus ihre Momente, aber die meisten verließen sich auf Spezialeffekte und großzügige Spritzer Kunstblut, um ihre Wirkung zu erzielen. Die von Hitchcocks Regie erzeugte Spannung blieb ihnen verwehrt.

Auch Romanautoren waren nicht immun gegen die Verlockungen des Genres. Weitere Horden von kleinen Tieren entstiegen der Fantasie der Autoren und stürzten sich auf schreiende Opfer. In Feral von Berton Roueche terrorisierten ausgesetzte Katzen eine Gemeinde in Long Island. In Came A Spider von Edward

Levy wurde Los Angeles von mutierten Taranteln überfallen. James Herberts Ratten-Trilogie befasste sich mit einer Plage von Killernagern, die in der Londoner U-Bahn wimmelten. Shaun Hutson ging mit Slugs noch weiter zurück. Im Allgemeinen gelang es den Romanen besser als den Filmen, Spannung und echten Schrecken zu erzeugen - ohne die Einschränkungen durch oft zweifelhafte Spezialeffekte war es einfacher, eine langsam aufsteigende Atmosphäre des Schreckens zu schaffen. In Feral starten die Katzen ihren ersten Angriff erst nach etwa der Hälfte des Buches, aber die Dezimierung der örtlichen Tierwelt und der Tod ihres Hundes ziehen langsam eine Schlinge um die jungen Protagonisten in ihrem isolierten Haus zu. Der letzte Teil von Herberts Trilogie, Domain, beginnt mit einem Atomangriff auf London; Ratten sind die geringste Sorge der Überlebenden - zunächst...

Natürlich erlebten die großen Monster 1974 mit Peter Benchleys Bestseller Jaws und Stephen Spielbergs Verfilmung im Jahr darauf ein Comeback. Was den klassischen Haifilm von den Versionen aus den 1950er Jahren - und den vielen Nachahmungen, die auf der Grundlage des Erfolgs veröffentlicht wurden - unterschied, war das Maß an Spannung, das Spielberg erzeugte. Wenn Hitchcock selbst das Buch von Benchley verfilmt hätte, ist es schwer vorstellbar, dass er es anders gemacht hätte. Spätere Verfilmungen von Der weiße Hai tappten jedoch in dieselbe Falle wie die Filme, die Die Vögel nachahmten - es gab keine

Spannung. Die Zuschauer wussten, dass es einen Killer-hai geben würde, sie wussten, dass er einige Menschen fressen würde, sie wussten, dass nur der Polizeichef glauben würde, dass er da war, und sie wussten, dass er schließlich explodieren würde.

Der Weiße Hai bringt uns zurück zum Meer, der Quelle des seltsamen Vorfalls, der Hitchcock zu Die Vögel veranlasste. Gibt es, abgesehen von der Fiktion, weitere reale Gegenstücke zur Invasion der Sturmtaucher? Ja, die gibt es. Im September 1991 kam es zu einem weiteren Ausbruch - in der Monterey Bay. Diesmal waren braune Pelikane betroffen, und im Gegensatz zum Rußsturmtaucher, der millionenfach in den Ozeanen umherzieht, handelt es sich hier um eine Art, die kurz davor steht, vom Aussterben bedroht zu sein. Als Hunderte von ihnen tot oder sterbend an der Küste angeschwemmt wurden, begannen sich Naturschützer Sorgen zu machen. Diesmal gelang es ihnen jedoch, den Verursacher zu identifizieren. Die Auswirkungen der Domoinsäure und die Art und Weise, wie sie sich in den Körpern der Sardellen anreichert, waren 1961 noch unbekannt. Die verrückten Sturmtaucher waren zwar berichtenswert, aber niemand wollte ein Vermögen für die Untersuchung des Vorfalls ausgeben. Als 1987 über hundert Kanadier erkrankten und drei von ihnen starben, war das anders. Die Untersuchung konzentrierte sich auf Muscheln, die auf Prince Edward Island gesammelt worden waren, und Tests ergaben, dass die Schalentiere mit Domoinsäure belastet waren.

Miesmuscheln ernähren sich, indem sie Algen aus dem Wasser filtern; die Wissenschaftler testeten die örtlichen Algen, und auch diese waren mit der Säure belastet. Eine neue Krankheit war entdeckt worden - die amnestische Muschelvergiftung, benannt nach dem Gedächtnisverlust, der ein häufiges Symptom ist - und Wildtierforscher fragten sich, ob dies auch die mysteriösen Todesfälle bei Meerestieren erklären könnte.

Als die Pelikane 1991 zu sterben begannen, wurden ihre Körper untersucht, und es stellte sich heraus, dass sie, genau wie die Sturmtaucher 30 Jahre zuvor, verseuchte Sardellen gegessen hatten.47

Leider musste Kalifornien nicht 30 Jahre warten, bis es wieder passierte. Neun Monate später starben 400 Seelöwen vor der Küste. Ihre Körper wurden positiv auf Domoinsäure getestet. Anfang 2002 starben Tausende von Vögeln und Säugetieren. Im Jahr 2006 wurden erneut Pelikane befallen - Zeugen berichteten, sie hätten gesehen, wie die Vögel ziellos ins Landesinnere flogen, bevor sie plötzlich auf den Boden stürzten und abstürzten. Im Jahr 2007 durchschlug ein Pelikan, der vermutlich an einer Vergiftung litt, die Windschutzscheibe eines Autos auf einer Küstenautobahn. Im Jahr 2009 starben Hunderte weiterer Pelikane, und mehr als hundert wurden gerettet, nachdem sie in Höfen und unter Autos Zuflucht gefunden hatten. Ein Auto in Los Angeles wurde von einem verwirrten Vogel angefahren, ebenso ein Boot in der Monterey Bay. Fälle von

Epilepsie und anderen Verhaltensproblemen treten bei kalifornischen Seelöwen immer häufiger auf.48

Im Jahr 2011 begann Sibel Bargu, eine Meeresschützerin an der Louisiana State University, sich zu fragen, ob die jüngsten Vergiftungen mit dem Vorfall von 1961 zusammenhängen könnten, der Hitchcocks Interesse geweckt hatte. Bargu war ein lebenslanger Hitchcock-Fan, der als Kind "Die Vögel" durch das Schlüsselloch seines Wohnzimmers gesehen hatte, nachdem ihre Eltern sich geweigert hatten, sie den Film sehen zu lassen.49 wusste sie von seinem Interesse an der Sturmtaucher-Tragödie und war fasziniert von der Idee, das Rätsel zu lösen. Meeresbiologen fangen und konservieren regelmäßig Proben von Wasserlebewesen, und 1961 gelang es ihr, Exemplare aus der Monterey Bay aufzuspüren. Bei der Analyse ihres Mageninhalts fand sie Algen - und drei Viertel der Algen enthielten eine giftige Dosis Domoinsäure.

Warum treten die Ausbrüche immer häufiger auf? Die Ursache könnte, wie schon 1961, die Umweltverschmutzung sein. Es ist auch wahrscheinlich, dass sich das betroffene Gebiet vergrößert. Bei jüngsten Tests wurden in der Bucht von San Francisco steigende Harnstoffwerte festgestellt, die wahrscheinlich von undichten Klärgruben oder Gartenabflüssen stammen.50

SCHLUSSFOLGERUNG

Die Vögel" ist zweifellos einer der Höhepunkte in Hitchcocks langer Karriere. Auch heute noch kommen nur wenige Horrorfilme an die Spannung heran, die der Film aufbaut - ein Effekt, der umso bemerkenswerter ist, wenn man bedenkt, wie wenig Blut auf der Leinwand zu sehen ist. Die Geschichten, die sich um die Dreharbeiten und Hitchcocks Beziehung zu Tippi Hedren ranken, tragen ebenfalls dazu bei, den Regisseur als ein fehlerhaftes und komplexes Genie zu beschreiben. Welche Version ist wahr? Wir werden es wohl nie genau wissen, und die wahre Geschichte liegt wahrscheinlich irgendwo dazwischen. So oder so können wir sicher sein, dass "Die Vögel" noch viele Jahre lang neue und alte Zuschauer fesseln und erschrecken wird.

Und was sagt er uns über die reale Welt? Der Vorfall, der den Film inspirierte, wurde durch ein natürliches Phänomen verursacht, das eine echte Bedrohung darstellt - sowohl für die Tierwelt als auch für uns. Die Umweltverschmutzung könnte das Risiko erhöhen, obwohl es sich in diesem Fall nicht um ein riesiges und komplexes Problem wie den Abbau der Ozonschicht handelt, sondern nur um undichte Rohrleitungen. Dennoch zeigt es uns, wie ein scheinbar unbedeutendes Problem seltsame und beängstigende Folgen aus einer Richtung haben kann, mit der niemand rechnet, so dass es zumindest ein abschreckendes Beispiel ist, das wir alle beachten sollten. Wie groß ist die Wahrscheinlichkeit, dass einer von uns von Killervögeln angegriffen wird? Wahrscheinlich gering - Angriffe von Vögeln auf Menschen sind selten, und normalerweise handelt es sich nur um eine hungrige Möwe, die jemandem ein Sandwich aus der Hand reißt. Natürlich gibt es einen Ratschlag, den wir alle aus dieser seltsamen Geschichte mitnehmen können: Wenn Sie eine Pizza bestellen und die Vögel beginnen, gegen Ihre Fenster zu stoßen, sagen Sie ihnen, sie sollen die Sardellen zurückhalten.

RASEREI

EINFÜHRUNG

"Jack der Stripper? Du machst dich über mich
lustig, oder?"

Ich konnte die Verwirrung der Bibliothekarin verstehen. Wenn ich nach Informationen über Jack the Ripper gefragt hätte, wäre ich auf festem Boden
gestanden; jeder hat von dem mysteriösen Mörder
gehört, der 1888 im Londoner Stadtteil Whitechapel
sein Unwesen trieb und eine Serie von fünf zunehmend
grausamen Verstümmelungsmorden beging, die so
plötzlich und geheimnisvoll endete, wie sie begonnen
hatte. Der Ripper wurde nie gefasst. Trotz Hunderter
von Büchern und wissenschaftlichen Abhandlungen zu
diesem Thema ist seine Identität auch eineinviertel
Jahrhunderte nach seinem letzten Verbrechen noch immer nicht bekannt. Das hat die Menschen natürlich nicht
davon abgehalten, zu spekulieren; es gibt inzwischen
mehr als hundert Theorien darüber, wer hinter den Verbrechen steckte und warum. Die "Ripperology" ist immer noch ein großes Geschäft, und es gibt einen
großen Markt für jeden neuen und interessanten Blick
auf die berüchtigten Verbrechen. Verschwörungstheo-
retiker hatten ihren großen Tag, vor allem mit dem mysteriösen Graffiti, das verkündete: "Die Juwes sind
diejenigen, die für nichts verantwortlich gemacht
werden." War es das Werk eines ungebildeten

Antisemiten - oder eine verschlüsselte Warnung eines Freimaurers?2

Ich recherchierte jedoch nicht über Jack the Ripper. Diesmal war ich auf der Suche nach Informationen über einen weniger bekannten, aber ebenso skrupellosen Mörder, der zwischen 1964 und 1965 die nackten Leichen von sechs Prostituierten in Hammersmith verstreut zurückließ. Zwei frühere Morde gingen wahrscheinlich ebenfalls auf sein Konto, und es ist gut möglich, dass er schon mehr als 40 Jahre zuvor mit dem Morden begonnen hatte. Dieser Wahnsinnige zog es vor, zu erwürgen, anstatt zu schlitzen, aber er tötete mit der gleichen zielstrebigen Entschlossenheit wie der berüchtigte Ripper. Wie bei seinem Beinahe-Namensvetter gibt es Spekulationen über seine Identität und einige Verdächtige, aber niemand wurde jemals verhaftet, und es gibt auch keine eindeutigen Beweise.

Jack the Stripper hat nie den Ruhm des Mörders aus dem 19. Jahrhundert erlangt, aber er ist nicht völlig in Vergessenheit geraten. Im Laufe der Jahrzehnte seit dem Ende seiner mysteriösen Mordserie haben sich mehrere Forscher mit dem Fall befasst, und einige von ihnen haben faszinierende Vorschläge zu seiner

---

2 In der freimaurerischen Bildsprache wurde der Freimaurermeister Hiram Abiff von drei jungen Lehrlingen ermordet, die - etwas unwahrscheinlich - Jubela, Jubelo und Jubelum hießen. Gemeinsam sind sie als die Juwes bekannt. Die Schreibweise des Rippers hat zu vielen Spekulationen über freimaurerische Verbindungen geführt.

Identität gemacht. Solange keine neuen Beweise ans Licht kommen - und das scheint unwahrscheinlich - werden wir nie mit Sicherheit wissen, wer er war. Das Einzige, was wir mit Sicherheit wissen können, ist, was er getan hat.

Natürlich ist ein Serienmörder, der sich an Prostituierte heranmacht, nicht sonderlich bemerkenswert. Es ist eine traurige Tatsache, dass Frauen mit verhandelbarer Zuneigung ein leichtes Ziel sind, weil ihr Beruf es erfordert, dass sie allein mit Männern ausgehen, die sie nicht kennen, und das Gesetz ihren Todesfällen nicht immer die nötige Aufmerksamkeit schenkt. Sechs - oder sogar acht - Tote sind für einen Serienmörder gar nicht so viel. Anstatt zu bemerken, dass Jack the Stripper noch nicht ganz vergessen ist, könnte man sich fragen, warum man sich überhaupt an ihn erinnert. In der Tat gibt es mehrere Gründe, warum der Fall die Menschen weiterhin fasziniert. London ist eine der ältesten und größten Städte der Welt; Mord wird normalerweise mit den Slums in Verbindung gebracht, und wenn nackte Leichen in respektablen Vierteln auftauchen oder in der Themse schwimmen, werden die Leute aufmerksam. Die brutale Art der Tode hilft dabei, und natürlich gibt es immer ein Element des Geheimnisses um Serienmörder, die sich der Festnahme entziehen. Der Fall der Stripperin deutet auch auf ein größeres Bild hin, auf Verbindungen zwischen dem schmutzigen Geschäft der Straßenprostituierten und der glamourösen Oberschicht der Londoner Gesellschaft. Er berührt sogar einen Skandal, der bis in die britische Regierung hineinreicht.

Trotz all ihrer Brutalität und ihres Elends ist die Geschichte von Jack the Stripper faszinierend. Die Nachforschungen darüber haben mir ein neues Verständnis für das London der 1960er Jahre und die dunklen Strömungen unter der Oberfläche vermittelt. Die Lektüre dieses Buches kann den gleichen Effekt haben, also lassen Sie uns in diese Strömungen eintauchen und sehen, wohin sie führen. Und seien Sie nicht überrascht, wenn Sie die Seite umblättern - die Geschichte beginnt vierzig Jahre früher und Hunderte von Meilen entfernt, im ländlichen Wales.

[1]

DIE MORDE BEGINNEN

Abertillery, Wales: Sonntag, 6. Februar 1921

Fred Burnell war außer sich vor Sorge. Am Tag zuvor hatte seine 8-jährige Tochter Freda das Haus verlassen, um eine Besorgung im örtlichen Geschäft zu machen, und war nicht nach Hause gekommen. Ein Besuch in Mortimer's Grain Store bestätigte, dass sie dort gewesen war - sie war sogar die erste Kundin gewesen, die um fünf nach neun kam und um viertel nach ging. Wo war sie dann hingegangen? Der junge Verkäufer sagte Fred, er wisse es nicht. Der Laden befand sich in der Somerset Street, einer Wohnstraße mit kleinen, gepflegten Reihenhäusern aus Ziegeln und grauem Naturstein. Abertillery war in den letzten 30 Jahren durch den Zustrom von Arbeitern für die neuen Kohlebergwerke schnell gewachsen - aus dem großen Dorf mit 10 000 Einwohnern im Jahr 1891 war eine dicht gedrängte Stadt mit fast 40 000 Einwohnern geworden. Trotz der rasanten Expansion blieb es jedoch eine enge Gemeinschaft. Das harte, gefährliche Leben der Männer, die in den Gruben arbeiteten, brachte die Familien zusammen und veranlasste die Menschen, auf ihre Nachbarn aufzupassen; niemand wusste, wann sie Unterstützung brauchten, weil ein Ehemann verletzt oder unter Tage eingeschlossen war, also war es ganz natürlich, dass die Menschen aufeinander aufpassten. Wenn einer der Anwohner in der Somerset Street Freda gesehen hätte, hätte er Burnell benachrichtigt und sie höchstwahrscheinlich direkt nach Hause begleitet. Burnell verbrachte sechs Stunden damit, die Straßen nach seiner Tochter abzusuchen, doch als der Nachmittag fortschritt und die Sonne immer tiefer am Himmel stand, gab er sich geschlagen und ging zur Polizei, um sie als vermisst zu melden. Es dauerte nicht lange, bis die örtlichen Einsatzkräfte auf der Straße waren, an die Türen klopften und Fragen stellten. Eine Welle der Besorgnis schwappte durch Abertillery, und schnell wurden Suchtrupps organisiert. Es war allerdings schon spät und das Wetter war kalt. Die Suche begann weit nach drei Uhr nachts, und um Viertel nach fünf war die Sonne bereits untergegangen. Die Suchenden blieben bis Mitternacht unterwegs, bevor sie angesichts der Dunkelheit und des Wetters aufgaben. Für Fred Burnell war es eine lange Nacht; er hatte keine Ahnung, wo seine Tochter war, und der Gedanke, dass sich ein kleines Kind bei dem bitteren Wetter verirrt haben könnte, muss für ihn eine Qual gewesen sein. Auch die Suchenden machten sich Sorgen; beim ersten Licht waren sie wieder auf den Hügeln rund um die Stadt unterwegs.

Es waren jedoch nicht die Polizei oder die Suchtrupps, die Freda fanden. Kurz vor Sonnenaufgang sah ein Bergmann, der die morgendliche Kohlelieferung machte, ein Bündel Lumpen auf dem Weg hinter der Duke Street. Das war nicht allzu ungewöhnlich, aber irgendetwas veranlasste ihn, genauer hinzuschauen. Eine Entscheidung, die er fast sofort bereute.

Bei dem Lumpenbündel handelte es sich um die Leiche von Freda Burnell, die eindeutig Opfer eines brutalen Angriffs geworden war. Die Polizei kam schnell zu dem Schluss, dass sie vergewaltigt und ermordet worden war, und ein Arzt stellte fest, dass sie nicht lange nach ihrem Verschwinden gestorben war.[51] Die Polizei von Abertillery war es gewohnt, in den manchmal rauen Straßen einer Bergbaustadt für Ordnung zu sorgen, aber eine Gräueltat wie diese beunruhigte sie; sie baten Scotland Yard um Hilfe, und ein Team von Londoner Detektiven traf ein, um die Ermittlungen zu unterstützen.

Der Schlüssel, um Fredas Mörder zu finden, bestand darin, ihre Bewegungen zu verfolgen, nachdem sie Mortimer's Grain Store verlassen hatte, aber alle Nachforschungen ergaben nichts. Die Suche begann sich einzugrenzen, und als ein Zeuge behauptete, Schreie aus einem Schuppen hinter dem Laden gehört zu haben, schlugen die Alarmglocken an. Die Polizei durchsuchte den Schuppen und fand Fredas Taschentuch sowie eine Axt. Es gab nur einen Schlüssel zu dem Schuppen, und der gehörte dem 15-jährigen Harold Jones, dem jungen Verkäufer, der am Tag von Fred Burnells Tod mit ihm gesprochen hatte. Am 10. Februar wurde Jones verhaftet und des Mordes angeklagt. Sein

Prozess begann am 17. Juni in Monmouth Assizes und dauerte vier Tage. Die Ermittler von Scotland Yard waren fest davon überzeugt, dass Jones der Mörder war, aber die Beweise gegen ihn waren nur Indizien und seine Leugnungen konnten nicht widerlegt werden. Es gab keine andere Wahl - er wurde für nicht schuldig befunden. Als er nach Abertillery zurückkehrte, feierten viele Einheimische mit ihm; sie wollten nicht glauben, dass einer der ihren dafür verantwortlich sein könnte. George Little sagte zu ihm: "Gut gemacht, mein Sohn, wir wussten, dass du es nicht getan hast".

Nur 17 Tage nach Jones' Freispruch, am 8. Juli, verschwand Littles Tochter Florrie. Zwei Tage lang brachten verängstigte Eltern ihre Kinder in Sicherheit, während Suchtrupps die Hügel rund um die Stadt durchkämmten, aber es wurde keine Spur der 11-Jährigen gefunden. Am 10. Juli begann die Polizei mit einer Hausdurchsuchung in der Stadt.52 Als sie an die Tür von Philip Jones klopften, bat er sie herein und sah ihnen bei der Suche zu; natürlich war es seine Pflicht, bei der Suche nach dem vermissten Mädchen zu helfen. Sein Sohn Harold teilte seine Gefühle jedoch nicht und schlich sich leise aus dem Haus. Als einer der Polizisten die Falltür zum Schlafzimmer des Jungen aufstieß und einen Blick in den Dachboden warf und dann einen entsetzten Schrei ausstieß, erkannte Philip Jones die schreckliche Wahrheit und stürzte auf die Straße, um seinen Sohn zu suchen. Es gelang ihm, ihn zu fangen, und er lieferte ihn persönlich bei der Polizei ab. Erneut

wurde Harold Jones in Monmouth Assizes vor Gericht
gestellt, und dieses Mal gestand er.

Er habe Freda Burnell getötet, sagte er, weil er ein
"Verlangen zu töten" hatte. Nach seiner Entlassung
hatte er Florrie Little zu sich nach Hause gelockt,
während seine Eltern nicht zu Hause waren. Er überfiel
sie, schnitt ihr die Kehle durch, ließ sie über dem
Spülbecken ausbluten und versteckte ihre Leiche auf
dem Dachboden.53 Seine Eltern waren nach Hause
gekommen, bevor er sie ordnungsgemäß entsorgen
konnte, und da die Stadt durchsucht wurde, hatte er
seitdem keine Gelegenheit mehr dazu. Es war klar, dass
es sich bei Jones um zwei vorsätzliche Morde handelte,
und dieses Mal gab es keine Chance auf einen Freispruch. Die einzige offene Option war das Strafmaß.
Zum Zeitpunkt des Urteils war Jones zwei Monate vor
seinem 16. Wäre er nach diesem Datum vor Gericht
gestellt worden, wäre er zweifellos gehängt worden. So
aber wurde er zu einer ausführlichen "At His Majesty's
Pleasure" verurteilt. Das bedeutet eine unbefristete Ge-
fängnisstrafe. Am Ende saß er 20 Jahre im Gefängnis
von Usk - nur zehn Meilen von Abertillery entfernt - und
dann im Londoner Wandsworth-Gefängnis. Im Jahr
1941 beantragte er Bewährung, die ihm trotz der Einwände des Gefängnispsychiaters und des Gouverneurs
gewährt wurde. Im Alter von 35 Jahren wurde er wieder
in die Gesellschaft entlassen, änderte seinen Namen
und verschwand.

Mortlake, London: November 8, 1963

Wenn Sie die Thames Bank im Londoner Stadtteil
Mortlake hinuntergehen - eine angenehme, begrünte
Straße, die am Flussufer entlangführt -, kommen Sie zu
The Ship, einem traditionellen alten englischen Pub mit
großen Erkerfenstern und Blumenkörben, die das
Äußere schmücken. An den meisten Abenden ist die
lackierte Bar voll von Einheimischen, aber wenn Sie das
Glück haben, bei Ihrem Besuch gutes Wetter zu haben,
gibt es eine Alternative. Neben dem hübschen blau-
weiß gestrichenen Gebäude befindet sich ein Biergar-
ten, in dem man draußen etwas trinken kann. Es ist ein
angenehmer Ort, an dem man an einem sonnigen Tag
sitzen kann; er wurde vor kurzem renoviert und schön
begrünt, und man kann sich dort entspannen, obwohl
man sich mitten in einer der belebtesten Städte der
Welt befindet. Wenn man die Geschichte dieses Platzes
kennt, können sich allerdings auch dunkle Gedanken
einschleichen. Das gilt umso mehr, wenn man dort
etwas über Jack den Stripper erfahren möchte.

In den frühen 1960er Jahren beherbergte Mortlake
Arbeiterfamilien und die Werkstätten und Lagerhäuser,
in denen sie beschäftigt waren, zusammen mit einer
Wanderbevölkerung, die von relativ niedrigen Mieten
angezogen wurde. Die Gentrifizierung hatte noch nicht
begonnen, und niemand würde es als attraktive Gegend
bezeichnen, aber es war ansehnlich genug. Die Sani-
erung hatte allerdings die Kriegsschäden noch nicht

ganz beseitigt. Deutsche Bomber, die London über-
flogen, nutzten die Themse oft als Zielscheibe für ihre
Bomben, und Mortlake hatte seinen Teil der Zerstörung
erlitten. Leerstehende Grundstücke, so genannte Bom-
benabwurfstellen, waren nach dem Krieg jahrzehntelang
in vielen britischen Städten zu finden. Nach der Beseitigung der Trümmer wurden sie von den Bewohnern oft
als Parkplätze, Spielplätze oder informelle Müllkippen
genutzt. Als die Grundstückspreise in London stiegen,
begann man, sie zu säubern und zu sanieren, und an
diesem Freitagmorgen waren Arbeiter der Stadt
gekommen, um eine Müllhalde neben The Ship zu
beseitigen.

Es war eine schmutzige Arbeit; neben dem Hausmüll
war das Beet mit verrottenden Produkten bedeckt, die
von den örtlichen Händlern weggeworfen wurden. Die
Aufräummannschaft war jedoch daran gewöhnt, und
geschützt durch Schutzanzüge und Gummistiefel
machten sie fröhlich weiter. Ladung für Ladung wurde
der eiternde Dreck in Schubkarren geschaufelt, über
eine Planke gefahren und hinten in den Lastwagen der
Gesellschaft gekippt. Wenn der Gestank zu schlimm
wurde, zogen sie sich zu einem aus Holzresten
gebauten Feuer zurück, tranken starken Tee aus einem
geschwärzten Kessel, rauchten eine Zigarette und
machten sich dann wieder an die Arbeit. Und dann
fanden sie etwas Schreckliches.

Eine geschwungene Schaufel schaufelte nicht ein
paar Pfund losen Müll auf, sondern prallte auf etwas

Weiches, aber Schweres. Gleichzeitig brach aus der Grube ein widerlicher Gestank aus. Ein Arbeiter, der sich vielleicht fragte, ob er einen toten Hund ausgegraben hatte, räumte den Müll weg - und legte den teilweise verwesten Körper einer Frau frei. Sie konnten erkennen, dass es sich um eine Frau handelte, denn sie war bis auf einen einzigen Nylonstrumpf nackt.

In jeder Großstadt tauchen von Zeit zu Zeit verweste Leichen auf. Viele sind alte oder kranke Menschen, die allein zu Hause sterben. Bei anderen handelt es sich um Obdachlose, die sich, von Krankheit oder Wetter überfordert, in einem Unterschlupf verkriechen und nie wieder herauskommen. Eine entkleidete Leiche, die in einer Grube vergraben war, war jedoch etwas anderes. Höchstwahrscheinlich handelte es sich um einen Mord, auf jeden Fall aber um irgendein Verbrechen, denn das Vergraben von Leichen in einer Müllkippe ist immer illegal. Die Stadtpolizei wusste, dass der Tatort zu verstört war, als dass man viele Hinweise hätte finden können, also versuchte man, der Leiche so viel wie möglich zu entnehmen.

Es dauerte nicht lange, bis sie die Identität der toten Frau feststellten. Es handelte sich um die 22-jährige Gwynneth Rees, eine ehemalige jugendliche Ausreißerin aus Südwales, die sich schließlich in London verkauft hatte. Sie war zuletzt am 29. September lebend gesehen worden, als sie in einen Lieferwagen stieg, was mit dem Zustand ihrer Leiche übereinstimmte. Andere arbeitende Mädchen erzählten der Polizei, dass sie zum

Zeitpunkt ihres Verschwindens schwanger gewesen sei und einen illegalen Abtreiber gesucht habe.3 Zunächst schien dies eine mögliche Erklärung für ihren Tod zu sein; vielleicht war sie während eines illegalen Schwangerschaftsabbruchs gestorben und der Abtreiber hatte in Panik ihre Leiche entsorgt. Die Autopsie ihrer Leiche deutete jedoch auf etwas anderes hin. Es fehlten mehrere Zähne, und um ihren Hals wurden die Spuren eines Würgegriffs gefunden. Das bedeutete, dass es sich definitiv um Mord handelte. Weitere Straßenmädchen wurden befragt: Hatte Rees jemanden verärgert, bevor sie verschwand? Es stellte sich heraus, dass sie das hatte. Ihr "Ponce" (Zuhälter) war Cornelius "Connie" Whitehead gewesen, ein kleiner Gangster, der für die berüchtigten Kray-Zwillinge arbeitete.54 Whitehead war dafür bekannt, seine Mädchen zu verprügeln, was erklären würde, warum Rees ihn Ende September verlassen hatte. Es wurde gemunkelt, dass Whitehead nach ihr suchte, um ihr eine Lektion zu erteilen. Diese Spur verlief jedoch im Sande. Whitehead war der offensichtliche Verdächtige, aber es gab keine Beweise, die ihn mit ihrem Tod in Verbindung brachten, und als Partner der berühmt-berüchtigten gewalttätigen Krays war er durch eine Mauer des Schweigens geschützt. Viele Leute wären bereit, ihm ein Alibi zu geben;

---

3 Bis 1967 konnte jeder, der im Vereinigten Königreich eine Abtreibung durchführte oder durchführen ließ, zu einer lebenslangen Haftstrafe verurteilt werden. Seitdem ist sie aus gesundheitlichen Gründen legal, wenn zwei Ärzte zustimmen.

keiner würde ihn verraten. Wenn er Rees erwürgt hatte, würde er wahrscheinlich ungestraft davonkommen. Einige der Detektive waren jedoch verwundert.

Mehr als vier Jahre zuvor, aber kaum eine Meile entfernt, war die Leiche der 21-jährigen Elizabeth Figg, auch bekannt als Ann Phillips, an einen Baum gelehnt gefunden worden. Die Spuren an ihrem Hals zeigten, dass sie erwürgt worden war, und ihr Kleid war ihr vom Oberkörper gerissen worden, so dass ihre Brüste heraushingen. Figg war eine weitere Ausreißerin, die sich nach London verirrt hatte, diesmal aus Nordengland, und wie Rees hatte auch sie ein gewaltsames Ende genommen. Fenton "Baby" Ward, ein ehemaliger Boxer aus Trinidad, war schnell aufgegriffen und von der Polizei verhört worden, kam aber nicht als Verdächtiger in Frage. Die Met hatte keinen Zweifel daran, dass er ein gewalttätiger Schläger war und durchaus in der Lage, zu töten, wenn es ihm passte, aber sie konnten sich einfach nicht vorstellen, dass er Figg getötet hatte. Der Mord hatte sie damals vor ein Rätsel gestellt, und die Beunruhigung hielt an. Ja, Prostituierte wurden getötet, aber es war nicht normal, dass ihre Leichen so öffentlich entsorgt wurden.

In den späten 1950er und frühen 60er Jahren war die gesellschaftliche Einstellung eine ganz andere als heute, und der Tod einer Prostituierten erregte weit weniger Aufmerksamkeit als der Mord an einer "ehrbaren" Frau. Es gab keine Empörung in der Presse und keine lokalen Kampagnen, um den Mörder zu finden. Die Polizei nahm die Sache jedoch ernst genug.

Von den anderen Prostituierten - von denen viele in einer Zeit, in der Verhaftungen wegen "Prostitution" an der Tagesordnung waren, keinen Grund hatten, die Polizei zu lieben - würden sie nicht viel Hilfe bekommen, aber die Vorstellung, dass ein Mörder in der Laster-Szene der Stadt sein Unwesen trieb, beunruhigte einige von ihnen. Tarts starben; manchmal war es ein wütender Kunde, manchmal ein gewalttätiger Zuhälter, manchmal hatten sie einfach Pech, weil sie allein und ungeschützt auf der Straße waren. Rees' Tod war der letzte in einer langen, unglücklichen Liste. Dennoch war er ungewöhnlich genug, dass einige der Ermittler eine gedankliche Notiz machten, nur für den Fall, dass wieder etwas Ähnliches passierte. Sie würden nicht lange warten müssen. Vier Jahre waren seit dem Tod von Elizabeth Figg vergangen, aber die Dinge sollten sich dramatisch beschleunigen. In wenigen Monaten würde der Anblick einer entkleideten und erdrosselten Leiche den glücklosen Mitgliedern der Mordkommission sehr vertraut werden.

[2]

Furcht in London

Die Hammersmith Bridge führt seit 1887 den Verkehr über die Themse. Das 700 Fuß lange Bauwerk hat zwei Weltkriege und drei terroristische Anschläge überstanden und wird heute von Architekten als eine der schönsten viktorianischen Eisenbrücken des Landes geschätzt. Sie ist auch ein beliebter Ort für Ruderer und Bootsfahrer, darunter der London Corinthians Sailing Club. Die Mitglieder des Corinthians segeln gerne mit Jollen auf dem Fluss, und einige von ihnen sind engagiert genug, um bei jedem Wetter aufs Wasser zu gehen. Am 2. Februar 1964 war es für diese Jahreszeit trocken und warm - über 53°F - und einige der Corinthians nutzten dies, um nach Hammersmith hinunterzufahren. In der Nähe der Brücke wurde einer der Besatzungen der Ausflug jäh gestört. An einem schwimmenden Ponton, der am Ufer vertäut war, klemmte etwas, das verdächtig nach einer Leiche aussah. Die Matrosen ließen die Schoten los, wurden langsamer und drehten sich vorsichtig um, um einen genaueren Blick darauf zu werfen. Tatsächlich war eine aufgedunsene Leiche am Ponton festgemacht.55 Wenn man längere Zeit mit einem kleinen Boot auf der Themse unterwegs ist, sieht man alles Mögliche, aber die nackte Leiche einer Frau begegnet einem nicht jeden Tag.

Bei einer Autopsie wurde Wasser in der Lunge der toten Frau gefunden, was bedeutet, dass sie wahrscheinlich ertrunken ist. Das kommt oft genug vor - in Großbritannien ertrinken jährlich etwa 450 Menschen versehentlich -, aber die Polizei war sich ziemlich sicher, dass es sich nicht um einen Unfall handelte. Die Frau hatte sich fast nackt ausgezogen, bevor sie ins Wasser ging, und nur ein Paar Strümpfe um die Knöchel heruntergezogen. Einige ihrer Zähne waren ausgeschlagen worden, und ihre befleckte Unterwäsche war in ihren Mund gestopft. Es gab auch Spuren, die darauf hindeuteten, dass sie zumindest teilweise erwürgt worden war. Die Nacktheit und die fehlenden Zähne wiesen auf eine Verbindung zu Rees hin. Als die Leiche als die 30-jährige Prostituierte Hanna Tailford identifiziert wurde, schlugen die Alarmglocken schrill.

Tailford war zuletzt am 24. Januar lebend gesehen worden, und den Pathologen zufolge ließ der Zustand ihres Körpers darauf schließen, dass sie eine Woche lang im Fluss gelegen hatte. Das ist eigentlich keine überraschende Zeitspanne, in der eine Leiche unentdeckt bleiben kann. Die Themse in London ist ein viel befahrener Fluss, aber es gibt keinen Mangel an Stellen, an denen eine Leiche außer Sichtweite schwimmen kann. Bis die Gezeiten oder Strömungen sie ins Freie ziehen, gibt es keine Garantie, dass sie jemand sieht. Tailford könnte sogar seit ihrem Tod unter dem Ponton liegen und nur darauf warten, dass jemand in einem niedrigen, offenen Boot vorbeifährt.

Wie die ersten beiden Opfer war Tailford als Teenager von zu Hause weggelaufen, da sie sich in der nördlichen Bergbaustadt, in der sie aufgewachsen war, nicht eingewöhnen konnte. In London landete sie bald auf der Straße. Mit dem Verkauf ihrer Waren hatte sie nicht immer genug Geld zum Leben verdient, und ihre lange Liste von Verurteilungen wegen Prostitution wurde durch einige Verurteilungen wegen Diebstahls aufgelockert. Einmal, als sie schwanger war, versuchte sie sogar, ihr ungeborenes Kind über eine Zeitungsanzeige zu verkaufen.[56] Ihre Karriere bestand jedoch nicht nur aus dem verzweifelten Kampf um Geld. So schwierig es auch war, von den anderen Nutten Informationen zu bekommen, so langsam konnte sich die Polizei ein Bild von einem Leben an der Grenze zwischen dem Laster der Straße und dem großen Geld der Londoner Gesellschaftsszene machen. Wie sich herausstellte, war Tailford nicht nur eine Prostituierte gewesen. Sie war auch in der Pornofilmindustrie tätig gewesen und wurde dafür bezahlt, auf gesellschaftlichen Partys zu unterhalten.

Am 8. April wurde Irene Lockwood, 26 Jahre alt, an einem schmalen Schlammstrand nur 300 Meter flussaufwärts von der Stelle gefunden, an der Tailfords Leiche entdeckt worden war. Lockwood war am Tag zuvor noch am Leben gewesen und hatte sich vor einem Pub in Chiswick herumgetrieben. Jetzt war sie entkleidet, erwürgt - wahrscheinlich mit ihrer eigenen Unterwäsche - und in den Fluss geworfen worden. Die

Autopsie ergab, dass sie im vierten Monat schwanger war, und Nachforschungen bei anderen Mädchen ergaben bald, dass sie, wie Rees, versucht hatte, abzutreiben. Diesmal stellte sich nicht die Frage, ob ihr Tod die Folge einer missglückten Abtreibung war; Lockwood war eindeutig ermordet worden.

Es wäre nicht schwer, jemanden zu finden, der Irene Lockwood tot sehen wollte. Sie war eine berüchtigte Betrügerin, die darauf spezialisiert war, Kunden dazu zu bringen, ihre Hosen vor ihrem Schlafzimmer auszuziehen, damit ein Komplize ihre Taschen durchsuchen konnte, während sie mit ihnen Sex hatte. Sie war auch in illegale nächtliche Kartenspiele verwickelt, die bei vielen Spielern das ungute Gefühl hinterließen, betrogen worden zu sein (was auch der Fall war). (Es gab eine lange Liste von Leuten, die sie hassten, und ihr Tod wäre normalerweise nicht allzu überraschend gewesen. Tatsächlich war ein Freund von ihr 1963 von einem Kunden erschlagen worden, den sie mit eindeutigen Fotos erpressen wollte. Um sein Einkommen durch Diebstahl und Erpressung aufzubessern, braucht man einen ständigen Nachschub an Opfern, die mehr Angst vor Peinlichkeiten haben als davor, sich die Hände schmutzig zu machen, und eine Fehleinschätzung kann gefährlich sein.

Die Polizei entdeckte jedoch einige beunruhigende Ähnlichkeiten mit den früheren Morden. Wie Figg, Rees und Tailford war Lockwood klein - nur fünf Fuß zwei. Rees und Tailford waren ebenfalls schwanger gewesen, und alle vier Frauen hatten dunkles Haar (obwohl Lockwoods Haar blond gefärbt war). Alle vier hatten während ihrer Karriere im Sexgewerbe an sexuell übertragbaren Krankheiten gelitten. Drei von ihnen wurden innerhalb von fünf Monaten an demselben Flussabschnitt gefunden. Dies reichte aus, um die Häufung der Morde von der routinemäßigen Zermürbung der Londoner Straßenmädchen abzuheben. Es sah zunehmend so aus, als ob ein Serienmörder entlang der Themse im Westen Londons Jagd auf Nutten machte.

Sobald Lockwood identifiziert war, begann die Polizei, ihr Leben auseinanderzunehmen und nach Hinweisen zu suchen. In ihrem Tagebuch war von einem Mann namens "Kenny" die Rede, und das schien eine mögliche Spur zu sein. Lockwoods Glücksspielbetrug war von Kenneth Archibald, dem Hausmeister des Holland Park Tennis Club, eingefädelt worden. Tennisclubs haben den Ruf, seriöse Organisationen zu sein, und das war dieser Club auch - tagsüber. Nachts sah es ein wenig anders aus. Damals gab es in Großbritannien einige der strengsten Alkoholgesetze Europas, und ein Abend endete mit dem bekannten Ruf "last orders please" um 22:45 Uhr. Das passte nicht jedem, und so gab es in den Großstädten immer wieder illegale Trinkhallen, wenn man nur genau genug hinsah. Diese befanden sich oft in Privathäusern oder abgeschlossenen Garagen, aber Archibald ging noch einen Schritt weiter. In seinem Job war er für ein Klubhaus mit einer voll ausgestatteten Bar zuständig, und solange diese während der offiziellen Öffnungszeiten in gutem Zustand war, sprach nichts dagegen, dass er sie ausnutzte. Durch Mund-zu-Mund-Propaganda machte Archibald den Club zu einem illegalen Partytreffpunkt, der eine Reihe zwielichtiger Gestalten anzog. Spätabendliche Trinker mischten sich mit Prostituierten und Nervenkitzel suchenden Menschen, und das Clubgelände und die Tennisplätze boten viele abgeschiedene Ecken für Sex. Lockwood war eine der Nutten, die den Club besuchten.

Es gab keine Anhaltspunkte für eine Verbindung zwischen Archibald und den früheren Opfern, aber jetzt wurde er als möglicher Verdächtiger eingestuft. Wenn er Lockwood kannte, hatte er zumindest eine gewisse Verbindung zur Laster-Szene, so dass es möglich war, dass er die anderen toten Frauen kannte oder zumindest getroffen hatte. Wenn er Lockwood genug vertraute, um sie zur Partnerin in einem lukrativen Geschäft zu machen, dann reichten seine Verbindungen zu Nutten offensichtlich weiter als ein kurzes Fummeln in irgendeiner Gasse. Die Met entschied, dass Kenneth Archibald jemand war, mit dem sie gerne sprechen wollten. Der 57-Jährige wurde befragt, bestritt aber, Lockwood zu kennen, obwohl sie seine Telefonnummer auf einer Karte in ihrer Wohnung hatte. Am 27. April betrat er die Polizeiwache in Notting Hill und bat darum, mit einem Ermittler zu sprechen. Er habe es sich anders überlegt, sagte Archibald dem verblüfften Wachtmeister; er habe sie getötet und wolle gestehen.

Es hatte den Anschein, dass die Morde aufgeklärt werden konnten, sobald die Anwesenheit eines Serienmörders festgestellt worden war. In vielerlei Hinsicht stand Archibald als Verdächtiger gut da. Er war wegen seiner Verbindungen zu Lockwood bereits auf dem Radar der Met gewesen. Jetzt erzählte er den Polizisten in Notting Hill, wie Lockwood getötet worden war und wann und wo er ihre Leiche in den Fluss geworfen hatte. Er habe sie vor einem Pub in Chiswick getroffen, sich dann mit ihr über Geld gestritten und sie in einem Wutanfall erwürgt. Seine Geschichte war nicht perfekt, aber die Grundzüge passten gut zu den Fakten des Falles. Archibald wurde wegen Mordes angeklagt und inhaftiert. Nicht jeder war jedoch überzeugt. Archibald war in einem schlechten Gesundheitszustand und hatte psychische Probleme - immer ein Warnsignal, wenn jemand einen Mord gesteht. Bei seinem Prozess im Juni änderte er erneut seine Meinung, zog sein Geständnis zurück und sagte, er habe sich die ganze Sache ausgedacht, weil er depressiv war. Die Geschworenen stimmten ihm zu und er wurde vom Mord an Lockwood freigesprochen. Es ist ziemlich sicher, dass dies die richtige Entscheidung war, denn die Morde an der Stripperin hatten mit seiner Verhaftung nicht aufgehört.

Mit zwei eindeutigen Opfern eines Serienmörders und zwei weiteren möglichen hatte die Polizei

Maßnahmen ergriffen, um den Mörder auf frischer Tat zu ertappen. Alle vier Leichen wurden in und um die Themse gefunden. Nun wurden die Patrouillen rund um den Fluss verstärkt. Wenn der Mörder seine Opfer in der Nähe des Flusses aussucht, könnte die zusätzliche Aktivität ihn abschrecken; wenn er sie einfach dort ablegt, erhöht eine bessere Überwachung die Chancen, ihn auf frischer Tat zu ertappen. Die Polizei sollte in beiderlei Hinsicht enttäuscht werden.

Helen Barthelemy war eine ehemalige Zirkusartistin aus Blackpool, obwohl ihre Eltern Franzosen und Schotten waren. Sie war 20 Jahre alt und hatte ein Vorstrafenregister in ihrer Heimatstadt, bevor sie nach London gezogen war. Sie war verurteilt worden, weil sie einen Mann mit dem Versprechen auf Sex an einen ruhigen Ort gelockt hatte, aber stattdessen war er mit einem Rasiermesser aufgeschlitzt und ausgeraubt worden. Nun war Barthelemy selbst offenbar weggelockt und überfallen worden. Zuletzt war sie von einer ihrer Freundinnen in einer Bar gesehen worden; Barthelemy hatte ihre Handtasche dort gelassen und gesagt, dass sie nur kurz weggehen würde. Sie kam nie wieder zurück. Am 24. April - drei Tage vor Archibalds Geständnis - wurde ihre nackte Leiche in einer Gasse in der Nähe eines Sportplatzes in Brentwood gefunden. Damit änderte sich das Muster; ihre Leiche wurde weit nordwestlich der früheren Opfer und über eine Meile vom Fluss entfernt abgelegt. Es bestand jedoch kein Zweifel, dass sie demselben Mörder zum Opfer gefallen war. Neben den

inzwischen bekannten Strangulations- und Entkleidungsspuren war sie eine kleine, dunkelhaarige
Straßenprostituierte, die an einer Geschlechtskrankheit
gelitten hatte.

Abgesehen von den Ähnlichkeiten mit den früheren
Morden gab es einige neue und interessante Dinge an
dieser Leiche. Barthelemys Leiche war schmutzig, was
darauf hindeutet, dass sie zwischen dem Ausziehen und
dem Wegwerfen irgendwo gelagert worden war. Bei
näherer Untersuchung ihrer Haut wurden außerdem
Tausende von winzigen Farbpartikeln gefunden. Es handelte sich um die Art von Farbe, die zum Besprühen von
Autos und anderen Metallgegenständen verwendet
wird, und die mikroskopisch kleinen Flecken waren in
einem Regenbogen von Farben gehalten. Die Ermittler
vermuteten, dass sie in der Nähe einer Werkstatt
gelagert worden war, in der gespritzt wurde, und dass
Farbpartikel aus der Luft in die improvisierte Gruft und
auf ihre Haut gelangt waren. Damit war der Ort, an dem
die Leiche aufbewahrt worden war, zwar nicht sofort
gefunden - in London gibt es Hunderte von kleinen
Lackierereien und Leichtindustrieanlagen -, aber es war
etwas.

Nun wurde auch noch etwas anderes vorgeschlagen.
Nach der Entdeckung von Barthelemy kam ein neuer Er-
mittler zum Team, Detective Superintendent William
Baldock. Baldock stellte die Annahme in Frage, dass die
Opfer erdrosselt worden waren, und schlug stattdessen
etwas Erstaunliches und Schreckliches vor. Vielen der

Frauen waren die Zähne ausgeschlagen worden, sagte er. Vielleicht wurden sie beim Oralverkehr erstickt, und es handelte sich nicht um vorsätzliche Morde, sondern um einen abartigen Sexualakt, der schief gelaufen ist. Da Fellatio damals ein viel größeres Tabuthema war als heute, entsetzte diese Vorstellung viele Menschen.

Könnte daran etwas Wahres dran sein? Wahrscheinlich nicht. Eine kurze Überlegung legt nahe, dass jede Prostituierte in dieser Lage eine einfache Möglichkeit hatte, sich zu wehren - zubeißen, und zwar kräftig. Sie alle hatten noch genügend Zähne, um schnell und brutal zuzuschlagen. Baldocks Vorschlag traf damals hart, aber heute ist er eigentlich nur ein Zeichen dafür, wie prüde die Menschen noch vor ein paar Generationen waren. Wäre es nicht in einem so düsteren Kontext, wäre es sogar amüsant.

Andere Vorschläge der Polizei waren hilfreicher. Baldock war nicht das einzige neue Mitglied des Teams - der Leiter der Kriminalabteilung von Scotland Yard, Commander George Hatherill, hatte nun die Ermittlungen übernommen. Hatherill wusste, dass die beste Quelle für Informationen über die toten Frauen ihre Kolleginnen aus der Prostitution waren, und dass es von entscheidender Bedeutung war, die Barriere des Vertrauens zu durchbrechen, die sie von der Polizei fernhielt. Um dies zu erreichen, unternahm er einen mutigen Schritt: Er rief die Prostituierten öffentlich dazu auf, sich unter Zusicherung der Anonymität zu melden, wenn sie etwas wüssten, das ihnen helfen könnte.

Hatherill wies darauf hin, dass die Prostituierten sterben würden, wenn der Stripper nicht gestoppt würde. Wenn jemand von einem Kunden zum Strippen gezwungen oder angegriffen worden sei, solle er sich sofort an die Met wenden. Es funktionierte - bis zu einem gewissen Punkt. Hatherills Aufruf erging am 28. April, und zwei Tage später hatten 45 Prostituierte - und 25 Männer - Informationen geliefert. Keiner von ihnen konnte jedoch die Identität des Strippers feststellen, und Hatherills Warnung vor der Gefahr für Prostituierte sollte sich als richtig erweisen.

Am 14. Juli, kurz nach fünf Uhr morgens, fand ein Chauffeur, der früh aufgestanden war, um seinen Wagen startklar zu machen, die Leiche von Mary Fleming an ein Garagentor in einer Straße in Chiswick gelehnt. Wie Barthelemy lag auch diese Leiche über eine Meile von der Themse entfernt, diesmal nördlich der ersten Entdeckungen. Fleming, eine zähe 30-jährige Glasgowerin, die seit einem Jahrzehnt auf der Straße lebte, war dafür bekannt, dass sie sich von schwierigen Kunden nichts gefallen ließ und sich bei Bedrohung heftig wehrte. Sie war zwar klein, aber sie trug ein Messer bei sich und hatte es schon öfter benutzt. Wenn sie es dieses Mal gezogen hatte, hatte es ihr nicht geholfen. Die an ihren nackten Überresten gesammelten Beweise deuteten darauf hin, dass sie sich gewehrt hatte, aber ihr Angreifer hatte sie mit einem kräftigen Schlag auf das Herz betäubt und dann erwürgt. Diesmal untersuchte der Pathologe ihre Haut genau und suchte

nach Spuren von Farbe. Er fand sie. Flemings Leiche
hatte am selben Ort gelegen wie die des vorherigen
Opfers. Es bestand kein Zweifel, dass es sich um das
Werk desselben Täters handelte. Nachforschungen in
der Umgebung des grausigen Fundes ergaben, dass der
Chauffeur das Fahrzeug der Stripperin nur knapp verfehlt hatte - Nachbarn hatten wenige Minuten, bevor er
die Leiche fand, ein Auto rückwärts die Straße hinunterfahren hören.

Der Ort, an dem Flemings Leiche entsorgt wurde,
zeigt eine weitere Änderung der Taktik des Mörders.
Als die Polizei die Patrouillen rund um den Fluss
verstärkt hatte, hatte er sie überlistet, indem er Barthelemy weit im Norden liegen ließ. Das reichte aus, dass
sich einige Leute fragten, wie er die Reaktion der Polizei
vorausgesehen hatte, und sich sogar fragten, ob er Insiderwissen über das Vorgehen der Polizei hatte - Spekulationen, die Jahre später wieder auftauchten, als
mögliche Verdächtige diskutiert wurden. Indem er sie
dort zurückließ, wo er es tat, war es, als ob er sagen
wollte: "Ich weiß, wie ihr versucht, mich zu fangen, und
es wird nicht funktionieren." In Chiswick herrschte
jedoch eine starke Polizeipräsenz. Die meisten Detektive hielten dies für eine absichtliche Verhöhnung. Das
alles verstärkte den Druck. Inzwischen waren mehr als
8.000 Personen im Zusammenhang mit dem Fall befragt
worden, und die Presse forderte eine Verhaftung, bevor
noch jemand starb. Die Boulevardpresse hatte dem

Mörder auch seinen Spitznamen gegeben - "Jack the Stripper" war in den Schlagzeilen.

Die Farbflecken waren der letzte Hinweis, den die Polizei brauchte, um zu verkünden, dass alle Morde von einem Mann begangen wurden. Wären die gleichen Spuren bei den früheren Opfern gefunden worden, hätte sich diese Tatsache schon früher bestätigt, aber es ist wahrscheinlich nicht allzu überraschend, dass nichts gefunden wurde. Figg ist vielleicht das wahrscheinlichste der acht Opfer, das von jemand anderem getötet wurde; sie starb vier Jahre vor dem nächsten Opfer und war das einzige, das nicht nackt aufgefunden wurde. Wäre sie ein Opfer des Strippers gewesen, hätte er zu dieser Zeit seine Methoden entwickelt. Warum begann er, die Leichen zu entkleiden? Es ist unwahrscheinlich, dass sich die Opfer selbst entkleidet haben - sie waren Straßenmädchen, die im "Autohandel" tätig waren. Zu dieser Zeit bestand ein Großteil ihres Geschäfts aus Oralsex - was "nette Mädchen" nicht tun würden - und selbst wenn ein Kunde vollen Sex wollte, würde er nur den Rock heben und das Höschen herunterziehen. Nein, die Kleidung wurde vom Mörder entfernt. Die Wahrscheinlichkeit ist groß, dass er damit Beweise beseitigen wollte. Vielleicht hatte er Sperma auf der Kleidung hinterlassen, und obwohl ein DNA-Abgleich damals noch nicht möglich war, hätte man vielleicht Blutgruppen abgleichen können. Kleidung nimmt auch Fasern und Haare auf, und selbst 1964 konnten die Ermittler mit solchen Beweisen eine Menge anfangen;

das wichtigste Werkzeug für ihre Analyse ist ein Mikroskop, und im Gegensatz zur DNA-Sequenzierung gibt es Mikroskope schon seit Jahrhunderten. Es macht Sinn, dass der Stripper die Kleidung entfernt hat, bevor er die Leichen aufbewahrte, denn das verringert die Wahrscheinlichkeit, dass die Polizei am Fundort der Leichen Beweise findet. Natürlich konnte sich dabei auch Farbe auf der Haut absetzen, aber die winzigen Tröpfchen hätten in der Luft einen dünnen, unsichtbaren Nebel gebildet, und nur ein sehr kluger Mörder hätte daran denken können. Die Farbe auf der Haut war nicht offensichtlich; es bedurfte guter kriminaltechnischer Arbeit, um sie bei Bathelemy und den späteren Opfern zu finden. Wenn Rees von dem Stripper getötet und am selben Ort aufbewahrt wurde, wäre es schwierig gewesen, den Hinweis zu finden, nachdem sie wochenlang in einem Müllhaufen begraben lag. Tailford und Lockwood waren in einen verschmutzten Fluss geworfen worden, und in Tailfords Fall lag sie eine Woche lang im Wasser. Wasser und Fäulnis hätten einen Großteil der Farbe entfernt. Erst als der Stripper seine Methoden änderte und begann, Leichen an Land zu entsorgen, tauchte der Hinweis auf. Er würde bald wieder auftauchen.

Am 23. Oktober arbeitete Kim Taylor mit ihrer Freundin Frances Brown, auch bekannt als Margaret McGowan, in der Nähe eines Pubs in Notting Hill. Die Ereignisse der letzten Monate hatten sie vorsichtig gemacht; wie Mary Fleming und viele andere Mädchen trugen sie Messer oder geschärfte Stahlkämme bei sich, aber das reichte natürlich nicht aus, um die Sicherheit eines Mädchens zu garantieren. Taylor und Brown hatten beschlossen, aus Sicherheitsgründen zu zweit zu arbeiten; auf diese Weise, so dachten sie, würde die Stripperin nicht in der Lage sein, sie auszusuchen. Vorhin in der Kneipe hatten sie über die Chancen, den Mörder zu treffen, gescherzt, aber sie wussten beide, dass es nicht zum Lachen war. Draußen beobachteten sie sich gegenseitig und warfen misstrauische Blicke auf jeden Mann, der sich ihnen näherte, um zu reden.

Als zwei Autos gleichzeitig anhielten, warfen beide Mädchen einen genauen Blick auf das Auto, in das die andere einstieg. Brown kletterte in einen Ford, entweder einen Zodiac oder einen Zephyr, und Taylor stieg in das andere Auto ein. Die Fahrzeuge trennten sich bald im Londoner Verkehr. Taylor tat das, wofür ihr Auftraggeber sie bezahlte, kehrte in den Pub zurück und wartete auf Browns Rückkehr. Das tat sie nicht.

Es dauerte über einen Monat, bis Taylor erfuhr, was mit ihrem Freund geschehen war. Am 25. November wurde Browns Leiche in der Horton Street in Kensington gefunden, direkt vor einem unterirdischen Gebäude der Zivilverteidigung. Im Gegensatz zu den anderen Leichen, die offen herumlagen, war Browns Leiche teilweise verdeckt worden; tote Äste und ein Mülltonnendeckel waren auf die Leiche gestapelt worden. Abgesehen von dieser Anomalie waren die Spuren der Stripperin eindeutig. Sie war erwürgt und entkleidet worden, und ihr Körper war mit winzigen farbigen Farbpartikeln gesprenkelt. Sie war auch eine kleine, dunkelhaarige Prostituierte mit einer Vorgeschichte von Geschlechtskrankheiten, aber die Nacktheit und die Farbe machten es ohnehin klar. Die Stripperin hatte einen weiteren Menschen getötet.

Diesmal fehlte nicht nur die Kleidung des Opfers. Auch einige von Browns Schmuckstücken waren verschwunden. Als sie verschwand, trug sie einen goldenen Ring und ein silbernes Kreuz an einer Kette, aber diese waren verschwunden. Das waren keine Gegenstände, die viel Beweismaterial enthielten, und es war sogar riskant, dass der Mörder sie mitnahm - sie waren identifizierbar, und wenn er mit ihnen erwischt worden wäre, hätte er nur schwer erklären können, wie er in ihren Besitz gekommen war. Sie zu stehlen war ein Risiko, das für den sonst so akribischen Stripper untypisch schien.

Die meisten Menschen hörten zum ersten Mal von der psychologischen Profilerstellung bei Serienmördern in dem Film Das Schweigen der Lämmer von 1991, aber als Technik wird sie schon seit den 1940er Jahren eingesetzt. Scotland Yard war eifrig damit beschäftigt, ein solches Profil für den Stripper zu erstellen. Polizeipsychologen vermuteten, dass Browns fehlender Schmuck darauf hindeutete, dass er Souvenirs von seinen Opfern sammelte. Sie glaubten auch, dass er wahrscheinlich ein schüchterner Mann war, der nach außen hin ruhig wirkte. Die geringe Größe aller Opfer - keines war größer als fünf Fuß und zwei Zoll - legte nahe, dass er selbst klein war und sich Ziele aussuchte, die er leicht überwältigen konnte. Einiges von dem, was die Psychologen sagten, könnte nützlich sein, um einen Fall aufzubauen, sobald der Stripper in Haft ist, aber es trug nicht viel dazu bei, ihn zu finden. Bevor ein Profil verwendet werden kann, um eine Liste von Verdächtigen einzugrenzen, muss es eine Liste geben, mit der man arbeiten kann, und der Pool von Männern, die der Stripper sein könnten, war riesig. Wenn überhaupt, dann wurde sie durch Browns Tod noch größer.

[3]

DAS KOMPLOTT VERDICHTET SICH

Die Psychologen hatten den Fall aus einem rein kriminellen Blickwinkel betrachtet - dass ein Verrückter aus irgendeinem wahnsinnigen Grund Straßenmädchen verfolgte und tötete. Der Tod von Brown eröffnete eine neue Möglichkeit. Das jüngste Opfer hatte eine Verbindung zu Hanna Tailford, die die beiden an den Rand - und vielleicht noch viel tiefer - eines großen Skandals des Establishments brachte. Es war nicht schwer, sich vorzustellen, dass Ereignisse auf den höchsten Ebenen der britischen Regierung jemanden dazu gebracht hatten, die beiden Nutten zu jagen und zu töten, um sie zum Schweigen zu bringen. Ein von offizieller Seite sanktionierter Attentäter könnte die Morde an den Stripperinnen als Tarnung benutzt oder die anderen Mädchen getötet haben, um seine wahren Ziele zu verschleiern. Vielleicht gab es sogar eine Gemeinsamkeit zwischen den Opfern, die sie alle zur Zielscheibe machte. In der Tat war das gar nicht so unwahrscheinlich. Alle fünf der 1964 ermordeten Frauen lebten - und arbeiteten oft - in Ladbroke Grove, einem Gebiet westlich von Kensington, das nach der dort verlaufenden Hauptstraße benannt ist. Es grenzt auch an Notting Hill, wo Frances Brown ihren letzten tödlichen Kunden aufgesammelt hatte. Vielleicht hatten sie, wie Brown, eine Verbindung zu einer Kontroverse, die schließlich die konservative Regierung von Harold Macmillan zu Fall brachte.

Am 14. Dezember 1962 tauchte Johnny Edgecombe, ein Herumtreiber und kleiner Drogendealer aus Antigua, in der Wohnung eines führenden Londoner Arztes auf und versuchte, das Schloss der Eingangstür zu durchschießen. Er versuchte, mit seiner Ex-Freundin, dem Callgirl Christine Keeler, zu sprechen. Die Met-Polizei schätzt jedoch keine Schießereien, und Edgecombe wurde verhaftet. Als Keeler drei Monate später nicht zu seiner Verhandlung erschien, löste dies in der britischen Presse einen der größten Skandale der 1960er Jahre aus.

Keeler war in einer Beziehung mit Edgecombe gewesen, aber das hatte ihr nicht gereicht. Sie war auch mit Aloysius "Lucky" Gordon zusammen, einem bösartigen jamaikanischen Schläger, der sie einmal zwei Tage lang als Geisel festgehalten und sie mit einer Axt bedroht hatte. Edgecombe hatte sich bereits mit Gordon geprügelt und ihm das Gesicht aufgeschlitzt. Aber das war es nicht, was die Presse interessierte. Einer ihrer Herrenfreunde war John Profumo, der Kriegsminister. Was die Sache noch besorgniserregender machte, war, dass ein anderer ein sowjetischer Spion war.

Profumo war Keeler von Stephen Ward vorgestellt worden, dem angesagten Arzt, dessen Wohnungstür Edgecombe zerschossen hatte. Ward war dafür bekannt, dass er seine Freunde - und er hatte viele - mit

Mädchen bekannt machte, darunter auch mit Edelprostituierten wie Keeler und Mandy Rice-Davies. Als die Profumo-Affäre in den Zeitungen auftauchte, wurde Ward verhaftet und angeklagt, von unmoralischen Einkünften zu leben. Im Juli 1963 wurde ihm der Prozess gemacht und eine Reihe von Prostituierten wurden als Zeugen geladen. Zu ihnen gehörten Hannah Tailford und Frances Brown. Am 31. Juli wurde Ward vom Vorwurf der Zuhälterei freigesprochen, aber in Bezug auf die unmoralischen Einkünfte für schuldig befunden. Er war bei der Urteilsverkündung nicht anwesend; er lag im Krankenhaus im Koma, das durch eine Überdosis Schlaftabletten am Vortag ausgelöst worden war. Er starb am 3. August, ohne das Bewusstsein wiederzuerlangen.

Es ist wahrscheinlich, dass Ward eine Überdosis nahm, nachdem er gehört hatte, was der Staatsanwalt über ihn zu sagen hatte - er schluckte die Pillen innerhalb weniger Stunden nach der wenig schmeichelhaften Zusammenfassung der Staatsanwaltschaft -, aber da der Fall so weit in die Regierung hineinreichte, waren Spekulationen unvermeidlich. Hatte man Ward zum Schweigen gebracht, um den Ruf mächtiger Männer zu wahren? Seine mondänen Partys hatten die Crème de la Crème der britischen Gesellschaft angezogen, und er befand sich an der Grenze zwischen dieser Gesellschaft und dem gewalttätigen Sumpf der Londoner Unterwelt. Tailford erzählte, dass sie 1960 für eine Party engagiert und in ein großes Haus am noblen Eaton Square gebracht wurde. Am Ende trat sie mit einem Mann im Gorillakostüm in einer Bodenshow auf.57 Tailford hatte auch in pornografischen Filmen mitgewirkt, die in einer Wohnung in den zwielichtigen Straßen um den Bahnhof Victoria gedreht wurden. Ihre Verbindung zu Ward zeigte, dass Brown sich ebenfalls in diesem düsteren Milieu aufhielt, und es war nicht abwegig zu glauben, dass sie etwas gesehen oder gehört hatte, das sie zur Zielscheibe machte.

Wenn es ein Auftragskiller des MI5 war, der Brown getötet hatte, war er natürlich erstaunlich unvorsichtig gewesen und hatte Taylor einen guten Blick auf ihn werfen lassen. Nachdem Browns Leiche entdeckt worden war, sprach Taylor mit einem Zeichner der Polizei und es wurde eine Skizze des Verdächtigen angefertigt. Sie zeigte einen stämmigen Mann von mittlerer Größe mit einem runden Gesicht. Der Fall hatte nun ein viel größeres Profil als zuvor; die Morde an ein paar Nutten erregten vielleicht nicht viel Aufmerksamkeit in der Öffentlichkeit, aber die Existenz eines Serienmörders war eine andere Sache. Bevor sich jedoch irgendwelche Hinweise ergaben, schlug der Stripper erneut zu.

Brigit "Bridie" O'Hara war eine 28-jährige Irin, die mit ihrem Mann und ihren Kindern in Shepherd's Bush lebte. Keiner ihrer Nachbarn wusste, dass sie nebenbei als Prostituierte arbeitete, um das Einkommen der Familie aufzubessern. Im Gegensatz zu den früheren Stripperinnen arbeitete sie allein und hatte keine Verbindungen zur Underground-Party-Szene. Am 11.

Januar 1965 wurde O'Hara mit drei Männern in der Nähe der U-Bahn-Station Holland Park gesehen. Das war auch der Ort, an dem Elizabeth Figg zuletzt gesehen worden war. Zwei der Männer hatten einen walisischen Akzent. Der dritte wurde als älterer Mann beschrieben. O'Hara wurde nie wieder lebend gesehen. Am 16. Februar wurde die Leiche von O'Hara auf dem Heron Trading Estate in Acton gefunden, etwa anderthalb Kilometer nördlich der Stelle, an der Fleming abgelegt worden war. Sie war erdrosselt oder erwürgt worden, mehrere Zähne waren ihr ausgeschlagen worden und ihr nackter Körper war mit Farbe bespritzt. Die Autopsie ergab außerdem, dass ihre Leiche eine Zeit lang an einem warmen Ort aufbewahrt worden war, bevor sie herausgeholt und hinter einem Schuppen abgelegt wurde - obwohl sie seit über einem Monat vermisst wurde, war die Leiche nicht verwest, sondern teilweise mumifiziert worden.

Scotland Yard reagierte auf den jüngsten Mord mit der Ernennung eines neuen Leiters für die Ermittlungen. Detective Chief Superintendent John Du Rose, der Leiter der Mordkommission, befand sich im Urlaub, wurde aber von der Met zurückgerufen, um die Leitung zu übernehmen. Du Rose trug den Spitznamen "Four Day Johnny", weil er frühere Mordfälle so schnell gelöst hatte. Er war als aktiver und innovativer Detektiv bekannt und weitete die Suche nach dem Stripper schnell aus. Die Polizei begann, die Details jedes Autos zu notieren, das sie nach Einbruch der Dunkelheit in einem großen Gebiet im Westen Londons sah. Jedes Auto, das an Bordsteinkanten nach Prostituierten suchte, wurde in einer separaten Liste erfasst, und die Polizei lud die Fahrer zur Befragung ein. In den 1960er Jahren gab es nicht viele weibliche Polizisten, aber junge, attraktive Polizistinnen wurden abgestellt, in Miniröcke und hochhackige Schuhe gekleidet und in die Rotlichtviertel geschickt. Jedem Mann, der sich ihnen mit einem Angebot näherte, wurde eine Haftbefehlskarte gezeigt und er wurde verhört. Echte Straßenmädchen beschwerten sich, dass dies ihrem Geschäft schade, aber Du Rose hatte andere Sorgen. Er wollte den Mörder finden, und das bedeutete unter anderem, dass er herausfinden musste, wo die Leichen gelagert worden waren.

Hunderte von Polizisten begannen damit, im Westen Londons Betriebe zur Herstellung von Leuchtmitteln und Autolackierereien aufzusuchen. Durch die Untersuchung der auf den Leichen gefundenen Spuren konnten die gesuchten Farbmarken genau bestimmt werden, und jede Lackieranlage in einem Gebiet von 24 Quadratmeilen wurde daraufhin untersucht, ob sie die kritische Farbkombination verwendete. Schließlich wurde eine auf dem Heron Trading Estate gefunden, nur wenige Meter von der Stelle entfernt, an der O'Haras Leiche abgelegt worden war. Gegenüber der Werkstatt befand sich ein Umspannwerk, ein kleines, umzäuntes Gelände mit einer Reihe von Transformatoren darin. Von einem Hauptmast des Stromnetzes führte ein Kabel dorthin und wurde zur Verteilung an die umliegenden Haushalte und Unternehmen auf 240- und 440-Volt-Strom heruntergestuft4 . Die Kabel, die den Strom in die Umgebung brachten, waren unterirdisch verlegt, und im Umspannwerk verliefen sie in mit Brettern abgedeckten Kriechkellern. Bei der Durchsuchung der Kriechräume fanden die Ermittler einen Film aus Farbflecken, der genau mit dem übereinstimmte, der bei den Opfern des Strippers gefunden worden war. Die Kriechräume waren außerdem warm, da sie durch den Strom, der durch die Kabel floss, erhitzt wurden. Hier waren die Leichen aufbewahrt worden, bevor sie in der Stadt verstreut wurden. Da der Ort, an dem der Stripper sein Unwesen trieb, nun eindeutig identifiziert war, war die Polizei der Meinung, dass ein echter Fortschritt erzielt worden war. Sie befragte Tausende von Menschen, die in dem Gewerbegebiet arbeiteten oder in der Nähe wohnten. Fahrzeuge wurden durchsucht. Du Rose gab bekannt, dass die Liste der Verdächtigen auf drei Personen eingegrenzt worden war und sich bald auf eine reduzieren würde. Doch es kam nie zu einer Verhaftung, und der Stripper hat nie wieder getötet. Als Monate ohne weitere nackte Leichen vergingen, begannen die Prostituierten - und die Polizei - langsam zu glauben, dass die

---

[4] Im Vereinigten Königreich beträgt die Spannung im Haushalt 240 Volt. Die meisten Haushalte haben auch eine dreiphasige 440-Volt-Versorgung für Elektroherde, und viele Leichtindustrien verwenden eine dreiphasige Versorgung.

Schreckensherrschaft vorbei war. Das Geheimnis war so undurchschaubar wie eh und je.

[4]

Wer war die Stripperin?

Als die Morde beendet waren, verschwand die Geschichte von Jack the Stripper langsam aus den Medien. Wenn die Menschen daran dachten, waren sie meist der Meinung, dass es der Polizei nicht gelungen war, einen Serienmörder zu fassen - den bis dahin produktivsten im Vereinigten Königreich -, der direkt vor ihrer Nase operiert hatte. 1970 behauptete John Du Rose, inzwischen im Ruhestand, dass dies nicht stimme; Scotland Yard sei kurz davor gewesen, den Stripper zu verhaften, als er sich selbst umbrachte. Diese Behauptung wurde in Du Roses Autobiografie und dann in Brian McConnells Buch Found Naked and Dead von 1974 wiederholt. Aber war es wahr? Wer waren die Verdächtigen im Fall Stripper und welche Beweise gab es gegen sie? Tatsächlich gab es mehr als drei Verdächtige, und obwohl sie alle eine faszinierende Verbindung zu den Morden haben, passt keiner von ihnen perfekt. Tatsache ist, dass jeder Name, der genannt wurde, auf Spekulationen, Vermutungen und manchmal auf einer gesunden Portion Fantasie beruht. Der Stripper könnte einer der Männer auf dieser Liste sein, oder er könnte jemand ganz anderes sein, jemand, der nie im Verdacht stand, die Verbrechen begangen zu haben.

Mungo Irland

Mungo "Jock" Ireland wuchs in einer streng religiösen Familie in Schottland auf; seine Kindheit war geprägt von häufigen Belehrungen über die Sünde und ebenso häufigen Schlägen, wenn sein Verhalten seine frommen Eltern enttäuschte. Er diente während des Zweiten Weltkriegs beim Militär und hatte sich angeblich angewöhnt, Prostituierte zu benutzen. Außerdem begann er zu trinken und zeigte eine gewalttätige Ader. Nach dem Krieg ging er zur Polizei, wurde aber für eine Versetzung zur Kriminalpolizei abgelehnt und kündigte daraufhin angewidert.58 Schließlich begann er als Wachmann zu arbeiten. Im Jahr 1964 hatte er einen Job im Heron Trading Estate, und er hatte Schlüssel für das Umspannwerk.

Du Rose nannte seinen Hauptverdächtigen nie, aber spätere Forscher identifizierten Irland anhand der Umstände seines Todes. Im März 1965 parkte er sein Auto in einer abgeschlossenen Garage, ließ einen Schlauch durch das Fenster laufen und brachte sich durch Kohlenmonoxidvergiftung um. Seine Frau fand einen Zettel auf dem Küchentisch in ihrem Haus in Putney. Sie lautete:

Ich kann es nicht mehr aushalten. Es mag meine Schuld sein, aber nicht die ganze. Es tut mir leid, dass Harry eine Last für dich ist. Grüß den Jungen von mir. Lebe wohl, Jock. PS. Um dir und der Polizei die Suche nach mir zu ersparen, werde ich in der Garage sein.

Auf den ersten Blick sieht das wie ein starker Beweis für Irlands Schuld aus. Er hat sich eindeutig für etwas schuldig bekannt und damit gerechnet, dass die Polizei nach ihm suchen würde. Hat er die Morde an der Stripperin zugegeben und befürchtet, dass Du Rose und die Mordkommission an seine Tür klopfen? Möglicherweise. Oder vielleicht auch nicht. Irlands Ehe war zerrüttet, was sowohl ein Grund für den Selbstmord sein könnte als auch das, wofür er die Verantwortung übernahm. Außerdem sollte er wegen eines Verkehrsdelikts vor Gericht erscheinen, was erklären würde, warum er sich Sorgen um die Polizei gemacht hatte. Und obwohl er im Heron Trading Estate angestellt war, hatte er dort erst drei Wochen gearbeitet, als er sich umbrachte; als Bridie O'Haras Leiche entsorgt wurde, war er bereits zu Hause in Schottland gewesen.

Freddie Mills

Freddie Mills wurde 1919 in Bournemouth, Hampshire, geboren. Als Teenager begann er in Jahrmarktsbuden zu kämpfen und begann 1936 mit dem Boxen im Halbschwergewicht. Er war für seine schnellen, aggressiven Schläge bekannt und holte sich 1942 den britischen und den Commonwealth-Titel im Halbschwergewicht, 1947 den europäischen Titel im selben Gewicht und 1948 besiegte er den Amerikaner Gus Lesnevich, um den Weltmeistertitel zu gewinnen. Er verlor ihn 1950 gegen einen anderen amerikanischen Kämpfer, Joey Maxim, und trat Wochen später zurück.

Im Ruhestand wurde Mills eine Fernsehpersönlichkeit und eröffnete außerdem einen Nachtclub im Londoner Stadtteil Soho. Er freundete sich mit den Kray-Zwillingen an - die beide als Teenager semiprofessionell gekämpft hatten - und unterrichtete Jugendliche in Boxen. Anfang der 1960er Jahre begann der Nachtclub jedoch zu kämpfen, und Mills geriet in ernsthafte finanzielle Schwierigkeiten. Im Juli 1965 kletterte er in sein Auto hinter dem Nachtclub und schoss sich mit einem geliehenen Gewehr in den Kopf.[5] Im Jahr 2001 kamen Gerüchte auf, er habe sich umgebracht, weil er glaubte, die Polizei wolle ihn wegen der Stripper-Morde verhaften.

Woher stammen diese Gerüchte? Einige von ihnen scheinen auf inoffiziellen Interviews mit anderen prominenten Boxern der damaligen Zeit zu beruhen. Eine andere mögliche Quelle sind die Beschreibungen des Hauptverdächtigen, die von Du Rose und anderen Polizisten weitergegeben wurden. Du Rose hatte gesagt, der Mörder sei ein verheirateter Mann in den 40ern, was sicherlich auf Mills, aber auch auf Mungo Ireland passte. Andere Gerüchte innerhalb der Polizei

---

[5] Einigen Quellen zufolge soll er sich zweimal erschossen haben, was Zweifel an der Annahme eines Selbstmordes aufkommen lässt.

besagten, dass er geboxt hatte, und es sieht so aus, als ob dies Mills ins Spiel gebracht haben könnte. Die Ermittlungen zum Tod des Boxers wurden von Scotland Yard-Detektiv Leonard "Nipper" Read geleitet, der später für die Zerschlagung des Kray-Imperiums berühmt wurde. Read lehnt Mills als Stripper-Verdächtigen ab.59 Es scheint wahrscheinlich, dass Read Recht hat und dass Mills nur durch eine verwirrende Veröffentlichung von Informationen mit dem Fall in Verbindung gebracht wurde.

Tommy Butler

Tommy Butler ist ein ungewöhnlicher Kandidat für den Verdacht eines Serienmordes. Zur Zeit der Stripper-Morde war er Superintendent bei der Flying Squad der Metropolitan Police, einer Spezialeinheit, die für die Untersuchung und Verhinderung bewaffneter Raubüberfälle zuständig ist. Butler wurde 2001 in einem Buch, The Survivor, als möglicher Verdächtiger genannt, und die Idee hat von da an an Popularität gewonnen. The Survivor" war jedoch die Autobiografie von Jimmy Evans, einem ehemaligen Kriminellen, der sich auf das Sprengen von Tresoren spezialisiert hatte und mit der Kray-Bande in Verbindung stand. Weder Evans noch sein Ghostwriter hatten Insiderwissen über den Fall, und es wurde - überzeugend - behauptet, dass Evans einfach einen hochrangigen Offizier der Flying Squad genannt hat, gegen den er einen persönlichen Groll hegte.

Schließlich wurde die Flying Squad durch die Verhaftung von Räubern bekannt, und Evans war ein Räuber. Es wird angenommen, dass er mehrere Begegnungen mit Butler hatte und ihn deshalb hasste. Es ist bezeichnend, dass niemand Butler jemals als Verdächtigen vorgeschlagen hat, als er noch lebte, um sich zu verteidigen. Es wurden nie tatsächliche Beweise vorgelegt, um die Anschuldigung zu untermauern, und die meisten Menschen mit einem ernsthaften Interesse an dem Fall halten nicht viel von Evans' Behauptung.

Andrew Cushway

Andrew John Cushway war ein weiterer Polizeibeamter, ein Detective Constable bei der Met. Er wurde vor allem aufgrund von Hinweisen in dem 2006 erschienenen Buch Jack of Jumps als Verdächtiger genannt. Es wird angenommen, dass diese Theorie von Detective Superintendent William Baldock - dem Experten für Oralsex - stammt, der Cushways ursprüngliche Verbrechen im Jahr 1962 untersuchte. Der Grund dafür scheint zu sein, dass er 1962 in Ungnade entlassen wurde, nachdem er bei einer Reihe von Einbrüchen erwischt worden war. Die Motivation für Cushways Verbrechen war es, Kollegen, mit denen er sich nicht verstand, schlecht aussehen zu lassen, und das Buch scheint auf der Annahme zu beruhen, dass er nach der Verbüßung seiner Haftstrafe für die Einbrüche aus demselben Grund acht Frauen umbrachte. Das ist nicht sehr

überzeugend, und Cushway wurde nie als
glaubwürdiger Verdächtiger angesehen. Baldock selbst
sagte voraus, dass, falls Cushway tatsächlich der Stripper war, er nach dem Mord an O'Hara erneut töten
würde.60 Natürlich war O'Hara das letzte Opfer in dieser Reihe. Cushway war auch ein spektakulär unfähiger
Verbrecher. Er konnte nicht einmal ein paar einfache
Einbrüche begehen, ohne schnell erwischt zu werden,
so dass es unwahrscheinlich ist, dass er acht komplizierte Morde begehen konnte, ohne ein einziges Beweis-
stück zu hinterlassen, das auf ihn selbst hinweist.

Kenneth Archibald

Kenneth Archibald, der Hausmeister des Tennisclubs, der den Mord an Irene Lockwood gestanden hat,
muss auf jeder Liste von Verdächtigen stehen. Natürlich
ist es unmöglich, dass er alle Morde begangen hat, aber
theoretisch könnte er für den Tod von Lockwood
verantwortlich sein. Hatte er von Tailfords Tod erfahren
und beschlossen, ihn als Vorwand zu benutzen, um
einen potenziell gefährlichen Geschäftspartner loszuw-
erden? Das ist möglich - aber nicht sehr wahrscheinlich.
Archibald war dafür bekannt, dass er psychische
Probleme hatte, und wenn Geständnisse im Spiel sind,
ist das immer ein Warnsignal. Auch sein körperlicher
Gesundheitszustand war schlecht. Lockwood war eine
kleine Frau, aber sie war viel jünger und stärker als
Archibald, und wenn sie nicht unter Drogeneinfluss

stand - wofür die Autopsie keine Anzeichen zeigte -, wäre es für ihn schwer gewesen, sie zu überwältigen und zu erwürgen.

Harold Jones

Und dann ist da natürlich noch Harold Jones, der Verkäufer aus Abertillery, der 1921 zwei junge Mädchen ermordete. Jones wurde erstmals im Mai 2011 in der Sendung "Murder Casebook" des Crime and Investigation Network als Stripper-Verdächtiger genannt.61 Im selben Monat veröffentlichte der walisische Autor Neil Milkins das Buch "Who was Jack the Stripper?", in dem er die Möglichkeit, dass Evans der Stripper war, näher untersucht.

Nach einigen Definitionen war Jones bereits ein Serienmörder, bevor er ins Gefängnis kam. Das FBI stuft Serienmord als "eine Serie von zwei oder mehr Morden ein, die in der Regel, aber nicht immer, von einem Täter allein begangen werden", und das bedeutet, dass Jones die Voraussetzungen erfüllt. Viele Serienmörder hören, unabhängig davon, ob sie schließlich entdeckt werden oder nicht, auf natürliche Weise auf zu morden. Jones hörte nicht auf; er wurde innerhalb weniger Tage nach seinem zweiten Mord verhaftet und verbrachte die nächsten 20 Jahre im Gefängnis. Entgegen den Empfehlungen des Gouverneurs und des Gefängnispsychiaters wurde er 1941 entlassen, offenbar um ihm eine Chance zu geben, sich durch den Eintritt in die

Streitkräfte zu rehabilitieren. Stattdessen verschwand er. Seine letzte Haftstrafe verbrachte er im Wandsworth-Gefängnis im Südwesten Londons.

Wenn Jones bei seiner Entlassung immer noch gefährlich war - wovon der Psychiater in Wandsworth ausging -, ist es unwahrscheinlich, dass er bis 1959 gewartet hat, bevor er wieder tötete. Natürlich ist es immer möglich, dass er es nicht tat. Es gibt keine Aufzeichnungen über seine Bewegungen zwischen seiner Entlassung und 1948, aber er kehrte nach dem Krieg gelegentlich nach Abertillery zurück, um seine Eltern zu besuchen62 - und möglicherweise die Gräber seiner ersten Opfer. Wenn er nach Wales zurückkehrte, tötete er dann auch wieder dort? Im Juni 1946 wurde die 12-jährige Muriel Drinkwater aus Penllergaer bei Swansea entführt, als sie nach der Schule nach Hause ging. Sie wurde in einen nahe gelegenen Wald gebracht, vergewaltigt und dann mit einem Colt M1909-Revolver vom Kaliber .45 ins Herz geschossen.

Neil Milkins glaubt, dass Jones Muriel Drinkwater getötet haben könnte. Bedeutet das auch, dass er der Stripper gewesen sein könnte? Man könnte argumentieren, dass sich die walisischen Morde stark von der späteren Londoner Serie unterscheiden. Drinkwater wurde vergewaltigt, so wie Freda Buenell 1921, aber bei den Stripper-Morden gab es wahrscheinlich kein sexuelles Element. Es gibt jedoch einige andere Hinweise, die auf Jones hindeuten könnten.

Das britische Wählerregister wurde während des Zweiten Weltkriegs ausgesetzt, so dass es keinen Hinweis darauf gibt, wo Jones in den Jahren nach seiner Entlassung war. Das nächste Mal tauchte er 1948 unter dem Namen Harry Stevens auf und wohnte in einem Zimmer in der Hestercombe Avenue 29 in Fulham. Diese Straße mit ihren roten Backsteinreihenhäusern ist ein typisches Londoner Vorkriegsviertel der unteren Mittelschicht, und auf den ersten Blick scheint es ein seltsamer Ort zu sein, um jemanden wie Jones zu finden. Der Krieg hinterließ jedoch Zehntausende von Witwen mittleren Alters in London, und viele von ihnen hatten finanzielle Probleme. In den Jahrzehnten danach stockten Tausende von ihnen ihr Einkommen auf, indem sie Untermieter aufnahmen oder sogar ihre Häuser zu Wohnheimen für die Arbeiter umfunktionierten, die zum Wiederaufbau der zerstörten Hauptstadt herbeiströmten.

Jones lebte 14 Jahre lang in der Herstercombe Avenue und verschwand 1962 wieder von der Bildfläche. Diesmal verschwand er für vier Jahre von der Bildfläche, bevor er unter dem Namen Harry Jones in der Aldensley Road 51 wieder auftauchte. Die Aldensley Road ist eine ähnliche Gegend, in der es früher viele Wohnhäuser gab, und sie liegt weniger als zwei Meilen nördlich der Hestercombe Avenue. Wo war Jones in der Zwischenzeit? Er scheint sich in Fulham zu Hause gefühlt zu haben, also war er vielleicht irgendwo anders in der Gegend unter einem anderen Namen. Bezeichnend ist, dass in dem Zeitraum, in dem Jones nicht auffindbar war, bis auf einen alle Stripper-Morde verübt wurden. War Jones irgendwo in Fulham und suchte sich leichte Ziele in der Umgebung aus, um die Stimmen in seinem Kopf zu befriedigen, die ihm sagten, er solle töten? Es ist durchaus möglich, und es gibt einen verblüffenden Anhaltspunkt. Bridie O'Hara wurde zuletzt am 11. Januar 1965 gesehen. Das war der 59. Geburtstag von Harold Jones. Geburtstag. War er der ältere Mann, mit dem sie an diesem Abend gesehen wurde, vielleicht beim Feiern mit ein paar walisischen Freunden? War der Mord an O'Hara ein grausames Geschenk an ihn selbst?

Jones starb 1971 an Krebs; auf der Sterbeurkunde wurde sein Beruf als "Nachtwächter" angegeben. Heutzutage sind private Sicherheitsleute oft Studenten oder Geringverdiener, die ihren Hauptlohn aufbessern. Im Großbritannien der 1960er Jahre war das noch etwas anders. Viele Nachtwächter waren Ex-Soldaten wie Mungo Ireland, Männer in einem ähnlichen Alter wie Jones. Ein Job, der Jones die Möglichkeit gegeben hätte, die Morde zu begehen. Hat er jemals in der Heron Trading Estate gearbeitet? Es sind so viele Arbeitsunterlagen verloren gegangen, dass es unmöglich ist, das zu sagen, zumal wir wissen, dass Jones verschiedene Namen benutzte.

Es ist unwahrscheinlich, dass von einem der Opfer DNA-Proben entnommen werden konnten, und Jones' Leiche wurde 1971 eingeäschert, so dass, selbst wenn er der Stripper war, wahrscheinlich nie Beweise gefunden werden. Es ist aber durchaus möglich, dass er es war. Die Beweise, die auf ihn hindeuten, sind Indizien und beruhen zum Teil auf Zufällen. Das stärkste Indiz ist vielleicht, dass O'Hara an seinem Geburtstag getötet wurde und einer ihrer letzten Kontakte ein Mann war, der Jones gewesen sein könnte.

Zwei Killer?

Da Jones am stärksten mit dem Mord an O'Hara in Verbindung gebracht wird, wird vermutet, dass er mit Ireland zusammengearbeitet haben könnte, um die Frauen zu töten. Dies würde auch Irlands Abwesenheit erklären, als O'Haras Leiche entsorgt wurde - Jones hat die Leiche allein bewegt. Ist dies eine glaubwürdige Erklärung? Sie ist nicht unmöglich. Ireland hatte eine gewalttätige Ader, und wenn er und Jones jemals zusammengearbeitet haben - was natürlich nicht bekannt ist - könnten sie von den Schwächen des anderen angezogen worden sein. Sie lebten recht nahe beieinander. Fulham und Putney liegen sich auf der anderen Seite der Themse gegenüber, es ist also nicht ausgeschlossen, dass sie sich kannten. Andererseits gibt es keine Beweise, dass sie sich kannten.

Ein unlösbares Rätsel

Fast fünfzig Jahre sind seit dem letzten Mord des Strippers vergangen. Inzwischen ist es unwahrscheinlich, dass er noch am Leben ist. Die Liste der Verdächtigen ist vielfältig, einige Namen stehen aus gutem Grund auf der Liste, andere sind offenbar aus Bosheit oder Spekulationen darauf. Die Chancen, physische Beweise zu finden, die jemanden mit den Morden in Verbindung bringen, sind gering. Wenn nicht jemand auf dem Sterbebett ein Geständnis ablegt oder der Schmuck, der einigen der Opfer gestohlen wurde, bei der Räumung eines Hauses auftaucht, werden die Verbrechen wahrscheinlich nie aufgeklärt werden. Das macht das Rätsel um so interessanter, aber es hat auch einen menschlichen Preis. Mehrere der Opfer hatten Kinder, die noch am Leben sind; es könnte ihnen helfen zu wissen, dass der Mörder ihrer Mütter zumindest identifiziert wurde, auch wenn die Chancen, dass er bestraft wird, gering sind.

[5]

DAS VERMÄCHTNIS EINES WAHNSINNIGEN

Großbritannien hat im Laufe der Jahre eine ganze Reihe von Serienmördern hervorgebracht, und viele von ihnen sind allgemein bekannt. Der berüchtigte Arzt Harold Shipman war der produktivste britische Mörder des 20. Jahrhunderts und ist höchstwahrscheinlich der tödlichste Mörder der Welt. Er wurde im Jahr 2000 für die Ermordung von 15 seiner Patienten durch tödliche Injektionen verurteilt, aber es ist fast sicher, dass er weitere 218 Menschen getötet hat, und die Gesamtzahl seiner Opfer ist unbekannt. Die Gesamtzahl seiner Opfer ist nicht bekannt. Es wird angenommen, dass es mindestens 250 waren und es könnten noch viel mehr sein - während seiner Karriere starben 459 Menschen unter seiner Obhut. Fred und Rosemary West begruben elf Mädchen und junge Frauen unter ihrer Terrasse, und vor seinem Selbstmord 1995 erzählte Fred einem Besucher des Gefängnisses, dass er mindestens 20 weitere getötet habe. Dennis Nilsen tötete zwischen 1978 und 1983 elf junge Männer, wusch und verband ihre Leichen und hielt sie in seiner Wohnung, bis sie zu stinken begannen und durch frische ersetzt werden mussten. Peter Sutcliffe, der Yorkshire Ripper, begann mit der Ermordung von Prostituierten, nachdem eine von ihnen ihm 10 Pfund gestohlen hatte - obwohl er behauptete, dass Gott ihm die Tat befohlen hatte -, und begann später, wahllos Frauen zu töten; seine Opferzahl belief sich auf insgesamt 13. Diese vier waren die schlimmsten britischen Serienmörder des 20. Jahrhunderts, und sie sind heute noch genauso berüchtigt wie zum Zeitpunkt ihrer Verhaftung.

Bemerkenswert ist, dass Jack the Stripper, der in der Mordstatistik des Jahrhunderts an fünfter Stelle steht, im Vergleich dazu fast vergessen ist. Die Moors Murderers, Ian Brady und Myra Hindley, haben fünf Morde begangen, sind aber viel bekannter. Warum ist die Stripperin im Vergleich zu anderen, berühmteren Fällen so wenig bekannt? Ein großer Teil davon ist wahrscheinlich die Tatsache, dass niemand jemals verhaftet wurde. Verhaftung, Prozess und Boulevardgeschichten über verliebte Gefängnisbesucher, Hungerstreiks und neue Identitäten tragen dazu bei, dass ein Fall in den Nachrichten bleibt. Die Wahl seiner Opfer hat sicher auch viel damit zu tun. Die Einstellungen haben sich seit den 1960er Jahren stark verändert, aber es gibt immer noch viele Menschen, die bei der Ermordung einer Prostituierten davon ausgehen, dass sie es irgendwie so gewollt haben muss. Ob zu Recht oder zu Unrecht, eine tote Sexarbeiterin erregt in der Öffentlichkeit viel weniger Aufsehen als ein ermordetes Kind.

Der Stripper und seine Opfer sind jedoch nicht völlig in den Nebeln der Geschichte verschwunden. Das Interesse im Internet ist ungebrochen. In Foren, die dem Fall

gewidmet sind, wird jedes bekannte Detail der Morde
diskutiert und es werden immer wildere Vermutungen
über seine Identität angestellt. Der Fall hat auch eine
Reihe von Büchern, Filmen und sogar Musik inspiriert.

Romane

1969 schrieb Arthur La Bern Goodbye Piccadilly,
Farewell Leicester Square. Im Mittelpunkt der Handlung
steht ein Serienmörder in London, der seine Opfer mit
seiner Krawatte erwürgt. Die Handlung spielt kurz nach
dem Krieg, und der Freund des Mörders, der fälschlicherweise der Morde beschuldigt wird, ist ein ehemaliger RAF-Bomberpilot. In einer denkwürdigen Szene
wird er verhaftet und erzählt der Polizei betrunken und
verwirrt, dass er in Dresden Menschen ermordet hat.
Auf die Frage, wie viele, antwortet er: "Tausende." Der
Roman wurde später als Grundlage für Hitchcocks Film
Frenzy verwendet.

Bad Penny Blues von Cathi Unwin ist ebenfalls von
den Verbrechen der Stripperin inspiriert. In diesem Fall
hielt sich Unwin an die Fakten zu den Verbrechen selbst
und verknüpfte den Fall mit einer Geschichte über die
gesellschaftliche Szene im London der 1960er Jahre. In
die Handlung fließen das organisierte Verbrechen,
radikale Politik und eine Gruppe von Künstlern ebenso
ein wie der Mörder und die bunte Gruppe von Polizisten, die ihn jagt.

Non-Fiction Bücher

Mehrere Autoren haben über den Fall geschrieben, alle mit unterschiedlichen Ansätzen und einige von ihnen haben ihre eigenen Theorien dazu entwickelt. Einige von ihnen wurden bereits erwähnt. Andere sind es ebenfalls wert, näher betrachtet zu werden. Keiner von ihnen enthält den magischen Hinweis, der die Identität der Stripperin enthüllt, aber sie alle können etwas dazu beitragen, zu verstehen, wie London zu dieser Zeit aussah und welche Auswirkungen die Morde auf die Gesellschaft hatten.

Murder Was My Business ist die Autobiografie von John Du Rose aus dem Jahr 1973, der den Fall nach dem Tod von O'Hara übernommen hatte. Ein Kapitel ist dem Stripper gewidmet. Die Lektüre lohnt sich sowohl für seine Gedanken zu diesem Fall als auch für den Rest seiner Karriere als Detective des Morddezernats.

Brian McConnell veröffentlichte 1974 das erste Buch, das sich ausschließlich mit der Stripperin beschäftigte. In Found Naked and Dead kommt McConnell zu denselben Schlussfolgerungen wie Du Rose. Das Buch wurde zeitnah zu den Morden geschrieben, als die Erinnerungen noch frisch waren, und ist eine fesselnde Lektüre.

David Seabrooks Jack of Jumps ist ein neuerer - und sensationellerer - Blick auf den Fall. Seabrook behauptet, Zugang zu den Polizeiakten über den Stripper gehabt zu haben, was ihm natürlich eine Menge nützlicher Hinweise gegeben hätte. Das Buch selbst enthält jedoch kaum Einzelheiten über die Ermittlungen, und Seabrooks Schlussfolgerung, dass Cushway der Stripper war, ist kaum glaubwürdig. Wenn Sie auch nur ein bisschen Mitgefühl mit den Opfern haben, werden Sie Seabrooks Schilderungen über sie wahrscheinlich als beleidigend empfinden.

Neil Milkins' 2001 erschienenes Werk Who Was Jack The Stripper? ist interessant, weil es Harold Jones als möglichen Verdächtigen vorstellt. Milkins hat umfangreiche Nachforschungen angestellt und sogar die überlebenden Kinder der Opfer aufgesucht. Viele seiner Schlussfolgerungen beruhen auf Zufällen, was aber nichts daran ändert, dass es sich um einen faszinierenden und informativen Einblick in den Fall handelt.

Filme

Alfred Hitchcock ist zu Recht berühmt für seine Spannungsfilme, von denen sich viele an realen Ereignissen orientierten. So basierte beispielsweise Rope auf dem Mord an Bobby Franks im Jahr 1924 durch Nathan Leopold und Richard Loeb. Für seinen Film Frenzy von 1972 ging er von dem Roman Goodbye Piccadilly, Farewell Leicester Square aus. Der Roman war keine exakte Nacherzählung des Stripper-Falls, aber er basierte darauf, so dass die Nacktmorde indirekt Hitchcocks Film inspirierten.

Musik

Das Black-Sabbath-Album Paranoid von 1970 enthält einen Song mit dem Titel Jack the Stripper/Fairies Wear Boots. Der Song selbst hat nicht viel mit dem Fall zu tun - er scheint geschrieben worden zu sein, um Skinheads zu ärgern, nachdem die Band mit einer Gruppe von ihnen zusammengestoßen war - aber sie wählten den Spitznamen des Mörders für den Titel.

Natürlich haben die Stripper-Morde ein Vermächtnis hinterlassen, das über Bücher, Musik und Filme hinausgeht. Sie spielten eine Schlüsselrolle bei der Veränderung der Einstellung der Polizei gegenüber Prostituierten. Der Verkauf von Sex ist im Vereinigten Königreich immer noch eng mit Kriminalität verbunden, und der Akt selbst ist grenzwertig legal. Die Prostituierten selbst werden heute jedoch eher als Opfer betrachtet. Wenn sie ermordet werden - und das werden sie natürlich immer noch -, wird das viel ernster genommen, als es früher der Fall gewesen wäre. Indem er sie um Hilfe bat, zeigte Commander Hatherill ihnen, dass die Polizei ihnen zuhört, wenn sie Opfer eines Verbrechens sind. Auch die Medien trugen dazu bei, indem sie auf den Fall aufmerksam machten. Die Menschen begannen, Nutten als Frauen und nicht nur als Nutten zu sehen. Als Peter Sutcliffe 1975 begann, Prostituierte zu ermorden, reagierte die Polizei schnell und massiv. Bis 1977 hatte Sutcliffe seine Ziele auf alle Frauen ausgeweitet, und für die Polizei und die Öffentlichkeit verschwand die Unterscheidung zwischen Prostituierten und "unschuldigen" Frauen praktisch. Indem er den Tod von Straßenmädchen zur Schlagzeile machte, hatte Jack the Stripper einen großen Anteil daran, diesen Prozess in Gang zu setzen. Die Einstellung hat sich zwar noch immer nicht vollständig geändert, aber zumindest geht sie in die richtige Richtung.

TOPAS

EINFÜHRUNG

Sir Alfred Hitchcock war der wohl bekannteste Filmregisseur des 20. Jahrhunderts. Jahrhunderts. 1899 in England geboren, drehte er seinen ersten Film 1922 in Deutschland und zog 1939 nach Hollywood. In den späten 1950er Jahren war er auf dem Höhepunkt seiner Karriere, und sein Psycho von 1960 ist einer der berühmtesten Filme aller Zeiten. Während seiner langen Karriere spezialisierte er sich auf Suspense-Geschichten - eng geführte Thriller, die in ihren besten Momenten ein unglaubliches Maß an Spannung erzeugen konnten. Es ist keine Überraschung, dass er während des Kalten Krieges sein Talent für Spannung auf das Genre der Spionage übertrug. Ein weiteres Merkmal von Hitchcocks Werken war, dass viele von ihnen - manchmal nur lose, manchmal sehr viel genauer - auf realen Ereignissen beruhten. Sein Mordklassiker Rope wurde von den jugendlichen Mördern Leopold und Loeb inspiriert, während Frenzy zum Teil auf den Londoner Serienmörder Jack the Stripper zurückgeht. Für das zweite seiner beiden Spionagedramen nahm er sich einen Roman vor, der auf einer außergewöhnlichen Geschichte von Überläufer, Verräter und Verrat basiert, die sich während eines der dramatischsten Ereignisse der 1960er Jahre abgespielt hatte - der Kubakrise.

Als der Kalte Krieg 1990 zu Ende ging, verflüchtigte sich die Atmosphäre des Terrors, die er ausgelöst hatte, mit bemerkenswerter Geschwindigkeit. Das 21.

Jahrhundert hat seine eigenen Sorgen, darunter Umweltkatastrophen, Klimawandel, Globalisierung, Armut und internationaler Terrorismus, und die meisten Menschen machen sich zumindest über einige von ihnen in gewissem Maße Sorgen. Keine dieser Sorgen ist vergleichbar mit der Bedrohung durch einen Atomkrieg, die von den 1950er Jahren bis zum Fall der Berliner Mauer über der Welt schwebte. Mit Zehntausenden von Atomwaffen, die um ein Haar ausgelöst worden wären, hätte ein einziger Fehler das meiste zerstören können, was die menschliche Zivilisation in den letzten 5.000 Jahren aufgebaut hat. Wenn Wissenschaftler wie Carl Sagan Recht hätten und ein großer strategischer Schlagabtausch einen nuklearen Winter auslösen würde, könnte der Planet von allem Leben, das komplexer ist als eine Kakerlake, ausgelöscht werden. Seit der letzten Eiszeit hatte es keine so überwältigende Gefahr für die Menschheit mehr gegeben. Im Oktober 1962 sah es für Millionen von Menschen so aus, als seien die Politiker beider Supermächte entschlossen, den jeweils anderen über die fatale Grenze eines Atomschlags zu drängen. Das Schicksal der Welt hing von Kuba ab, einem unruhigen Inselstaat in der Karibik.

In die dramatischen Ereignisse in und um Kuba war ein stillerer, aber vielleicht ebenso gefährlicher Skandal verwoben - ein riesiges, tief eingebettetes Netz sowjetischer Spione im Herzen des NATO-Bündnisses. Ein ranghoher KGB-Überläufer hatte enthüllt, dass sein Dienst bis in die höchsten Ebenen der französischen

Regierung, des Militärs und der Nachrichtendienste
vorgedrungen war - doch als ein französischer Agent zu
handeln versuchte, wurde er auf Schritt und Tritt von
seinen eigenen Vorgesetzten blockiert.

Der vom Bestsellerautor Leon Uris, einem persönlichen Freund des Mannes, der im Mittelpunkt des Spionageskandals stand, verfasste Roman Topaz erzählte
die Geschichte, wie der KGB seinen Einfluss in einem
großen europäischen Land so weit ausdehnte, dass es
selbst dann, als das Komplott aufgedeckt wurde, unmöglich war, etwas dagegen zu unternehmen. Hitchcock war fasziniert und verfilmte die Geschichte 1969.
Kritiker betrachten Topaz als eines seiner weniger erfolgreichen Werke, aber als klassischer Spionagethriller
des Kalten Krieges hat er immer noch viel zu bieten.

Wenn Sie Topaz gesehen haben und mehr über die
Ereignisse wissen wollen, die den Film inspiriert haben,
könnten Sie es schwer haben. Die Raketenkrise ist gut
dokumentiert, aber der Spionageskandal - die Sapphire-Affäre - ist ziemlich in Vergessenheit geraten. Es gibt
jedoch Informationen, wenn man weiß, wo man danach
suchen muss - einige davon sind in den verstaubten Archiven der Geheimdienste vergraben, aber vieles davon
ist in ebenso verstaubten Ecken des Internets zu finden.
Wenn Sie die Zeit haben, körnige Scans von alten
Zeitschriftenartikeln und obskuren Büchern zu lesen,
können Sie sich ein gutes Bild von den Ereignissen machen. Wenn Sie nicht so viel Zeit haben, lesen Sie
weiter...

[1]

DIE FRANZÖSISCHE VERBINDUNG

Nahezu jedes Land verfügt über einen Auslandsnachrichtendienst, aber die Macht und die Ressourcen, über die sie verfügen, sind unterschiedlich. Länder, die einen isolationistischen Weg einschlagen, neigen dazu, dem Sammeln von Informationen aus dem Ausland nicht viel Aufmerksamkeit zu schenken - bis zum Zweiten Weltkrieg hatten die USA zum Beispiel überhaupt keine organisierten Nachrichtendienste. Die europäischen Kolonialmächte, die sich über die oft rebellischen ausländischen Besitzungen auf dem Laufenden halten mussten, neigten dazu, die Sache etwas ernster zu nehmen. Großbritannien richtete 1909 das Secret Service Bureau ein, unterhielt aber schon seit Jahrhunderten von seinen Botschaften aus Geheimdienstnetze. Auch der traditionelle Rivale Frankreich kann auf eine lange Geschichte der Spionage zurückblicken: Die Revolutionäre unterhielten im eigenen Land eine Geheimpolizei und schickten Nachrichtensammler durch ganz Europa. Später, als Frankreich Kolonien in der ganzen Welt gewann, entwickelte es eine globale Reichweite. Frankreichs Militär und Nachrichtendienste wurden durch die deutsche Invasion 1940 praktisch ausgelöscht, aber als die Freien

Franzosen 1944 nach Frankreich zurückkehrten, gründeten sie schnell einen neuen Dienst. Offiziell sollte er Informationen sammeln, um bei der Befreiung Europas von der Naziherrschaft zu helfen; in der Praxis verbrachte er die meiste Zeit damit, die französischen Kolonien sowie die britischen und amerikanischen Verbündeten auszuspionieren, die die eigentliche Arbeit bei der Befreiung Frankreichs leisteten. Der neue Dienst wurde schnell für seine Skrupellosigkeit und seine Effizienz berüchtigt. Er trug den Namen Service de Documentation Extérieure et de Contre-Espionnage (Externer Dokumentations- und Spionageabwehrdienst), der schnell zu SDECE abgekürzt wurde.

Die SDECE wurde am 19. April 1944 von André Dewavrin, besser bekannt unter seinem Codenamen "Colonel Passy", gegründet. Dewavrin war nach Großbritannien geflohen, um sich der Freien Französischen Armee von de Gaulle anzuschließen, und hatte dort die Leitung einer speziellen Geheimdiensteinheit, der BCRA, übernommen. Diese Einheit war hauptsächlich für die Zusammenarbeit mit der französischen Résistance zuständig, und Dewavrin musste manchmal mit dem Fallschirm über dem besetzten Frankreich abspringen, um sich mit Führern der Résistance zu treffen. Ende 1943 wurde die BCRA mit den Überresten des Deuxième Bureau, das von 1871 bis zur deutschen Besatzung der wichtigste französische Nachrichtendienst gewesen war, zusammengelegt und die neue Organisation wurde DGSS genannt. Zunächst wurde sie vom Chef des Deuxième Bureau, Jacques Soustelle, geleitet, doch im Oktober 1944 übernahm Dewavrin das Kommando und wurde bei der nächsten Umstrukturierung der erste Leiter des SDECE.

Die Résistance war in zwei Fraktionen gespalten: Die Freien Franzosen waren mit der gaullistischen Fraktion verbündet, aber es gab auch eine starke kommunistische Widerstandsbewegung. Während des Krieges arbeiteten die beiden die meiste Zeit zusammen, aber es war ein unsicheres Bündnis, das manchmal in offene Konflikte ausartete. Nach dem Einmarsch der Alliierten begannen die Gaullisten schnell damit, die kommunistische Macht zu beschneiden, und die SDECE war von Anfang an stark antikommunistisch eingestellt. Nach dem Rückzug der Deutschen aus Frankreich konzentrierte sich ein Großteil der Energie der Agentur auf den Kampf gegen den kommunistischen Einfluss in der neuen Regierung. Sie hatten viele Erfolge, aber einige verdeckte Kommunisten schlüpften durch das Netz. Einige, so stellte sich später heraus, waren in die SDECE selbst eingeschleust worden.

Anfang der 1950er Jahre begann der SDECE, sich mit der Situation in Algerien zu befassen. Das nordafrikanische Land war 1848 von den Franzosen kolonisiert worden und wurde als eine Region Frankreichs eingestuft. Als die Entkolonialisierung nach dem Krieg an Fahrt gewann, forderten viele Algerier die Unabhängigkeit, die ihnen die Franzosen nicht gewähren wollten. Im Jahr 1954 brach die Gewalt aus, und innerhalb weniger Jahre tobte ein regelrechter Bürgerkrieg zwischen bewaffneten Rebellengruppen, französischen Siedlern und dem Militär. Die SDECE, insbesondere der berüchtigte paramilitärische Action Service, wurde in den Konflikt hineingezogen. Die Spionageabwehr der Organisation konzentrierte sich zunehmend auf die Jagd nach Aufständischen und nach 1961 auf die antigaullistische Organisation Armée Secrète; die Suche nach sowjetischen Spionen rutschte auf der Prioritätenliste immer weiter nach unten, was dem KGB nicht entging. Der KGB hatte einen starken Anreiz, die Situation auszunutzen. Neben ihren ständigen Bemühungen, Informationen über westliche Länder zu sammeln, bot sich die Gelegenheit, einen Keil in eine Ritze des NATO-Bündnisses zu treiben.

Die Atlantische Allianz

Das Europa der späten 1940er Jahre war ein beängstigender Ort. Das Kriegsbündnis zwischen der UdSSR und dem Westen war fast unmittelbar nach Beendigung der Kampfhandlungen auseinandergebrochen, und die Europäer beobachteten nun nervös, wie die sowjetische Armee den Kommunismus in den von ihr besetzten Gebieten durchsetzte. Europa wollte nach dem Krieg mit dem Wiederaufbau beginnen, aber es sah so aus, als sei Stalin entschlossen, ihn fortzusetzen. Das sowjetische Militär blieb nahe an seiner Kriegsstärke und war bereit, jederzeit in Westeuropa einzufallen. Mehrere europäische Länder - das Vereinigte Königreich,

Frankreich, die Niederlande, Belgien und Luxemburg - unterzeichneten 1948 den Vertrag von Brüssel, in dem sie sich verpflichteten, sich im Falle eines sowjetischen Angriffs gegenseitig zu verteidigen. Das reichte als Sicherheitsgarantie jedoch nicht aus. US-Präsident Harry S. Truman und der britische Premierminister Clement Attlee befürchteten, dass eine feindselige und aggressive UdSSR noch weiter nach Europa vordringen könnte, wenn die USA nicht aktiv an der Verteidigung des Kontinents mitwirkten. Die USA hatten ihre eigenen Sorgen über die kommunistische Expansion in Asien und waren der Ansicht, dass eine starke Verteidigung Europas die Sowjets daran hindern würde, ihre gesamte Macht nach Osten zu wenden. Sie machten sich rasch an die Arbeit, um das Bündnis zu erweitern.

Die NATO wurde mit der Unterzeichnung des Nordatlantikvertrags am 4. April 1949 gegründet. Ihre ersten Mitglieder waren die fünf Brüsseler Vertragsstaaten sowie die USA, Kanada, Island, Portugal, Italien, Norwegen und Dänemark; die Türkei und Griechenland traten 1952 bei, Westdeutschland 1955. Gemeinsam bildeten die europäischen NATO-Mitglieder eine ununterbrochene Grenze mit den Sowjets und ihren Satellitenstaaten; der Vertrag bedeutete, dass ein Angriff auf ein Mitglied als Angriff auf alle angesehen wurde, und das Abkommen wurde durch die militärische Macht der USA gestützt. Da der größte Teil der westlichen Kampfkraft nun direkt gegen eine sowjetische Invasion kämpfen konnte, anstatt in den eigenen Ländern zurückgehalten zu werden, wurde ein aggressiver Schritt der UdSSR plötzlich zu einem viel riskanteren Unterfangen. Die Sowjets wiederum waren besorgt, dass das neue Bündnis bei ihnen einmarschieren könnte, und seine Schwächung wurde zu einer hohen Priorität.

Frankreich war ein Gründungsmitglied der NATO, aber seine Beziehungen zu den anderen Großmächten waren oft schwierig. Traditionell war Frankreich die stärkste Landmacht auf dem europäischen Festland, die durch die britische Seestärke ausgeglichen wurde, aber nach zwei katastrophalen Weltkriegen war sein Einfluss stark eingeschränkt. Außerdem war es politisch instabil, und der Bürgerkrieg in Algerien führte in Verbindung mit einer unzufriedenen Armee zu der realen Gefahr eines Militärputsches. All das änderte sich 1958 durch einen einzigen Mann.

Als Deutschland im Mai 1940 in Frankreich einmarschierte, war Charles de Gaulle Oberst und befehligte ein Panzerregiment. Im Laufe des nächsten Monats erzielte seine Einheit, die inzwischen zu einer schwachen Division aufgestockt worden war, einen der wenigen französischen Erfolge gegen die vorrückenden Panzer, und zur Belohnung wurde er zum Brigadegeneral befördert.63 Außerdem wurde er zum Offizier für die Zusammenarbeit mit den britischen Streitkräften ernannt. Nach der Kapitulation Frankreichs floh er mit einigen anderen loyalen Offizieren nach Großbritannien und ließ sich als Anführer der Freien Franzosen nieder.

Winston Churchill bewunderte de Gaulle - zunächst - und schätzte die Loyalität, die er bei den Freien Franzosen auslöste, so dass er seine Aktivitäten förderte. Die Beziehung war allerdings nicht einfach. De Gaulle hatte ein riesiges Ego, das die britische und später die amerikanische Führung oft irritierte. Einmal sagte er zu Churchill, die Franzosen sähen in ihm die Reinkarnation der Jeanne d'Arc; Churchill erwiderte, die Engländer hätten die erste verbrennen müssen.[64] Dennoch unterstützten Großbritannien und die USA de Gaulle weiterhin und bewaffneten die Freien Franzosen, die 1944 an der Befreiung Frankreichs teilnahmen. De Gaulle erklärte sich sofort zum Führer der wiedererrichteten französischen Republik und übernahm das Amt des Premierministers. Er war bereits mit den anderen alliierten Führern unzufrieden und versuchte, die Gleichstellung mit Churchill, Roosevelt und Stalin zu erreichen. Das gelang ihm nicht, und sein Verhalten führte zu wachsendem Unmut. Obwohl die freien französischen Truppen mit amerikanischen Fahrzeugen und Waffen ausgerüstet und vollständig von der Versorgung durch die US-Streitkräfte abhängig waren, begann de Gaulle, ihnen Befehle zu erteilen, die dem Kriegsplan der Alliierten zuwiderliefen. Als sich die französischen Truppen weigerten, die Gebiete um Stuttgart und Karlsruhe an die US-Armee zu übergeben, weil de Gaulle westliche Gebiete Deutschlands an Frankreich angliedern wollte, kam es beinahe zu

Kämpfen. Churchill, der sich daran erinnerte, wie Frankreichs Behandlung des besiegten Deutschlands 1919 zum Aufstieg Hitlers geführt hatte, weigerte sich, dies zuzulassen, und Präsident Truman drohte, die militärischen Lieferungen an die Franzosen einzustellen, wenn sie nicht nachgäben. Als Deutschland am 7. Mai 1945 kapitulierte, weigerte sich de Gaulle, die britischen Truppen an der Siegesparade in Paris teilnehmen zu lassen. Schließlich schickte er freie französische Truppen, um einen Teil Norditaliens zu besetzen; dieser war bereits von amerikanischen Einheiten besetzt, und die Franzosen drohten, sie anzugreifen, wenn sie sich nicht zurückziehen würden. Das war genug. Truman unterbrach alle militärischen Lieferungen an Frankreich, was den USA die lebenslange Abneigung von de Gaulle einbrachte. Der Ärger im Nahen Osten ging weiter, und die Briten sahen sich gezwungen, einzugreifen, als französische Truppen begannen, Unabhängigkeitsbefürworter in Syrien zu massakrieren. Zu diesem Zeitpunkt bezeichnete Churchill de Gaulle bereits als "eine der größten Gefahren für den europäischen Frieden". Die französischen Streitkräfte in Syrien weigerten sich, ihre Angriffe auf die Demonstranten einzustellen - zu denen inzwischen auch Artillerie- und Luftangriffe gehörten -, bis die Briten mit Panzern anrückten und aus der Bitte ein Befehl wurde. Die Beziehungen zwischen de Gaulle und den Briten erholten sich nie wieder.65

Obwohl der Beitrag der freien Franzosen zum Krieg gering und vollständig von der Unterstützung der USA

und Großbritanniens abhängig war, ärgerte sich de
Gaulle darüber, dass ihm nicht der gleiche Stellenwert
wie den wichtigsten alliierten Führern eingeräumt
wurde. Sein Ego sollte ihm jedoch zum Verhängnis
werden; auch in Frankreich hatten viele die Nase voll
von seinem arroganten Gehabe.

Die Vierte Französische Republik wurde im November 1945 gegründet, und am 13. November wählte die
Versammlung einstimmig de Gaulle zum Staatsober-
haupt. Ihm gefiel jedoch weder die Verfassung noch die
Tatsache, dass die Kommunistische Partei bei den letzten Wahlen den größten Stimmenanteil erhalten hatte.
Nun verlangte er, dass die Kommunisten von allen
wichtigen Kabinettsposten ausgeschlossen werden. In
den folgenden zwei Monaten stolperte die Regierung
von einer Krise in die nächste, wobei de Gaulle wiederholt mit seinem Rücktritt drohte, falls seine Forderungen nicht erfüllt würden. Schon bald wurde ihm
vorgeworfen, er benutze seine Kriegserfahrungen, um
die Regierung zu erpressen. Schließlich trat er am 20.
Januar 1946 "aus Protest" zurück. Er glaubte, das
empörte französische Volk würde verlangen, dass er mit
erweiterten Befugnissen wieder eingesetzt würde. Das
war nicht der Fall; der Krieg war vorbei und die
Franzosen waren mehr am Wiederaufbau interessiert als
an seinen Launen. De Gaulle verschwand für die
nächsten 12 Jahre in der Versenkung, und unter einem
sozialistischen Präsidenten baute Frankreich seine Beziehungen zu den Verbündeten, die de Gaulle

verabscheute, wieder auf und half bei der Gründung der NATO. Leider endete die chronische politische Instabilität Frankreichs nicht mit dem Rücktritt von de Gaulle. Die französische Niederlage in Indochina legte nicht nur den Grundstein für den Vietnamkrieg, sondern gab auch den Unabhängigkeitsbestrebungen in anderen französischen Kolonien Auftrieb. Marokko und Tunesien entglitten in den 1950er Jahren, und Algerien war auf dem besten Wege, sich ebenfalls zu lösen. Die Franzosen waren jedoch entschlossen, an Algerien festzuhalten, und der Krieg geriet schnell außer Kontrolle. Die französischen Siedler und ihre Verbündeten in der Armee waren wütend über das, was sie als Schwäche der Regierung ansahen, und Frankreich driftete auf einen Militärputsch zu. Viele Armeeoffiziere waren Anhänger von de Gaulle, und Anfang 1958 tauchte der Name des Generals im Ruhestand wieder auf. In Reden, in den Medien und in Verlautbarungen von Armeeoffizieren wurde darauf hingewiesen, dass Frankreich de Gaulle brauche. Am 19. Mai erklärte de Gaulle selbst, er sei bereit, die Macht zu übernehmen, wenn er darum gebeten würde.

Nun spitzten sich die Ereignisse rasch zu. Am 24. Mai übernahmen Fallschirmjäger der algerischen Armee die Kontrolle über die Mittelmeerinsel Korsika. Der gaullistische General Jacques Massu plant, dass weitere Fallschirmjäger mit Hilfe der Luftwaffe Flughäfen in ganz Frankreich besetzen, und ein in der Nähe von Paris stationiertes Panzerregiment holt seine Panzer hervor.

Massu kündigte an, dass die Armee die Regierung stürzen würde, falls de Gaulle nicht unverzüglich an die Macht zurückkehren würde. Das Parlament hatte keine andere Wahl, und am 29. Mai trat die Regierung zurück. De Gaulle übernahm die Macht und löste sofort das System der Vierten Republik der Nachkriegszeit auf. An ihre Stelle setzte er die Verfassung der Fünften Republik, die die Macht in den Händen eines starken Präsidenten konzentrierte. Der erste Präsident der Fünften Republik war Charles de Gaulle.

Die Politik der Grandezza

Es dauerte nicht lange, bis de Gaulle seine Machtspiele wieder aufnahm. Zunächst verriet er die Armee, die ihn an die Macht gebracht hatte, indem sie der Unabhängigkeit Algeriens zustimmte; Armeeoffiziere und Siedler gründeten die OAS und versuchten wiederholt, ihn zu töten. Dann richtete er seine Aufmerksamkeit auf die NATO.

Die dominierenden Mitglieder der NATO waren die USA und das Vereinigte Königreich; die eine war eine Supermacht und die andere verfügte immer noch über die zweitstärkste Marine der Welt, die der Schlüssel zur Offenhaltung der atlantischen Handelswege war. Sie waren auch die beiden Nuklearmächte der NATO, was bedeutete, dass sie im Falle eines Krieges auf der strategischen Ebene kämpfen würden. Während alle NATO-Mitglieder ein politisches Mitspracherecht innerhalb des

Bündnisses hatten, neigten diese beiden dazu, militärische Angelegenheiten zu dominieren. Nun forderte de Gaulle einen gleichberechtigten Status für Frankreich. Das hätte man mit toleranter Belustigung zur Kenntnis nehmen können, denn sein grandioses Auftreten war allgemein bekannt. Weniger akzeptabel war seine Forderung nach einer Ausweitung der gegenseitigen Verteidigungsgarantie. Der Zweck der NATO bestand darin, sich der sowjetischen Expansion in Westeuropa zu widersetzen, so dass Artikel 5 - die Klausel im Vertrag, die die gegenseitige Verteidigung festlegte - für jeden Angriff auf ein NATO-Mitglied galt, der nördlich des Wendekreises des Krebses stattfand. De Gaulle bestand darauf, dass sich die NATO auch zur Verteidigung der französischen Kolonialbesitzungen verpflichten sollte. Frankreich war damals gerade in einem verheerenden Krieg in Südostasien besiegt worden und befand sich in einem ebenso verheerenden Krieg in Algerien; die anderen Verbündeten waren strikt dagegen, in den Zerfall des französischen Reiches hineingezogen zu werden. Die Forderungen von de Gaulle werden abgelehnt. Als Vergeltung zog er die französische Mittelmeerflotte aus dem NATO-Kommando ab und befahl den USA, alle Atomwaffen aus Frankreich abzuziehen.

Frankreich verfügte über eine schlagkräftige Armee und Luftwaffe und hatte 1960 seine eigenen Atomwaffen entwickelt; es war zwar kein wesentlicher Bestandteil der NATO-Kampffolge, aber sicherlich ein nützlicher. Das NATO-Hauptquartier befand sich bereits in Frankreich, und wenn es verlegt werden müsste, würde dies das Bündnis für Monate, vielleicht sogar Jahre, unterbrechen. Im Falle eines Krieges wären auch die französischen Kanalhäfen für die NATO von entscheidender Bedeutung. Für den Fall, dass die Spannungen in Europa zunehmen sollten, plante die NATO, ihre Armeen an der Front durch Einheiten der britischen Armee aus dem Vereinigten Königreich und durch US-amerikanische Streitkräfte zu verstärken, die über das Netz der USAF-Stützpunkte in England eingeflogen würden; der schnellste Weg für diese Truppen zum europäischen Festland führte über den Ärmelkanal. Die Überfahrt von Dover nach Calais dauert nur eine Stunde und konnte durch einen Schirm aus Boden-Luft-Raketen und Jagdpatrouillen geschützt werden; da der Kanal auch von der Royal Navy geschützt wurde, hätten die Sowjets die Operation nicht stören können. Nimmt man jedoch Frankreich aus dem Bündnis heraus, sieht die Sache schon ganz anders aus. Von Dover nach Calais sind es nur 24 Meilen; der nächstgelegene Hafen, Ostende in Belgien, ist über 60 Meilen von der englischen Küste entfernt, und die Häfen in Holland sind sogar noch weiter entfernt - in einigen Fällen über 150 Meilen. Sowjetische Flugzeuge, Raketenboote und U-Boote, die von der Ostsee aus operieren, könnten den Zustrom von Verstärkungstruppen nach Europa stark beeinträchtigen, wenn die Schiffe gezwungen wären, die Straße von Dover zu verlassen und sich in die offeneren Gewässer der Nordsee zu begeben. Auch für die NATO-Einheiten würde es schwieriger werden, wenn sie erst einmal auf den Schlachtfeldern Deutschlands kämpfen, da sie keinen befreundeten Raum mehr hinter sich hätten, in dem sie notfalls manövrieren könnten. Da de Gaulle nun offen versuchte, einen separaten Frieden mit den Sowjets zu schließen, bestand die Gefahr, dass sie zurückgedrängt und an der französischen Grenze eingeschlossen würden. Die Beziehungen zwischen Frankreich und dem Rest des Bündnisses weiter zu schädigen, war ein wichtiges Ziel der Sowjets, und Anfang 1962 sah es so aus, als würden sie gegen eine offene Tür stoßen.

[2]

Furcht in London

Die Hammersmith Bridge führt seit 1887 den
Verkehr über die Themse. Das 700 Fuß lange Bauwerk
hat zwei Weltkriege und drei terroristische Anschläge
überstanden und wird heute von Architekten als eine
der schönsten viktorianischen Eisenbrücken des Landes
geschätzt. Sie ist auch ein beliebter Ort für Ruderer und
Bootsfahrer, darunter der London Corinthians Sailing
Club. Die Mitglieder des Corinthians segeln gerne mit
Jollen auf dem Fluss, und einige von ihnen sind engagiert genug, um bei jedem Wetter aufs Wasser zu gehen.
Am 2. Februar 1964 war es für diese Jahreszeit trocken
und warm - über 53°F - und einige der Corinthians nutzten dies, um nach Hammersmith hinunterzufahren. In
der Nähe der Brücke wurde der Ausflug für eine der
Mannschaften jäh beendet. An einem schwimmenden
Ponton, der am Ufer vertäut war, klemmte etwas, das
verdächtig nach einer Leiche aussah. Die Matrosen
ließen die Schoten los, wurden langsamer und drehten
sich vorsichtig um, um einen genaueren Blick darauf zu
werfen. Und tatsächlich, ein aufgedunsener Leichnam
war an den Ponton gelehnt.66 Wenn man längere Zeit
mit einem kleinen Boot auf der Themse unterwegs ist,
sieht man alles Mögliche, aber die nackte Leiche einer
Frau begegnet einem nicht jeden Tag.

Bei einer Autopsie wurde Wasser in der Lunge der toten Frau gefunden, was bedeutet, dass sie wahrscheinlich ertrunken ist. Das kommt oft genug vor - in Großbritannien ertrinken jährlich etwa 450 Menschen versehentlich -, aber die Polizei war sich ziemlich sicher, dass es sich nicht um einen Unfall handelte. Die Frau hatte sich fast nackt ausgezogen, bevor sie ins Wasser ging, und nur ein Paar Strümpfe um die Knöchel heruntergezogen. Einige ihrer Zähne waren ausgeschlagen worden, und ihre befleckte Unterwäsche war in ihren Mund gestopft. Es gab auch Spuren, die darauf hindeuteten, dass sie zumindest teilweise erwürgt worden war. Die Nacktheit und die fehlenden Zähne wiesen auf eine Verbindung zu Rees hin. Als die Leiche als die 30-jährige Prostituierte Hanna Tailford identifiziert wurde, schlugen die Alarmglocken schrill.

Tailford war zuletzt am 24. Januar lebend gesehen worden, und den Pathologen zufolge ließ der Zustand ihres Körpers vermuten, dass sie eine Woche lang im Fluss gelegen hatte. Das ist eigentlich keine überraschende Zeitspanne, in der eine Leiche unentdeckt bleiben kann. Die Themse in London ist ein viel befahrener Fluss, aber es gibt keinen Mangel an Stellen, an denen eine Leiche außer Sichtweite schwimmen kann. Bis die Gezeiten oder Strömungen sie ins Freie ziehen, gibt es keine Garantie, dass sie jemand sieht. Tailford könnte sogar seit ihrem Tod unter dem Ponton liegen und nur darauf warten, dass jemand in einem niedrigen, offenen Boot vorbeifährt.

Wie die ersten beiden Opfer war Tailford als Teenager von zu Hause weggelaufen, da sie sich in der nördlichen Bergbaustadt, in der sie aufgewachsen war, nicht eingewöhnen konnte. In London landete sie bald auf der Straße. Mit dem Verkauf ihrer Waren hatte sie nicht immer genug Geld zum Leben verdient, und ihre lange Liste von Verurteilungen wegen Prostitution wurde durch einige Verurteilungen wegen Diebstahls aufgelockert. Einmal, als sie schwanger war, versuchte sie sogar, ihr ungeborenes Kind über eine Zeitungsanzeige zu verkaufen.67 Ihre Karriere bestand jedoch nicht nur aus dem verzweifelten Kampf um Geld. So schwierig es auch war, von den anderen Nutten Informationen zu bekommen, so langsam konnte sich die Polizei ein Bild von einem Leben an der Grenze zwischen dem schäbigen Laster der Straße und dem großen Geld der Londoner Gesellschaftsszene machen. Wie sich herausstellte, war Tailford nicht nur eine Prostituierte gewesen. Sie war auch in der Pornofilmindustrie tätig gewesen und wurde dafür bezahlt, auf gesellschaftlichen Partys zu unterhalten.

Am 8. April wurde Irene Lockwood, 26 Jahre alt, an einem schmalen Schlammstrand nur 300 Meter flussaufwärts von der Stelle gefunden, an der Tailfords Leiche entdeckt worden war. Lockwood war am Tag zuvor noch am Leben gewesen und hatte sich vor einem Pub in Chiswick herumgetrieben. Jetzt war sie entkleidet, erwürgt - wahrscheinlich mit ihrer eigenen Unterwäsche - und in den Fluss geworfen worden. Die

Autopsie ergab, dass sie im vierten Monat schwanger war, und Nachforschungen bei anderen Mädchen ergaben bald, dass sie, wie Rees, versucht hatte, abzutreiben. Diesmal stellte sich nicht die Frage, ob ihr Tod die Folge einer missglückten Abtreibung war; Lockwood war eindeutig ermordet worden.

Es wäre nicht schwer, jemanden zu finden, der Irene Lockwood tot sehen wollte. Sie war eine berüchtigte Betrügerin, die darauf spezialisiert war, Kunden dazu zu bringen, ihre Hosen vor ihrem Schlafzimmer auszuziehen, damit ein Komplize ihre Taschen durchsuchen konnte, während sie mit ihnen Sex hatte. Sie war auch in illegale nächtliche Kartenspiele verwickelt, die bei vielen Spielern das ungute Gefühl hinterließen, betrogen worden zu sein (was auch der Fall war). (Es gab eine lange Liste von Leuten, die sie hassten, und ihr Tod wäre normalerweise nicht allzu überraschend gewesen. Tatsächlich war ein Freund von ihr 1963 von einem Kunden erschlagen worden, den sie mit eindeutigen Fotos erpressen wollte. Um sein Einkommen durch Diebstahl und Erpressung aufzubessern, braucht man einen ständigen Nachschub an Opfern, die mehr Angst vor Peinlichkeiten haben als davor, sich die Hände schmutzig zu machen, und eine Fehleinschätzung kann gefährlich sein.

Die Polizei entdeckte jedoch einige beunruhigende Ähnlichkeiten mit den früheren Morden. Wie Figg, Rees und Tailford war Lockwood klein - nur fünf Fuß zwei. Rees und Tailford waren ebenfalls schwanger gewesen, und alle vier Frauen hatten dunkles Haar (obwohl Lockwoods Haar blond gefärbt war). Alle vier hatten während ihrer Karriere im Sexgewerbe an sexuell übertragbaren Krankheiten gelitten. Drei von ihnen wurden innerhalb von fünf Monaten an demselben Flussabschnitt gefunden. Dies reichte aus, um die Häufung der Morde von der routinemäßigen Zermürbung der Londoner Straßenmädchen abzuheben. Es sah zunehmend so aus, als ob ein Serienmörder entlang der Themse im Westen Londons Jagd auf Nutten machte.

Nachdem Lockwood identifiziert worden war, begann die Polizei, ihr Leben auseinanderzunehmen und nach Hinweisen zu suchen. In ihrem Tagebuch war von einem Mann namens "Kenny" die Rede, und das schien eine mögliche Spur zu sein. Lockwoods Glücksspielbetrug war von Kenneth Archibald, dem Hausmeister des Holland Park Tennis Club, eingefädelt worden. Tennisclubs haben den Ruf, seriöse Organisationen zu sein, und das war dieser Club auch - tagsüber. Nachts sah es ein wenig anders aus. Damals gab es in Großbritannien einige der strengsten Alkoholgesetze Europas, und ein Abend endete mit dem bekannten Ruf "last orders please" um 22:45 Uhr. Das passte nicht jedem, und so gab es in den Großstädten immer wieder illegale Trinkerlokale, wenn man nur genau genug hinsah. Diese befanden sich oft in Privathäusern oder abgeschlossenen Garagen, aber Archibald ging noch einen Schritt weiter. In seinem Job war er für ein Klubhaus mit einer voll ausgestatteten Bar zuständig, und solange diese während der offiziellen Öffnungszeiten in gutem Zustand war, sprach nichts dagegen, dass er sie ausnutzte. Durch Mundpropaganda machte Archibald den Club zu einem illegalen Partytreffpunkt, der eine Reihe zwielichtiger Gestalten anzog. Spätabendliche Trinker mischten sich mit Prostituierten und Nervenkitzel suchenden Menschen, und das Clubgelände und die Tennisplätze boten viele abgeschiedene Ecken für Sex. Lockwood war eine der Nutten, die den Club besuchten.

Es gab keine Anhaltspunkte für eine Verbindung zwischen Archibald und den früheren Opfern, aber jetzt wurde er als möglicher Verdächtiger eingestuft. Wenn er Lockwood kannte, hatte er zumindest eine gewisse Verbindung zur Laster-Szene, so dass es möglich war, dass er die anderen toten Frauen kannte oder zumindest getroffen hatte. Wenn er Lockwood genug vertraute, um sie zur Partnerin in einem lukrativen Geschäft zu machen, dann reichten seine Verbindungen zu Nutten offensichtlich weiter als ein kurzes Fummeln in irgendeiner Gasse. Die Met entschied, dass Kenneth Archibald jemand war, mit dem sie gerne sprechen wollten. Der 57-Jährige wurde befragt, bestritt aber, Lockwood zu kennen, obwohl sie seine Telefonnummer auf einer Karte in ihrer Wohnung hatte. Am 27. April betrat er die Polizeiwache in Notting Hill und bat um ein Gespräch mit einem Kriminalbeamten. Er habe es sich anders überlegt, sagte Archibald dem verblüfften Wachtmeister; er habe sie getötet und wolle gestehen.

Es hatte den Anschein, dass die Morde aufgeklärt werden konnten, sobald die Anwesenheit eines Serienmörders festgestellt worden war. In vielerlei Hinsicht sah Archibald als Verdächtiger gut aus. Er war wegen seiner Verbindungen zu Lockwood bereits auf dem Radar der Met gewesen. Jetzt erzählte er den Polizisten in Notting Hill, wie Lockwood getötet worden war und wann und wo er ihre Leiche in den Fluss geworfen hatte. Er habe sie vor einem Pub in Chiswick getroffen, sich dann mit ihr über Geld gestritten und sie in einem Wutanfall erwürgt. Seine Geschichte war nicht perfekt, aber die Grundzüge passten gut zu den Fakten des Falles. Archibald wurde wegen Mordes angeklagt und inhaftiert. Nicht jeder war jedoch überzeugt. Archibald war in einem schlechten Gesundheitszustand und hatte psychische Probleme - immer ein Warnsignal, wenn jemand einen Mord gesteht. Bei seinem Prozess im Juni änderte er seine Meinung erneut, zog sein Geständnis zurück und sagte, er habe sich die ganze Sache ausgedacht, weil er depressiv war. Die Geschworenen stimmten ihm zu und er wurde vom Mord an Lockwood freigesprochen. Es ist ziemlich sicher, dass dies die richtige Entscheidung war, denn die Morde an der Stripperin hatten mit seiner Verhaftung nicht aufgehört.

Mit zwei eindeutigen Opfern eines Serienmörders und zwei weiteren möglichen hatte die Polizei Maßnahmen ergriffen, um den Mörder auf frischer Tat zu ertappen. Alle vier Leichen wurden in und um die Themse gefunden. Nun wurden die Patrouillen rund um den Fluss verstärkt. Wenn der Mörder seine Opfer in der Nähe des Flusses aussucht, könnte die zusätzliche Aktivität ihn abschrecken; wenn er sie einfach dort ablegt, erhöht eine bessere Überwachung die Chancen, ihn auf frischer Tat zu ertappen. Die Polizei sollte in beiderlei Hinsicht enttäuscht werden.

Helen Barthelemy war eine ehemalige Zirkusartistin aus Blackpool, obwohl ihre Eltern Franzosen und Schotten waren. Sie war 20 Jahre alt und hatte ein Vorstrafenregister in ihrer Heimatstadt, bevor sie nach London gezogen war. Sie war verurteilt worden, weil sie einen Mann mit dem Versprechen auf Sex an einen ruhigen Ort gelockt hatte, aber stattdessen war er mit einem Rasiermesser aufgeschlitzt und ausgeraubt worden. Nun war Barthelemy selbst offenbar weggelockt und überfallen worden. Zuletzt war sie von einer ihrer Freundinnen in einer Bar gesehen worden; Barthelemy hatte ihre Handtasche dort gelassen und gesagt, dass sie nur kurz weggehen würde. Sie kam nie wieder zurück. Am 24. April - drei Tage vor Archibalds Geständnis - wurde ihre nackte Leiche in einer Gasse in der Nähe eines Sportplatzes in Brentwood gefunden. Damit änderte sich das Muster; ihre Leiche wurde weit nordwestlich der früheren Opfer und über eine Meile vom Fluss entfernt abgelegt. Es bestand jedoch kein Zweifel, dass sie demselben Mörder zum Opfer gefallen war. Neben den inzwischen bekannten Strangulations- und Entkleidungsspuren war sie eine kleine, dunkelhaarige

Straßenprostituierte, die an einer Geschlechtskrankheit gelitten hatte.

Abgesehen von den Ähnlichkeiten mit den früheren Morden gab es einige neue und interessante Dinge an dieser Leiche. Barthelemys Leiche war schmutzig, was darauf hindeutet, dass sie zwischen dem Ausziehen und dem Wegwerfen irgendwo gelagert worden war. Bei näherer Untersuchung ihrer Haut wurden außerdem Tausende von winzigen Farbpartikeln gefunden. Es handelte sich um die Art von Farbe, die zum Besprühen von Autos und anderen Metallgegenständen verwendet wird, und die mikroskopisch kleinen Flecken waren in einem Regenbogen von Farben gehalten. Die Ermittler vermuteten, dass sie in der Nähe einer Werkstatt gelagert worden war, in der gespritzt wurde, und dass Farbpartikel aus der Luft in die improvisierte Gruft und auf ihre Haut gelangt waren. Damit war der Ort, an dem die Leiche aufbewahrt worden war, zwar nicht sofort gefunden - in London gibt es Hunderte von kleinen Lackierereien und Leichtindustrieanlagen -, aber es war etwas.

Nun wurde auch noch etwas anderes vorgeschlagen. Nach der Entdeckung von Barthelemy kam ein neuer Ermittler zum Team, Detective Superintendent William Baldock. Baldock stellte die Annahme in Frage, dass die Opfer erdrosselt worden waren, und schlug stattdessen etwas Erstaunliches und Schreckliches vor. Vielen der Frauen waren die Zähne ausgeschlagen worden, sagte er. Vielleicht wurden sie beim Oralverkehr erstickt, und es handelte sich nicht um vorsätzliche Morde, sondern um einen abartigen Sexualakt, der schief gelaufen ist. Da Fellatio damals ein viel größeres Tabuthema war als heute, entsetzte diese Vorstellung viele Menschen. Könnte daran etwas Wahres dran sein? Wahrscheinlich nicht. Eine kurze Überlegung legt nahe, dass jede Prostituierte in dieser Lage eine einfache Möglichkeit hatte, sich zu wehren - zubeißen, und zwar kräftig. Sie alle hatten noch genügend Zähne, um schnell und brutal zuzuschlagen. Baldocks Vorschlag traf damals hart, aber heute ist er eigentlich nur ein Zeichen dafür, wie prüde die Menschen noch vor ein paar Generationen waren. Wäre es nicht in einem so düsteren Kontext, wäre es sogar amüsant.

Andere Vorschläge der Polizei waren hilfreicher. Baldock war nicht das einzige neue Mitglied des Teams - der Leiter der Kriminalabteilung von Scotland Yard, Commander George Hatherill, hatte nun die Ermittlungen übernommen. Hatherill wusste, dass die beste Quelle für Informationen über die toten Frauen ihre Kolleginnen aus der Prostitution waren, und dass es von entscheidender Bedeutung war, die Barriere des Vertrauens zu durchbrechen, die sie von der Polizei fernhielt. Um dies zu erreichen, unternahm er einen mutigen Schritt: Er rief die Prostituierten öffentlich dazu auf, sich unter Zusicherung der Anonymität zu melden, wenn sie etwas wüssten, das ihnen helfen könnte. Hatherill wies darauf hin, dass die Prostituierten sterben würden, wenn der Stripper nicht gestoppt würde. Wenn jemand von einem Kunden zum Strippen gezwungen oder angegriffen worden sei, solle er sich sofort an die Met wenden. Es funktionierte - bis zu einem gewissen Punkt. Hatherills Aufruf erging am 28. April, und zwei Tage später hatten 45 Prostituierte - und 25 Männer - Informationen geliefert. Keiner von ihnen konnte jedoch die Identität des Strippers feststellen, und Hatherills Warnung vor der Gefahr für Prostituierte sollte sich als richtig erweisen.

Am 14. Juli, kurz nach fünf Uhr morgens, fand ein Chauffeur, der früh aufgestanden war, um sein Auto startklar zu machen, die Leiche von Mary Fleming an ein Garagentor in einer Straße in Chiswick gelehnt. Wie Barthelemy lag auch diese Leiche über eine Meile von der Themse entfernt, diesmal nördlich der ersten Entdeckungen. Fleming, eine zähe 30-jährige Glasgow-erin, die seit einem Jahrzehnt auf der Straße lebte, war dafür bekannt, dass sie sich von schwierigen Kunden nichts gefallen ließ und sich bei Bedrohung heftig wehrte. Sie war zwar klein, aber sie trug ein Messer bei sich und hatte es schon öfter benutzt. Wenn sie es dieses Mal gezogen hatte, hatte es ihr nicht geholfen. Die an ihren nackten Überresten gesammelten Beweise deuteten darauf hin, dass sie sich gewehrt hatte, aber ihr Angreifer hatte sie mit einem kräftigen Schlag auf das Herz betäubt und dann erwürgt. Diesmal unter-suchte der Pathologe ihre Haut genau und suchte nach Spuren von Farbe. Er fand sie. Flemings Leiche hatte am selben Ort gelegen wie die des vorherigen Opfers. Es bestand kein Zweifel, dass es sich um das Werk desselben Täters handelte. Nachforschungen in der Umgebung des grausigen Fundes ergaben, dass der Chauffeur das Fahrzeug der Stripperin nur knapp verfehlt hatte - Nachbarn hatten wenige Minuten, bevor er die Leiche fand, ein Auto rückwärts die Straße hinunterfahren hören.

Der Ort, an dem Flemings Leiche entsorgt wurde, zeigt eine weitere Änderung der Taktik des Mörders. Als die Polizei die Patrouillen rund um den Fluss verstärkt hatte, hatte er sie überlistet, indem er Barthelemy weit im Norden liegen ließ. Das reichte aus, dass sich einige Leute fragten, wie er die Reaktion der Polizei vorausgesehen hatte, und sich sogar fragten, ob er Insiderwissen darüber hatte, was die Polizei tat - Spekulationen, die Jahre später wieder auftauchten, als mögliche Verdächtige diskutiert wurden. Indem er sie dort zurückließ, wo er es tat, war es, als ob er sagte: "Ich weiß, wie ihr versucht, mich zu fangen, und es wird nicht funktionieren." In Chiswick herrschte jedoch eine starke Polizeipräsenz. Die meisten Detektive hielten dies für eine absichtliche Verhöhnung. Das alles verstärkte den Druck. Inzwischen waren mehr als 8.000 Personen im Zusammenhang mit dem Fall befragt worden, und die Presse forderte eine Verhaftung, bevor noch jemand starb. Die Boulevardpresse hatte dem Mörder auch seinen Spitznamen gegeben - "Jack the Stripper" war in den Schlagzeilen.

Die Farbflecken waren der letzte Hinweis, den die Polizei brauchte, um zu verkünden, dass alle Morde von einem Mann begangen wurden. Wären die gleichen Spuren bei den früheren Opfern gefunden worden, hätte sich diese Tatsache schon früher bestätigt, aber es ist wahrscheinlich nicht allzu überraschend, dass nichts gefunden wurde. Figg ist vielleicht das wahrscheinlichste der acht Opfer, das von jemand anderem getötet wurde; sie starb vier Jahre vor dem nächsten Opfer und war das einzige, das nicht nackt aufgefunden wurde. Wäre sie ein Opfer des Strippers gewesen, hätte er zu dieser Zeit seine Methoden entwickelt. Warum begann er, die Leichen zu entkleiden? Es ist unwahrscheinlich, dass sich die Opfer selbst entkleidet haben - sie waren Straßenmädchen, die im "Autohandel" tätig waren. Zu dieser Zeit bestand ein Großteil ihres Geschäfts aus Oralsex - was "nette Mädchen" nicht tun würden - und selbst wenn ein Kunde vollen Sex wollte, würde er nur den Rock heben und das Höschen herunterziehen. Nein, die Kleidung wurde vom Mörder entfernt. Die Wahrscheinlichkeit ist groß, dass er damit Beweise beseitigen wollte. Vielleicht hatte er Sperma auf der Kleidung hinterlassen, und obwohl ein DNA-Abgleich damals noch nicht möglich war, hätte man vielleicht Blutgruppen abgleichen können. Kleidung nimmt auch Fasern und Haare auf, und selbst 1964 konnten die Ermittler mit solchen Beweisen eine Menge anfangen; das wichtigste Werkzeug für ihre Analyse ist ein Mikroskop, und im Gegensatz zur DNA-Sequenzierung gibt es

Mikroskope schon seit Jahrhunderten. Es macht Sinn, dass der Stripper die Kleidung entfernt hat, bevor er die Leichen aufbewahrte, denn das verringert die Wahrscheinlichkeit, dass die Polizei am Fundort der Leichen Beweise findet. Natürlich konnte sich dabei auch Farbe auf der Haut absetzen, aber die winzigen Tröpfchen hätten in der Luft einen dünnen, unsichtbaren Nebel gebildet, und nur ein sehr kluger Mörder hätte daran denken können. Die Farbe auf der Haut war nicht offensichtlich; es bedurfte guter kriminaltechnischer Arbeit, um sie bei Bathelemy und den späteren Opfern zu finden. Wenn Rees von dem Stripper getötet und am selben Ort aufbewahrt wurde, wäre es schwierig gewesen, den Hinweis zu finden, nachdem sie wochenlang in einem Müllhaufen begraben lag. Tailford und Lockwood waren in einen verschmutzten Fluss geworfen worden, und in Tailfords Fall lag sie eine Woche lang im Wasser. Wasser und Fäulnis hätten einen Großteil der Farbe entfernt. Erst als der Stripper seine Methoden änderte und begann, Leichen an Land zu entsorgen, tauchte der Hinweis auf. Er würde bald wieder auftauchen.

Am 23. Oktober arbeitete Kim Taylor mit ihrer Freundin Frances Brown, auch bekannt als Margaret McGowan, in der Nähe eines Pubs in Notting Hill. Die Ereignisse der letzten Monate hatten sie vorsichtig gemacht; wie Mary Fleming und viele andere Mädchen trugen sie Messer oder geschärfte Stahlkämme bei sich, aber das reichte natürlich nicht aus, um die Sicherheit eines Mädchens zu garantieren. Taylor und Brown hatten beschlossen, aus Sicherheitsgründen zu zweit zu arbeiten; auf diese Weise, so dachten sie, würde die Stripperin nicht in der Lage sein, sie auszusuchen. Vorhin in der Kneipe hatten sie über die Chancen, den Mörder zu treffen, gescherzt, aber sie wussten beide, dass es nicht zum Lachen war. Draußen beobachteten sie sich gegenseitig und warfen misstrauische Blicke auf jeden Mann, der sich ihnen näherte, um zu reden.

Als zwei Autos gleichzeitig anhielten, warfen beide Mädchen einen genauen Blick auf das Auto, in das die andere einstieg. Brown kletterte in einen Ford, entweder einen Zodiac oder einen Zephyr, und Taylor stieg in das andere Auto ein. Die Fahrzeuge trennten sich bald im Londoner Verkehr. Taylor tat das, wofür ihr Auftraggeber sie bezahlte, kehrte in den Pub zurück und wartete auf Browns Rückkehr. Das tat sie nicht.

Es dauerte über einen Monat, bis Taylor erfuhr, was mit ihrem Freund geschehen war. Am 25. November wurde Browns Leiche in der Horton Street in Kensington gefunden, direkt vor einem unterirdischen Gebäude der Zivilverteidigung. Im Gegensatz zu den anderen Leichen, die offen herumlagen, war Browns Leiche teilweise verdeckt worden; tote Äste und ein Mülltonnendeckel waren auf die Leiche gestapelt worden. Abgesehen von dieser Anomalie waren die Spuren der Stripperin eindeutig. Sie war erwürgt und entkleidet worden, und ihr Körper war mit winzigen farbigen Farbpartikeln gesprenkelt. Sie war auch eine kleine, dunkelhaarige Prostituierte mit einer Vorgeschichte von Geschlechtskrankheiten, aber die Nacktheit und die Farbe machten es ohnehin klar. Die Stripperin hatte einen weiteren Menschen getötet.

Diesmal fehlte nicht nur die Kleidung des Opfers. Auch einige von Browns Schmuckstücken waren verschwunden. Als sie verschwand, trug sie einen goldenen Ring und ein silbernes Kreuz an einer Kette, aber diese waren verschwunden. Sie waren nicht die Art von Gegenständen, die viel Beweismaterial enthielten, und es war sogar riskant, dass der Mörder sie mitnahm - sie waren identifizierbar, und wenn er mit ihnen erwischt worden wäre, hätte er nur schwer erklären können, wie er in ihren Besitz gekommen war. Sie zu stehlen war ein Risiko, das für den sonst so akribischen Stripper untypisch schien.

Die meisten Menschen hörten zum ersten Mal von der psychologischen Profilerstellung bei Serienmördern in dem Film Das Schweigen der Lämmer von 1991, aber als Technik wird sie schon seit den 1940er Jahren eingesetzt. Scotland Yard war eifrig damit beschäftigt, ein solches Profil für den Stripper zu erstellen. Polizeipsychologen vermuteten, dass Browns fehlender Schmuck darauf hindeutete, dass er Souvenirs von seinen Opfern sammelte. Sie glaubten auch, dass er wahrscheinlich ein schüchterner Mann war, der nach außen hin ruhig wirkte. Die geringe Größe aller Opfer - keines war größer als fünf Fuß und zwei Zoll - deutete darauf hin, dass er selbst klein war und Ziele wählte, die er leicht überwältigen konnte. Einiges von dem, was die Psychologen sagten, könnte nützlich sein, um einen Fall aufzubauen, wenn der Stripper erst einmal in Haft war, aber es trug nicht viel dazu bei, ihn zu finden. Bevor ein Profil verwendet werden kann, um eine Liste von Verdächtigen einzugrenzen, muss es eine Liste geben, mit der man arbeiten kann, und der Pool von Männern, die der Stripper sein könnten, war riesig. Wenn überhaupt, dann wurde sie durch Browns Tod noch größer.

[2]

Die Sapphire-Affäre

Anatoliy Golitsyn wurde im August 1926 in Piryatin, Ukraine, geboren. Als er sieben Jahre alt war, zog seine Familie nach Moskau, und Anatoliy wurde später Kadett an einer Militärschule. Im Alter von 15 Jahren trat er dem Komsomol, der kommunistischen Jugendbewegung, bei und wurde vier Jahre später in die Kommunistische Partei der Sowjetunion aufgenommen. Im selben Jahr, 1945, trat er in die Moskauer Schule für militärische Spionageabwehr ein. Diese Schule wurde von Smiert Shpionam - "Tod den Spionen" - geleitet, der als James Bonds alter Widersacher SMERSH bekannt ist. Im Jahr 1946 schloss Golitsyn seine Ausbildung als Mitglied des KGB ab, des allgegenwärtigen und mächtigen Geheimdienstes der Sowjetunion. Er stieg schnell auf und arbeitete an wichtigen Projekten, unter anderem an der Ausarbeitung von Plänen für eine Reorganisation der sowjetischen Geheimdienste. Er arbeitete als KGB-Agent in Wien und Helsinki und studierte an der Universität für Marxismus-Leninismus und an den staatlichen Schulen für Diplomatie und Geheimdienst. Im Jahr 1952 traf er Stalin persönlich.

Als KGB-Offizier war Anatoliy Golitsyn Teil der inoffiziellen Aristokratie der UdSSR und genoss eine weitaus höhere Lebensqualität als die Masse der Sowjetbürger.

Natürlich hatte er auch Zugang zu weitaus mehr Informationen, und vielleicht überzeugte ihn das davon, dass das Leben anderswo noch besser sein könnte. Jedenfalls erschien er am 15. Dezember 1961 mit seiner Frau und seiner Tochter in der US-Botschaft in Helsinki und gab bekannt, dass er in die USA überlaufen wolle. Die CIA hatte kaum eine Chance, die Anfrage eines KGB-Majors abzulehnen, der so tief in die Planung der sowjetischen Geheimdienstoperationen verwickelt war, und Golitsyns Angebot wurde sofort angenommen. Die CIA schickte ihn nach Stockholm, von wo er schnell nach Westdeutschland geflogen wurde, um seine Geschichte zu überprüfen. Es wurde bald offensichtlich, daß Golitsyn der war, der er behauptete zu sein, und er wurde weitergeschickt, diesmal in die USA. Dort wurde er vom Leiter der Spionageabwehr der CIA, James Jesus Angleton, befragt.

Angleton war damals wie heute eine äußerst umstrittene Figur. Begabt darin, sowjetische Spione innerhalb des KGB aufzuspüren, verfiel er schließlich in etwas, das wie Paranoia aussieht, und entschied, dass die sowjetische Durchdringung des Westens weitaus größer war, als sie tatsächlich war. Die illegale Überwachung von US-Bürgern und die wiederholten Behauptungen, verschiedene westliche Führer seien KGB-Agenten, schwächten schließlich seine Glaubwürdigkeit, aber bis dahin hatte er die CIA auf der vergeblichen Suche nach einem hochrangigen Maulwurf, den es wahrscheinlich nicht gab, auf den Kopf gestellt.

Schließlich wurde er 1974 zum Rücktritt gezwungen, nachdem er CIA-Direktor William Colby, Außenminister Henry Kissinger und Präsident Gerald Ford beschuldigt hatte, sowjetische Agenten zu sein.

Das war allerdings 1974. Im Jahr 1961 war die Situation ganz anders. Angleton hatte noch nicht die Obsessionen entwickelt, die ihn in späteren Jahren so schädlich für die CIA machten; er war fest auf die sehr reale Bedrohung durch sowjetische Infiltratoren in westlichen Geheimdiensten konzentriert. Jetzt war hier ein sowjetischer Überläufer, der behauptete, zu wissen, wer viele von ihnen waren. Eine von Golitsyn's ersten Enthüllungen traf Angleton selbst nahe.

Unser Mann in Beirut

Harold Adrian Russell "Kim" Philby war der exzentrische Sohn eines britisch-indischen Staatsbeamten. In den 1930er Jahren hatte er eine journalistische Laufbahn eingeschlagen, die jedoch 1941 zu einer Tarnung für eine Tätigkeit beim MI6, dem britischen Geheimdienst, geworden war. Er hatte Angleton 1942 zum ersten Mal getroffen, als der Amerikaner Zweifel an seiner Loyalität hegte. Dennoch waren die beiden Männer bis 1949 Freunde geworden, und als Philby nach Washington versetzt wurde, trafen sie sich mindestens einmal pro Woche zum Mittagessen.

Es stellte sich heraus, dass Angleton nicht der Einzige war, der sich fragte, für wen Philby wirklich arbeitete. Im Mai 1951 plante der MI5 - die Spionageabwehr und der Sicherheitsdienst - die Verhaftung von zwei mutmaßlichen sowjetischen Spionen, die zufällig auch Freunde von Philby waren. Bevor Guy Burgess und Donald Maclean festgenommen werden konnten, wurden sie gewarnt und konnten über Frankreich nach Moskau fliehen. Der Verdacht fiel sofort auf Philby, der unter Protest aus dem MI6 austrat. Er leugnete jedoch jegliche Verbindung zu den Sowjets und wurde 1955 offiziell entlastet. Zu diesem Zeitpunkt hatte er sich wieder dem Journalismus zugewandt. Im Jahr 1956 zog er nach Beirut im Libanon, wo er als Korrespondent für The Observer und The Economist arbeitete. In Wirklichkeit war er vom MI6 wieder eingestellt worden, der zumindest teilweise von seiner Unschuld überzeugt war.

Nun erzählte Golitsyn dem MI6, dass ihr früherer Verdacht richtig gewesen war - Philby war tatsächlich ein KGB-Agent. Ein anderer MI6-Offizier verhörte ihn und Philby gestand alles, dann floh er nach Moskau auf einem sowjetischen Schiff. Es war eine dramatische Bestätigung von Golitsyns Wert für den Westen, und es überzeugte Angleton sofort, daß der Überläufer angehört werden sollte.

Eine Menge Leute wollten zuhören. Golitsyn hatte sich für die USA entschieden, als er seinen Übertritt plante, aber die anderen großen Geheimdienste wollten mitspielen, und die CIA war gerne bereit, mitzuarbeiten. Der Austausch von Geheimdienstinformationen zwischen den NATO-Verbündeten hatte seine Höhen und Tiefen, aber in den frühen 1960er Jahren war er definitiv auf einem seiner Höhepunkte. Die Briten übermittelten der CIA alles, was sie von ihrem wichtigsten Informanten Oleg Penkovsky erfuhren, und gestatteten CIA-Beamten sogar, ihn auf seinen Reisen in den Westen zu treffen. Da der stachelige de Gaulle wieder an der Macht war, war es nicht wünschenswert, die Franzosen zu verärgern, indem man sie ausschloss, und es hatte Vorteile, auch dem westdeutschen Bundesnachrichtendienst Zugang zu gewähren. Ostdeutschlands Meisterspion, Markus Wolf, hatte es geschafft, die westdeutsche Regierung mit Agenten zu infizieren, und wenn Golitsyn dem BND helfen konnte, sie zu identifizieren, um so besser.

Die Briten verfügten über einen großen Geheimdienststab in den USA, weil sie so viele gemeinsame Operationen durchführten, aber die anderen Alliierten mussten Verstärkung einfliegen. Philippe Thyraud de Vosjoli, der leitende Offizier des SDECE in Washington, wurde eines Morgens Anfang Juni 1962 um fünf Uhr morgens an sein Telefon gerufen. Eine französische Stimme teilte ihm mit, dass soeben sechs hochrangige Offiziere des SDECE und des DST - der Spionageabwehr - auf dem Flughafen von Washington gelandet seien und abgeholt werden müssten. De Vosjoli war erstaunt, und seine Überraschung wurde nur noch größer, als die Besucher in der französischen Botschaft ankamen und ihm sagten, warum sie dort waren. Golitsyn hatte ein sowjetisches Komplott aufgedeckt, das direkt ins Herz der französischen Regierung ging.

Quellenschutz

Golitsyn hatte seine Glaubwürdigkeit aufgebaut, indem er die Verdächtigungen über Philby bestätigte. Jetzt fing er an, Details von mehr sowjetischen Agenten abzuspulen. Natürlich hatte er in den meisten Fällen ihre Namen nicht, oder sogar viel in der Art von Details.

Nachrichtendienste arbeiten hart daran, Agenten zu rekrutieren, aber wenn sie dies getan haben, ist es oft sehr schwierig, die von ihnen gelieferten Informationen zu nutzen. Das Problem besteht darin, dass der Feind durch die Weitergabe von Informationen oft die nötigen Hinweise erhält, um die Quelle der undichten Stelle zu identifizieren. Um dies zu vermeiden, wird peinlich genau auf Geheimhaltung geachtet. Der tatsächliche Name eines Agenten ist in der Regel so wenigen Personen wie möglich bekannt. Oft kennt ihn nur das Team, das mit dem Agenten zu tun hat; wenn sie ihre Berichte schreiben, wird der Agent nur durch einen Codenamen oder eine Nummer identifiziert. Das ist nur die erste und grundlegendste Vorsichtsmaßnahme. Nach Möglichkeit wird die Tatsache, dass die Information überhaupt von einem Agenten stammt, verheimlicht. Ein Team, das ein hochrangiges Mitglied einer terroristischen Organisation rekrutiert hat, kann alle Berichte so verfassen, dass es den Anschein hat, die Informationen kämen von einem verdeckten Mikrofon. Es kann sehr schwierig sein, zu entscheiden, wann man auf Geheimdienstberichte reagieren sollte. Für Nachrichtendienstler ist der "Kreis des Wissens" ein Schlüsselbegriff - die Anzahl der Personen auf der anderen Seite, die eine Tatsache kennen. Es ist immer gefährlich, die gesammelten Informationen zu verwenden, weil dies dem Feind verrät, dass einer von ihnen für Sie arbeitet. Wenn der Kreis der Wissenden klein ist, ist die Wahrscheinlichkeit, dass sie den Agenten identifizieren, viel größer.

Sogar für Geheimdienststandards nahm der KGB Paranoia, Misstrauen und Abschottung bis zum Äußersten; ständig in Angst, dass seine eigenen Mitarbeiter über den Eisernen Vorhang entkommen könnten, tat die riesige Agentur alles, was sie konnte, um zu verhindern, dass Offiziere irgendeine Tatsache erfuhren, die sie nicht unbedingt wissen mussten. Golitsyn war jedoch ein hochqualifizierter und vertrauenswürdiger Offizier; ein Absolvent der höheren Geheimdienstschule, der an der Umstrukturierung von Agentennetzwerken beteiligt war und ein fast fotographisches Gedächtnis besaß. Für die Spitzenleute des sowjetischen Geheimdienstes war sein Überlaufen der ultimative Albtraum.

Aus westlicher Sicht glichen die sowjetischen Agentennetze innerhalb der NATO einem riesigen Puzzle, von dem nur einzelne Teile sichtbar waren. Golitsyn hatte es geschafft, genug Teile zu sammeln, so dass er anfangen konnte, sie zusammenzufügen und Einblicke in das wahre Bild zu geben. Er erzählte Angleton, dass ein CIA-Offizier mit osteuropäischem Hintergrund und einem Nachnamen, der mit K begann, und der nach Westdeutschland entsandt worden war, ein sowjetischer Spion mit dem Codenamen "Sasha" war; dies löste eine Besessenheit aus, die Angletons spätere Karriere beherrschen sollte.

Dann erzählte der Überläufer dem MI5, dass der KGB eine Quelle in der Admiralität, dem Hauptquartier der Royal Navy, hatte. Eine Untersuchung führte zu John Vassall, einem Beamten, der Zugang zu Tausenden von Verschlusssachen hatte und anscheinend einen teureren Lebensstil führte, als es sein Gehalt zuließ. Vassall wurde verhaftet und legte sofort ein Geständnis ab; der KGB hatte herausgefunden, dass er schwul war, erzählte er seinen Verhörern - Homosexualität war zu dieser Zeit im Vereinigten Königreich illegal - und erpresste ihn, Informationen zu liefern. Aleksandr Kopatsky war ein Sowjet, der von der CIA in West-Berlin rekrutiert worden war; Informationen, die von Golitsyn zur Verfügung gestellt wurden, enthüllten, daß er in Wirklichkeit ein Doppelagent war, der immer noch loyal zu Moskau war - und, sehr wahrscheinlich, war er "Sasha", der Maulwurf, den Angleton die CIA umdrehte, um ihn zu finden.

Golitsyns Enthüllungen wurden im Laufe der Zeit immer erschreckender. Er erzählte dem SDECE, dass ein französischer NATO-Beamter für den KGB arbeitete und das NATO-Hauptquartier praktisch wie eine sowjetische Bibliothek behandelte; jedes Dokument, das der KGB sehen wollte, konnte innerhalb von 48 Stunden abgerufen, kopiert und nach Moskau geschickt werden. Die Durchdringung war so umfassend, dass die KGB-Abteilung, die die Informationen auswertete, das Dokumentenreferenzsystem der NATO in ihren eigenen Unterlagen verwendete. Diese Behauptung schien zu unglaublich, um wahr zu sein, und der SDECE beschloss, Golitsyn zu überführen. Sie brachten einen Stapel von NATO-Dokumenten und baten Golitsyn, ihnen zu sagen, welche er schon einmal gesehen hatte. Es war ein sorgfältig geplanter Test; viele der Dokumente waren echt, aber andere waren gefälscht, völlig überzeugend, aber hergestellt, um die Glaubwürdigkeit des Überläufers zu überprüfen. Golitsyn las die

Dokumente durch und sortierte sie in drei Stapel. Bei einigen konnte er sich nicht sicher sein, erklärte er; das war der dritte Stapel. Allerdings hatte er alle Dokumente von diesem Stapel in Moskau gesehen, aber keines von diesen.

Jede der Akten, die er angeblich gesehen hatte, war echt. Jede der Fälschungen lag auf dem anderen Stapel. Die verblüfften SDECE-Agenten konnten nur einen Schluss ziehen: Golitsyn hatte die Wahrheit gesagt. Die Untersuchung führte schließlich zu Georges Pâques, einem Presseoffizier im NATO-Hauptquartier. Französische Spionageabwehrbeamte verfolgten ihn fast ein Jahr lang. Schließlich brachen sie 1963 in seine Wohnung ein und verhafteten ihn in Gegenwart eines Gastes. Der Gast durfte gehen, weil er Immunität genoss - er war ein sowjetischer Diplomat. Im Verhör gestand Pâques, dass er während des Krieges von der UdSSR rekrutiert worden war, als er in de Gaulles Hauptquartier der Freien Franzosen in Algier tätig war. Bevor er für die NATO arbeitete, war er Adjutant der Stabschefs im Verteidigungsministerium gewesen. Er hatte fast 19 Jahre lang Informationen an Moskau weitergegeben. Vor Gericht argumentierte Pâques, dass er nie ein sowjetischer Agent gewesen sei und lediglich versucht habe, einen Atomkrieg zu verhindern, aber das Gericht war nicht beeindruckt und verurteilte ihn zu lebenslanger Haft. Sechs Jahre später wurde er auf persönlichen Befehl von de Gaulle freigelassen.

Sapphire

Wie Angleton und die Briten waren die SDECE nun überzeugt, dass Golitsyn das einzig Wahre war. Sie waren entsetzt, als er ihnen sagte, daß Pâques nicht der einzige Verräter in Frankreich war. In der Tat, der Überläufer sagte ihnen, daß es ein ganzes Netzwerk von hohen französischen Beamten gibt, die für den KGB arbeiten. Sie waren über die Geheimdienste, das Militär, die Ministerien und sogar bis ins Kabinett verstreut.

Die Franzosen hatten gewusst, dass es Probleme gab. Golitsyn hatte Agenten in Frankreich während seiner frühen Interviews erwähnt, und die Enthüllungen waren alarmierend genug, daß sie direkt an Präsident Kennedy weitergeleitet wurden. Kennedy schrieb einen persönlichen Brief an de Gaulle und warnte ihn vor extrem hochrangigen sowjetischen Spionen in der französischen Regierung, und de Gaulle schickte General de Rougemont nach Washington, um die Geschichte zu überprüfen. De Rougemont, eine der führenden Persönlichkeiten des französischen Militärgeheimdienstes, ging auf Nummer sicher; er hatte keine Ahnung, wer für die Sowjets arbeiten könnte, und hielt sich daher von der Botschaft und den Mitarbeitern des SDECE fern. Selbst sein Freund de Vosjoli wusste nicht, dass er im Land war. De Rougemont war in der Tat jedem gegenüber misstrauisch. Später erzählte er de Vosjoli, dass er anfangs dachte, das Ganze sei ein hinterhältiges Komplott der Angelsachsen, um die Regierung de Gaulle anzugreifen. Diese Idee hielt nicht lange an. Nachdem er Golitsyn drei Tage lang befragt hatte, war er bis ins Mark erschüttert. Das Wissen des Überläufers über die inneren Abläufe des SDECE und der französischen Regierung war erschreckend. Es war klar, dass der KGB wirklich Quellen tief innerhalb des Geheimdienstes und in der Nähe von de Gaulle selbst hatte. Nach Paris zurückgekehrt, gab der General weiter, was er erfahren hatte. Die Antwort war die Entsendung eines sechsköpfigen Teams, das de Vosjoli Anfang Juni aufweckte.

Zunächst war de Vosjoli irritiert, dass ohne Vorwarnung ein Spezialteam aus Paris geschickt worden war. Die Verärgerung schlug in Schock um, als der ranghöchste Mann unter den Besuchern erklärte, warum. Die Enthüllungen in Kennedys Brief waren so schockierend gewesen, dass niemand im SDECE wusste, wem er vertrauen konnte. Jede Nachricht an de Vosjoli konnte abgefangen werden; selbst auf die sichersten Kommunikationssysteme konnte man sich nicht mehr verlassen. De Rougemont, einer der vertrauenswürdigsten Berater von de Gaulle, hatte sich in den USA ein- und ausgeschlichen, ohne Kontakt zu französischen Mitarbeitern aufzunehmen, die für den Feind arbeiten könnten. Jetzt sollte dieses Team die Nachbesprechung von Golitsyn übernehmen. Die gewonnenen Informationen müssen natürlich nach Frankreich zurückgeschickt werden, und es besteht die Gefahr, dass sie von einem sowjetischen Agenten gesehen werden. Um die Identität des Überläufers zu verschleiern, wird ihm der SDECE einen Codenamen geben; von nun an wird alles, was von Golitsyn geliefert wird, unter dem Namen Martel veröffentlicht werden. Die Nachricht, dass es einen Überläufer gab, kam für de Vosjoli nicht sehr überraschend. Als hochrangiger Geheimdienstoffizier war er Teil einer geheimnisvollen Gemeinschaft in Washington, einer losen Gruppe, in der Geheimnisse die Währung des Geschäfts waren. Jede Behörde hatte Dinge, die sie für sich behalten wollte, aber dennoch saßen sie alle auf einer Menge Informationen, die gehandelt werden konnten. Die Teile des Geheimdienstpuzzles können über ein halbes Dutzend Organisationen verstreut sein. Zusammenarbeit hilft ihnen allen. Jetzt bekam de Vosjoli Hinweise darauf, dass die CIA eine neue Informationsquelle über KGB-Operationen im Westen hatte. Aus beruflicher Neugier versuchte er, mehr herauszufinden. Seine amerikanischen Freunde lächelten und wechselten das Thema, und er war nur in der Lage, ein paar verlockende Hinweise zu finden. Alles, was er erfuhr, wurde nach Paris zurückgeschickt, und seine Vorgesetzten drängten ihn vorhersehbar, alles über die neue Quelle herauszufinden, insbesondere sein Wissen über KGB-Agenten in Frankreich.

Dann änderten sich die Befehle abrupt. Aus Paris kam eine knappe Nachricht. Man solle aufhören, Fragen zu stellen, wurde de Vosjolie mitgeteilt. Er war verblüfft. Erst als das Team für die Nachbesprechung eintraf, verstand er - da de Rougemont auf dem Weg in die

USA war, konnte jede weitere Frage nach der Quelle die Dinge nur verkomplizieren. Natürlich war er immer noch verärgert; die Tatsache, dass die Amerikaner über seinen Kopf hinweg direkt an de Gaulle geschrieben hatten, anstatt eine Nachricht über ihn weiterzuleiten, deutete darauf hin, dass man ihm nicht vertraute.

Natürlich hatte er Recht: Solange die sowjetischen Maulwürfe nicht identifiziert waren, konnte man niemandem im SDECE - und auch nicht der französischen Regierung - trauen. Es sollte noch schlimmer kommen.

Die französischen Agenten durften Golitsyn gründlich befragen, aber weil er in die USA übergelaufen war, waren bei jeder Sitzung amerikanische Beobachter anwesend. Als der KGB-Mann die Details des Eindringens seiner Agentur in Frankreich ausbreitete, konnte de Vosjoli die wachsende Kälte zwischen den Amerikanern und den Franzosen fühlen. Enttäuschend, aber vorhersehbar, betrachtete die CIA den SDECE mit zunehmendem Argwohn. Golitsyn wusste, dass ein hoher SDECE-Offizier ein russischer Spion war, aber er wusste nicht, wer es war. Das bedeutete, dass es jeder von ihnen sein konnte.

Es gab eine weitere, noch größere Sorge. Der KGB war einer der effektivsten Nachrichtendienste der Geschichte und sehr geschickt im Aufbau von Agentennetzen. Ein einzelner Spion innerhalb der gegnerischen Organisation ist in einer sehr verwundbaren Position; eine Gruppe von Spionen, die zusammenarbeiten, kann die Spuren der anderen verwischen. Es ist viel schwieriger herauszufinden, wo das Informationsleck ist, da es bei mehreren Personen, die Informationen liefern, fast unmöglich ist, den Schreibtisch zu lokalisieren, über den die gestohlenen Geheimnisse gegangen sind. Aus der Sicht einer so paranoiden und misstrauischen Organisation wie dem KGB bot dies auch eine Möglichkeit, die Zuverlässigkeit ihrer Quellen zu überprüfen - Material von einem Agenten konnte mit anderen verglichen werden. Diese Taktik machte es sehr unwahrscheinlich, dass es nur einen einzigen sowjetischen Agenten im SDECE gab, und die Amerikaner waren natürlich besorgt.

Es versteht sich von selbst, daß diejenigen innerhalb der französischen Geheimdienste auch einander mißtrauten. Einige Leute galten als sicher - der Chef des SDECE, General Paul Jacquier, war ein Luftwaffenoffizier, der erst in die Organisation eingetreten war, nachdem Golitsyn übergelaufen war, also konnte er nicht der Topspion sein. De Vosjoli selbst war seit Jahren in Washington und der Spion war bekannt, dass er in Paris war. Jeder andere in SDECE war unter einer Wolke des Verdachts und diese Wolke verdunkelte sich, als die Interviews weitergingen. Golitsyns Informationen waren brisant - und erschreckend.

- Eine KGB-Zelle mit dem Codenamen "Sapphire" operierte auf hoher Ebene innerhalb des SDECE. Sie hatte mehr als ein halbes Dutzend Mitglieder, die alle direkt von den Sowjets rekrutiert worden waren.

- In den wichtigsten Ministerien der französischen Regierung - Verteidigung, Inneres und Auswärtige Angelegenheiten - waren KGB-Agenten unter den Spitzenbeamten.

- Ein Mitglied des Kabinetts von Präsident de Gaulle war ein sowjetischer Spion. Er hatte 1944 dem ersten Kabinett von de Gaulle angehört, was darauf schließen lässt, dass er zu den vertrauenswürdigsten Mitarbeitern des französischen Staatschefs gehörte.

- Das Schlimmste aber war, dass die Mitglieder des Sapphire-Netzwerks den SDECE manipulierten, damit dieser ein neues Team aufstellte, das das Atomwaffenprogramm der USA ausspionieren sollte. Offiziell war der Zweck dieser Operation, Frankreich bei der Entwicklung seiner eigenen Atomstreitkräfte zu helfen. In Wirklichkeit bestand der Plan darin, amerikanische Atomgeheimnisse an die UdSSR weiterzugeben. Er war 1959 von KGB-General Sacharowski vorgeschlagen worden, dem Leiter der Ersten Hauptdirektion - der für verdeckte Operationen im Ausland zuständigen Abteilung des KGB.68

Das Team sammelte wertvolle Informationen und schickte jede Nacht einen langen Bericht mit einem speziellen Code, der speziell für Martel-Material

ausgegeben wurde, nach Paris. Am Anfang war der
Verkehr in beide Richtungen. Paris lieferte Akten über
mögliche Verdächtige und die Interviewer beschrieben
sie Golitsyn. Der Überläufer nutzt sein Wissen, um sie zu
bewerten und den Franzosen mitzuteilen, ob es sich um
wahrscheinliche Kandidaten oder Möglichkeiten handelt
oder ob eine Unstimmigkeit sie ausschließt. Mit dem,
was sie lernten, dachten sie, sollten sie in der Lage sein,
die Infiltratoren zu beseitigen und die Verräter zu identifizieren, die sich gegen Frankreich gewandt hatten. Sie
glaubten sogar, einen Fall gegen den ranghöchsten der
Spione aufzubauen, einen Mann, der de Gaulle nahe
stand und dessen Name mehr als 50 Jahre später immer
noch nicht bekannt ist. Doch langsam begannen sie zu
erkennen, dass die Dinge nicht so liefen, wie sie sollten.

Neben dem Misstrauen, das durch das schiere
Ausmaß der KGB-Operationen in Frankreich
hervorgerufen wurde, zeigten sich die Amerikaner nun
auch zunehmend besorgt über die offensichtliche Un-
tätigkeit der französischen Behörden. Hunderte von
Seiten mit detaillierten Beschreibungen der Agenten
waren nach Paris zurückgeschickt worden. Trotzdem
war es weder zu Verhaftungen noch zu Entlassungen
gekommen. Einige der Amerikaner befürchteten, dass
die Franzosen die Sache nicht ernst nahmen - vielleicht
glaubten sie immer noch, es handele sich um ein aus-
geklügeltes Komplott der CIA. Andere befürchteten
etwas viel Schlimmeres. War das KGB-Netzwerk so umfangreich und mächtig, dass es seine Mitglieder sogar

vor einer hochrangigen SDECE-Untersuchung schützen konnte? Die Dinge spitzten sich Anfang Oktober 1962 zu, als General Jacquier Washington besuchte. Die Amerikaner gaben ihm zu Ehren ein Abendessen in einem exklusiven Club in der F Street; die Gästeliste glich einem Who's Who der US-Geheimdienstwelt. Es hätte der gesellschaftliche Höhepunkt von Jacquiers Reise sein sollen, aber die Atmosphäre war durch die sich verschärfenden Verdächtigungen vergiftet. Während des Abendessens wurde Jacquier höflich, aber bestimmt mitgeteilt, dass die Geduld der CIA am Ende sei; man habe genug Informationen gesammelt, um gegen Sapphire und die anderen Netze vorzugehen, und es sei an der Zeit, mit dem Aufräumen zu beginnen. Die Folgerung lag auf der Hand: Wenn die Franzosen sich nicht von Verrätern säuberten, würden die Amerikaner nicht mehr mit ihnen zusammenarbeiten.

Jacquier war ein Militäroffizier, der wegen seiner Führungs- und Managementfähigkeiten in die SDECE aufgenommen wurde. De Vosjoli war ein Geheimdienstexperte und erkannte die Ernsthaftigkeit der Bedrohung. Die französischen Nachrichtendienste waren mächtig und rücksichtslos, aber ihre Sammelkapazitäten wurden von der CIA und der NSA in den Schatten gestellt; wenn die Amerikaner ihre Zusammenarbeit aufkündigten, wäre die Sicherheit Frankreichs ernsthaft gefährdet. Und das wäre noch nicht das Ende. Bei einem Abbruch der französisch-amerikanischen Beziehungen würden die Briten mit Sicherheit ebenfalls die

Verbindungen kappen, sowohl um ihren eigenen Zugang zu US-Geheimnissen zu wahren als auch um sich von einem Nest von Spionen zu isolieren. Das würde den SDECE in Europa auf einen hinteren Platz verweisen, was de Vosjolie nicht akzeptieren kann. Er befürchtet, dass Jacquier die Sache nicht ernst genug nimmt; der General fliegt mit einem ausführlichen Bericht in seiner Aktentasche nach Paris zurück, aber würde er - könnte er - darauf reagieren? Bevor sich die Situation weiter entwickeln konnte, wurde sie jedoch von einer viel größeren Krise überschattet. Seit Wochen hatten Amerika - und de Vosjoli - nervös auf die Ereignisse in der Karibik geblickt, und nun lenkte eine Reihe dramatischer Ereignisse alle Aufmerksamkeit auf die Geschehnisse in Kuba.

[3]

DIE KUBANISCHE RAKETENKRISE

Anfang der 1970er Jahre tendierten die Militär-
strategen - zumindest im Westen - zur Idee der "Eskala-
tion": Jeder Krieg zwischen der NATO und dem
Warschauer Pakt würde wahrscheinlich mit einem konventionellen Krieg beginnen und möglicherweise zu
einem chemischen Krieg, dann zu taktischen Atomwaffen und schließlich zu einem strategischen
Atomkrieg eskalieren. Die sowjetischen Planer vertraten
eine andere Auffassung und sahen chemische Waffen
und taktische Atomwaffen als Mittel zur konventionellen
Kriegsführung an, aber beide Seiten gingen weitgehend
davon aus, dass ein möglicher Konflikt mit einem Land-
krieg - wahrscheinlich in Deutschland - beginnen und
nur unter bestimmten Umständen zu einem globalen
Atomkrieg eskalieren würde. Es gibt viele Romane über
diesen Krieg, der nie stattgefunden hat, wie zum
Beispiel Tom Clancys Red Storm Rising, Harold Coyles
Team Yankee, Bob Forrest-Webbs Chieftains und General Sir John Hacketts The Third World War. Sie alle
wurden in den 1970er und 80er Jahren geschrieben.

In den 1950er und 60er Jahren waren die Dinge
ganz anders. Konventionelle Land- und Seestreitkräfte
waren für Stellvertreterkriege oder andere Konflikte

gedacht, bei denen sich die Supermächte nicht direkt gegenüberstanden. Wenn die USA und die UdSSR aufeinander losgingen, dann in Form eines totalen Atomkriegs. Die Hauptwaffen dieses Krieges wären strategische Bomber, ballistische Interkontinentalraketen (ICBMs) und ab 1961 auch ballistische U-Boot-Raketen (SLBMs) gewesen. Das Problem bestand darin, dass zwar alle diese Flugkörper in der Lage waren, Städte oder große Stützpunkte zu treffen, aber nur die Bomber über die nötige Genauigkeit verfügten, um kleine, harte Ziele wie Raketensilos und unterirdische Kommandozentralen zu treffen. Da die Luftabwehr immer ausgefeilter wurde, sanken die Chancen, dass die Bomber ihre Ziele erreichten, so dass sich die Planer zunehmend auf die Raketen verlassen mussten - und das war einfach nicht gut genug.

Selbst die gehärteten Bunker für Atomsprengköpfe mit Megatonnen-Reichweite wie der NORAD-Komplex unter dem Cheyenne Mountain oder das russische Äquivalent in Zhiguli waren unglaublich schwer zu zerstören; der Cheyenne Mountain wurde - vielleicht etwas optimistisch - gebaut, um eine 30-Megatonnen-Explosion in einer Entfernung von 1,2 Meilen zu überstehen. Die meisten Sprengköpfe hatten eine Sprengkraft von weniger als 10 Megatonnen, und die durchschnittliche Waffe hatte 1962 eine Sprengkraft von etwa 1,2 Mio. Um eine große Kommandozentrale oder ein sehr schweres Ziel wie ein Raketensilo zu zerstören, mussten mehrere Waffen innerhalb einer halben Meile einschlagen. Das Problem war, dass die Lenksysteme nicht gut genug waren. Der Raketenfehler wird in CEP, dem Circular Error Probable, gemessen. Das ist der Durchmesser eines Kreises, in dem die Hälfte der Sprengköpfe landen wird. Die letzte US-amerikanische ICBM-Konstruktion war die MX Peace-keeper, die einen CEP-Wert von weniger als 400 Fuß hatte, und die Trident II SLBM verwendet Sternzielsen-soren, um diesen Wert auf etwa 300 Fuß zu senken (of-fiziell - die tatsächliche Zahl ist geheim und möglicherweise viel besser). 1962 sah das allerdings an-ders aus. Die erste sowjetische SLBM, die SS-N-4, trug einen Sprengkopf von 1,2 Tonnen und hatte einen CEP von 2,5 Meilen; sie hatte nur eine sehr geringe Chance, ein hartes Ziel zu zerstören. Zu dieser Zeit waren landgestützte ICBMs zwar genauer, aber auch sie hät-ten Schwierigkeiten gehabt, das gegnerische Hauptquartier und die Raketentruppen auszulöschen; die US-Atlas-Rakete konnte einen Sprengkopf von 3,75 Tonnen in einer Entfernung von nur 0,9 Meilen vom Ziel abwerfen, während die sowjetische R-7A einen Sprengkopf von 2,9 Tonnen und einen CEP von 1,6 Meilen hatte. Beide Seiten waren verzweifelt auf der Suche nach einer Lösung. Im Jahr 1961 fanden die USA eine einfache Lösung.

Ballistische Raketen werden von Trägheitsnaviga-tionssystemen gesteuert, die mit den genauen Posi-tionen des Startpunkts und des Ziels programmiert sind. Gyroskope und Beschleunigungsmesser messen ständig die Geschwindigkeit und Richtung der Rakete und steuern sie von einem Punkt zum anderen. Die Genauigkeit ist jedoch nie perfekt; winzige Fehler in den Sensoren und äußere Faktoren wie die Luftdichte beim Durchfliegen der Atmosphäre summieren sich allmählich, und die Rakete befindet sich selten genau dort, wo ihr Lenkcomputer sie vermutet. Je länger der Flug dauert, desto größer werden die Fehler, und die Genauigkeit lässt langsam nach. Von den Raketenfeldern im Mittleren Westen der USA war jedes sowjetische Ziel mindestens 5.000 Meilen entfernt, oft sogar viel weiter. Dadurch konnten sich große Fehler einschleichen.

Dem Strategic Air Command wurde schnell klar, dass das Hauptproblem die Entfernung war, und die Lösung war einfach: die Raketen sollten näher an die UdSSR herangeführt werden. 1958 übergab das Strategic Air Command 60 PGM-17 Thor Intermediate Range Ballistic Missiles (IRBMs) an das Royal Air Force Bomber Command. Diese wurden im Vereinigten Königreich unter "dual-key"-Kontrolle stationiert - sowohl das Vereinigte Königreich als auch die USA mussten dem Start zustimmen. Von britischen Standorten aus konnten die Raketen in 18 Minuten einen 1,44 Tonnen schweren Sprengkopf auf Leningrad abschießen. Drei Jahre später wurden fortschrittlichere PGM-19-Raketen unter direkter Kontrolle des SAC in Italien und der Türkei stationiert. Einige dieser Raketen waren weniger als 400 Meilen von den Stützpunkten der Schwarzmeerflotte

der sowjetischen Marine entfernt, oder sie konnten
Moskau etwa 15 Minuten nach dem Start treffen.

Die Stationierung von IRBMs in Europa löste zwar
die Zielprobleme des SAC, sollte aber ernste Auswirkungen auf die internationalen Beziehungen haben. Mit
einem Bogen von SAC-Raketenbasen in Westeuropa,
Polaris-Raketen-U-Booten unter der Polkappe und B-52-
Bombern auf Guam konnte die sowjetische Führung
spüren, wie sich die nukleare Schlinge um ihren Hals
enger zog.

John F. Kennedy machte das "Schließen der Raketenlücke" und das Aufholen der UdSSR zu einem Teil
seiner Präsidentschaftskampagne 1960, aber in Wirklichkeit war die Raketenlücke massiv und die UdSSR befand sich auf der falschen Seite - sie hatte insgesamt
3.600 Atomwaffen und wahrscheinlich weniger als 40
ICBMs. Die USA verfügten über 144 Atlas-ICBMs,
Dutzende der neuen Minuteman I und eine Reihe von
Mittelstreckenwaffen sowie eine wachsende Anzahl von
SLBMs und ein riesiges Arsenal an nuklear bewaffneten
Bombern und taktischen Waffen; insgesamt umfasste
das US-Atomwaffenarsenal über 27.000 Sprengköpfe.
Die Sowjets waren beunruhigt und begannen, ver-
zweifelt nach einer Antwort zu suchen.

Die USA hatten eine überlegene strategische Position, da die europäischen NATO-Mitglieder in der Nähe
der westlichen UdSSR lagen, so dass Moskau, die sowjetische Führung und der größte Teil der russischen
Bevölkerung leicht zu erreichen waren. Außerdem gab

es in Westeuropa zwei unabhängige, aber verbündete Atommächte, nämlich Frankreich und das Vereinigte Königreich, das nach Möglichkeit die US-Atomwaffen übernahm.6 Mit Guam und notfalls Südkorea als Drohkulisse für die UdSSR im Osten war es möglich, hochwertige Ziele im ganzen Land mit präzisen Kurzstreckenwaffen anzugreifen und die ICBM-Kräfte für einen Folgeschlag gegen größere, verwundbarere Ziele zu behalten. Die Position der UdSSR war viel schwächer. Die USA haben nur zwei Landgrenzen; im Norden liegt Kanada - ein NATO-Mitglied - und im Süden Mexiko, das eine gemäßigte linke Regierung hatte, die der UdSSR nicht freundlich gesonnen war. Da es keine Möglichkeit gab, irgendwo in Nordamerika Raketenbasen zu errichten, blieb nur eine Insel in der Karibik. Zum Leidwesen Moskaus handelte es sich bei den meisten dieser Inseln um ehemalige britische oder französische Kolonien, die in der Regel enge Beziehungen zu Westeuropa unterhielten. Es gab jedoch eine Ausnahme - Kuba.

Bis 1958 wurde Kuba von Fulgencio Batista regiert, einem US-freundlichen, aber unpopulären Diktator. Am

---

6 Hätten die Sowjets eine ankommende US-Atomwaffe - insbesondere eine Polaris- oder später eine Trident-II-SLBM - entdeckt, hätten sie nicht wissen können, wer sie abgeschossen hatte, und hätten annehmen müssen, dass dies der Beginn eines US-Angriffs auf sie war. Die inoffizielle Politik der strategischen Streitkräfte Großbritanniens während des Kalten Krieges lautete: "Wir müssen nicht in der Lage sein, einen Atomkrieg *zu gewinnen*; wir müssen nur in der Lage sein, einen *zu beginnen*.

1. Januar 1959 wurde Batista nach einem sechsjährigen Aufstand von den Revolutionären um Fidel Castro gestürzt. Zunächst begrüßten die USA den Wechsel, da sie sich zunehmend über Batistas brutale Herrschaft und seine Verbindungen zum organisierten Verbrechen ärgerten, doch als Castro die Kommunistische Partei legalisierte und Batista-Anhänger zu erschießen begann, verschlechterten sich die Beziehungen schnell. Bis 1960 driftete Kuba rasch in die sowjetische Einflusssphäre ab. Der Kreml erkannte eine Chance, die nur noch verlockender wurde, als die USA wiederholt versuchten, Castro zu stürzen oder zu ermorden. Anfang 1962 überzeugte Premierminister Nikita Chruschtschow den kubanischen Revolutionär davon, dass seine beste Verteidigung gegen US-Angriffe eine starke sowjetische Militärpräsenz auf der Insel wäre, zu der auch eine leistungsstarke Batterie von IRBMs gehören würde. Von Kuba aus gestartet, könnten diese Raketen Ziele überall auf dem amerikanischen Festland treffen und sie zu einer strategischen Streitmacht machen. Zusätzliche Mittelstreckenraketen, die den größten Teil der Ostküste treffen könnten, würden ebenfalls stationiert. Es schien das perfekte Gegenstück zu den US-Raketen in Europa zu sein, vor allem wenn die Raketen unter strenger Geheimhaltung eingeführt werden konnten. Niemand in Moskau oder Havanna ahnte, dass sie im Begriff waren, die Welt an den Rand eines Atomkriegs zu bringen.

Penkovsky

Der KGB war nicht der einzige Nachrichtendienst, der in der Sowjetunion tätig war. Das Militär verfügte über einen eigenen Dienst, der sich darauf konzentrierte, Informationen über ausländische Streitkräfte und deren Ausrüstung zu sammeln. Der GRU, die oberste Geheimdienstabteilung des Generalstabs, war weniger bekannt als der KGB und wurde von vielen westlichen Agenturen als ein noch gefährlicherer Gegner angesehen. Sie verfügte auch über noch strengere Sicherheitsvorkehrungen, und der Westen hatte viel mehr Mühe, in sie einzudringen als in den KGB. Allerdings gab es auch einige Erfolge.

Eines Tages im Juli 1960 kehrten zwei amerikanische Studenten der Indiana University, die in Moskau waren, um ihr Russisch zu üben, von einem Abend im Bolschoi-Theater in ihr Hotel zurück. Als sie die Bolschoi-Moskworezki-Brücke überquerten und die Aussicht auf die Kreml-Türme bewunderten, gingen russische Fußgänger vorbei, von denen die meisten die Ausländer auffällig ignorierten - jeder konnte sie beobachten, und ein Gespräch mit einem Amerikaner konnte zur Verhaftung und zum Verhör durch die Spionageabwehr des KGB führen. Ein Russe war jedoch bereit, das Risiko einzugehen. Als er sich durch den Fußgängerverkehr schlängelte, drückte er einem Studenten schnell ein Paket in die Hand und ging dann ohne ein Wort weiter. Dies geschah so schnell und professionell, dass niemand etwas gesehen haben konnte. Der verblüffte Student

versteckte das Paket schnell und untersuchte es später
in seinem Hotelzimmer. Es gab keinen Hinweis auf den
Inhalt, und da er nicht wusste, was er damit anfangen
sollte, gab er es in der US-Botschaft ab und erklärte,
wie er in den Besitz des Pakets gekommen war. Es fand
schnell seinen Weg zum Leiter der CIA-Station.

Es stellte sich heraus, dass das Paket von einem
hochrangigen GRU-Offizier, Oberst Oleg Penkovsky,
stammte und er anbot, Informationen an die CIA weiterzugeben. Um sich zu legitimieren, fügte er die Namen
von 18 GRU-Offizieren bei, die verdeckt in den USA ar-
beiten.69 Es war eine beispiellose Chance, in die Ge-
heimorganisation einzudringen, und die CIA hätte sie
ergreifen sollen. Stattdessen zögerten sie. Offenbar
glaubten sie, dass sie ständig überwacht wurden, und
fürchteten, in eine KGB-Falle zu tappen. Penkovsky
wusste jedoch, wen die KGB-Beobachter verfolgten,
und als sich die CIA nicht bei ihm meldete, wandte er
sich an Greville Wynne. Wynne war ein britischer Ges-
chäftsmann, der eine Maschinenbaufirma besaß und
seine Produkte in ganz Osteuropa verkaufte. Das Geschäft war absolut seriös und brachte Wynne große Summen ein. Es war auch eine ideale Tarnung für Reisen
innerhalb des Warschauer Pakts. Tatsächlich war Wynne
bereits vor dem Krieg vom MI5 rekrutiert worden und
irgendwann in den 1950er Jahren zum MI6 gewechselt.
Im Jahr 1959 hatte er einem KGB-Offizier geholfen, in
den Westen überzulaufen. Nun wiederholte Penkovsky
sein Angebot, und Wynne war bereit, die Chance zu

nutzen. Er arrangierte für Penkovsky ein Treffen mit MI6- und CIA-Offizieren bei einem Besuch in London am 21. April 1961. Dies war jedoch nur eine Formalität. Zu diesem Zeitpunkt war über den MI6 in Moskau bereits ein Transfersystem eingerichtet worden, das es dem Russen ermöglichte, Informationen an seine Kontaktpersonen weiterzugeben.

Ruari Chisholm war ein unterbezahlter und überarbeiteter Visumsbeamter in der britischen Botschaft in Moskau. Jeden Tag ging er zur Arbeit in das alte Gebäude, die vorkommunistischen Büros der Rossija-Versicherungsgesellschaft, das direkt gegenüber dem Kreml an der Moskwa lag. Stalin hatte es gehasst; jeden Morgen, wenn er aus dem Fenster seines Büros schaute, sah er die Unionsflagge flattern, die ihn herausforderte. Stalin war jetzt tot, aber die Sowjets waren immer noch nervös wegen der Botschaft. Sie bezweifelten, dass all die Antennen auf dem Dach dazu da waren, Radio Moskau zu hören. Chisholm behauptete allerdings, es sei ein langweiliger Arbeitsplatz. Er habe den ganzen Tag nichts anderes getan, als Pässe abzustempeln, beklagte er sich auf diplomatischen Partys. Seine Frau Janet genoss es derweil, in Moskauer Parks zu sitzen und ihren drei Kindern beim Spielen zuzusehen. Manchmal beglückwünschten Einheimische sie zu ihrem Nachwuchs. Gelegentlich boten sie ihr sogar kleine Geschenke an: Obst oder vielleicht Süßigkeiten.

Einige dieser Geschenke wurden von Penkovsky überreicht. Ruari Chisholm war der Leiter der Moskauer MI6-Station, der ranghöchste britische Geheimdienstler in der UdSSR. Seine Frau hatte viel Erfahrung darin, Nachrichten zwischen ihrem Mann und den von ihm kontrollierten Agenten hin- und herzuschicken, und nun war sie die Vermittlerin für den GRU-Oberst.

Penkovskys Karriere als britischer Agent sollte nur 14 Monate dauern. Er arbeitete zu hart und ging zu viele Risiken ein, um lange durchzuhalten. In etwas mehr als einem Jahr übergab er Janet Chisholm Fotos von über 5.000 Geheimdokumenten und nannte mehr als 300 sowjetische Agenten im Westen. Als die USA begannen, den neuen sowjetischen Stützpunkten auf Kuba misstrauisch gegenüberzustehen, begann Penkovsky, Einzelheiten über die Atomraketen der UdSSR weiterzugeben.

Die USA erhielten Berichte von kubanischen Emigranten in Florida über etwas, das verdächtig nach einer Raketenabschussanlage aussah.70 US-Spionageflugzeuge beobachteten die Baustellen ständig - und provozierten diplomatische Beschwerden aus Kuba - aber sie wussten nicht genug über sowjetische Raketenbasen, um sie eindeutig zu identifizieren. Nun übergab Penkovsky ihnen die benötigten Informationen. Er teilte seinen Kontakten genau mit, was für jedes sowjetische Raketenmodell benötigt wurde und wie die Basen angelegt sein würden. Anfang Oktober hatten die Analysten der US-Luftwaffe und der CIA diese

Informationen auf ihre Fotos von Kuba angewendet und nicht weniger als neun ballistische Raketenbasen identifiziert. Jetzt mussten nur noch die Raketen selbst lokalisiert werden.

Die Augen auf dem Boden

Die Auflösung moderner Überwachungssatelliten ist streng geheim, aber äußerst beeindruckend - natürlich kann man aus dem Weltraum kein Nummernschild eines Fahrzeugs lesen, aber man kann mit Sicherheit feststellen, ob das Fahrzeug ein Nummernschild hat. In den frühen 60er Jahren war die Technik allerdings noch nicht so weit. Die Fotos von Kuba, die von Satelliten und den U-2-Spionageflugzeugen - von denen eines am 27. Oktober von einer sowjetischen Rakete abgeschossen wurde71 - geliefert wurden, lieferten zwar viele Informationen, aber ihre Fähigkeit, kleine Details zu zeigen, war begrenzt. Während des Kalten Krieges war auch die sowjetische Militärausrüstung von einem Schleier der Geheimhaltung umgeben. Westliche Analysten wussten oft erst Jahre nach ihrem Erscheinen etwas über neue Systeme, und militärische Handbücher wurden auf der Grundlage von nur wenigen körnigen Fotos, Beschreibungen von Flüchtlingen und Vermutungen verfasst. Die Sowjets spielten auch mit den NATO-Beobachtern. Die jährliche Militärparade auf dem Roten Platz in Moskau war eine der besten

Gelegenheiten, die neueste militärische Ausrüstung der UdSSR zu sehen, und westliche Diplomaten - viele von ihnen Geheimdienstoffiziere - erschienen zahlreich mit ihren Kameras. Einige der beeindruckenden Waffen, die dort vorbeifuhren, waren jedoch gefälscht - mindestens ein "Raketensystem" war nur ein leeres Rohr auf der Ladefläche eines Lastwagens.72 Gleichzeitig tauchten einige echte Systeme nie auf der Parade auf und andere wurden modifiziert, um die Analysten zu verwirren. Ein Schuhkarton, der mit grüner Farbe besprüht und auf den Turm eines Panzers geklebt wurde, konnte eine jahrelange Untersuchung durch den MI6 oder die CIA auslösen, um herauszufinden, um was es sich handelte - war es ein Laserentfernungsmesser? Ein Detektor für chemische Waffen? Ein Klimaanlagensystem, das bedeuten könnte, dass die Rote Armee sich auf einen Krieg im Nahen Osten vorbereitet? Die Russen sind seit jeher sehr gut darin, ein falsches Bild zu erschaffen und es dem Feind zu zeigen, und das Büro für strategische Täuschung des sowjetischen Generalstabs hat dies zu neuen Höhen geführt. Der Westen hatte oft nur eine sehr vage Vorstellung davon, wie die sowjetische Militärausrüstung aussah und was sie leisten konnte.

Die sowjetischen Raketen, die laut Penkovsky nach Kuba unterwegs waren, wurden von festen Standorten aus gestartet, konnten aber für den Transport auf riesige Anhänger verladen und gezogen werden. Natürlich waren dies nicht die einzigen sowjetischen Raketen, die transportiert werden konnten. Es gab bereits SA-2

"Guideline"-Flugabwehrraketen auf Kuba, und auch sie wurden auf Anhängern transportiert. Die SA-2 war für eine SAM-Rakete extrem groß, so dass Verwechslungen leicht möglich waren. Fragen Sie einen Experten des militärischen Nachrichtendienstes, wie es ist, Zivilisten über militärische Ausrüstung zu befragen, und Sie sollten darauf gefasst sein, eine lange Liste von Frustrationen zu hören. Das häufigste Problem sind gepanzerte Fahrzeuge - alles, was an den Seiten gepanzert ist, eine Kanone auf dem Dach und eine grüne Lackierung hat, wird als Panzer bezeichnet. Auch Raketen stehen ganz oben auf der Liste. Für die meisten Menschen ist eine große Rakete auf einem Anhänger eine große Rakete auf einem Anhänger, und sie bemerken einfach nicht die Unterschiede, die es einem Experten ermöglichen würden zu erkennen, ob es sich um eine ballistische Rakete oder eine SAM handelt. Das ist ein wichtiger Unterschied. SAMs sind Defensivwaffen, und die Leitlinien könnten den Amerikanern nur schaden, wenn sie über Kuba fliegen würden. Die R-12- und R-14-Raketen waren jedoch offensive Systeme. Im Laufe des Oktobers wurde die CIA mit verwirrenden Berichten von der Insel überschüttet, die sie nicht zu deuten wusste. Die meisten ihrer Quellen auf der Insel waren während der Säuberungen nach dem Sturz Bautistas gestorben oder geflohen, und sie waren zu sehr auf die Fotos angewiesen. Dann bot de Vosjoli seine Hilfe an.

Bereits im Juli hatte der Franzose von ungewöhnlich vielen sowjetischen Schiffen gehört, die im kubanischen

Hafen von Mariel anlegen würden. Im August - vor dem Besuch von General Jacquier - flog er selbst nach Havanna. De Vosjoli war der Ansicht, dass Frankreich und die USA dieselben grundlegenden Interessen verfolgten, und er war sehr daran interessiert, Informationen auszutauschen. Vor seiner Abreise sprach er mit dem CIA-Direktor John McCone, und er stützte sich auch auf seine allgemeinen Befehle zur rechtlichen Absicherung. In diesen Befehlen wurde Kuba nicht ausdrücklich erwähnt, aber er wurde angewiesen, mit den Amerikanern zusammenzuarbeiten, wenn dies im Interesse Frankreichs war. Der SDECE-Mann glaubte, dass dies genau so ein Fall war.

In der Karibik gibt es viele ehemalige französische Kolonien und Überseeregionen Frankreichs, so dass de Vosjoli bereits über die Grundlagen eines Netzwerks verfügte. Französische Beamte und Auswanderer reisten regelmäßig nach Kuba und zurück, und nun begann de Vosjoli, sie ausfindig zu machen. Er befragte jeden, den er finden konnte und der auf der Insel unterwegs gewesen war. Wenn sie sowjetische Militärausrüstung gesehen hatten, schrieb er ihre Beschreibungen auf. Wo er konnte, rekrutierte er Leute, die bereit waren, noch einmal hinzufahren und sich das anzusehen. Nachrichtendienstler ziehen eine klare Grenze zwischen Quellen, denen Anweisungen erteilt werden können - man nennt sie "beauftragbare" Quellen - und solchen, die das nicht können. Jeder kann potenziell wertvolle Informationen liefern, aber einer auftragsfähigen Quelle kann gesagt werden, wonach sie suchen soll, und sie kann dann losgeschickt werden, um zu berichten, ob sie es sieht oder nicht. De Vosjoli baute schnell ein Netzwerk aus beiden Typen auf. Schon bald erhielt er zwischen fünfzig und hundert Berichte pro Tag, die von einer Reihe von Quellen stammten, zu denen auch kubanische und französische Agenten zählten. Es dauerte nicht lange, bis er auf geheimdienstliches Gold stieß.

Eine der Personen, mit denen er sprach, war ein ehemaliger Unteroffizier der französischen Armee, der bei den NATO-Streitkräften gedient hatte.73 Diesem Mann waren sowjetische Militärfahrzeuge aufgefallen, die sich in der Gegend bewegten, und er hatte darauf geachtet. Unter den Ausrüstungsgegenständen, die er gesehen hatte, so erzählte er dem SDECE-Mann, waren mehrachsige Transporter mit großen Raketen. Die Waffen selbst waren mit Planen abgedeckt, sagte er, aber sie waren viel größer als SAMs. Tatsächlich waren sie größer als die amerikanischen IRBMs, die er in Europa gesehen hatte. Er hatte sowohl SAMs als auch ballistische Raketen gesehen und kannte den Unterschied, da war er sich sicher.

Mit diesen Informationen konnte de Vosjoli Paris bestätigen, dass die Sowjets eine Atomraketenbasis bauten, von der aus sie die gesamte Ostküste der USA bedrohen konnten - und natürlich auch Frankreichs Besitzungen in der Karibik. Indem er das Washingtoner Spiel der Gegenleistung spielte, konnte er das, was er erfahren hatte, auch an die Amerikaner weitergeben -

und er tat es. Zusammen mit den Aufklärungsfotos und dem, was sie von Penkovsky erfahren hatten, reichte das aus, um alle Befürchtungen der US-Regierung zu bestätigen.

Der Ausbruch der Krise

Das ganze Drama - der Bau der Basen, die Bemühungen der USA, herauszufinden, was vor sich ging, und die Bewegung der Raketen selbst - spielte sich bisher unter strengster Geheimhaltung ab, die vereinbart werden konnte. Nachdem die Raketenbasen bestätigt worden waren, waren die USA entschlossen, zu handeln; die Frage war nur, wie. Es wurden Pläne für Militärschläge gegen die Basen ausgearbeitet, die jedoch mit Risiken verbunden waren. Das US-Militär operierte in unmittelbarer Nähe und konnte mit überwältigender Kraft gegen den sowjetischen Außenposten vorgehen, aber Penkovsky hatte noch etwas anderes entdeckt. Neben den ballistischen Raketen verfügten die Sowjets auf Kuba auch über eine Reihe von 2K6-Luna-Raketenwerfern. Diese von der NATO als FROG-5 bezeichneten Waffen wurden als schwere Raketenartillerie für sowjetische Panzerarmeen entwickelt und trugen einen nuklearen Sprengkopf, hatten aber nur eine Reichweite von 28 Meilen. Von Kuba aus konnten sie nur den Marinestützpunkt in Guantanamo Bay bedrohen, aber sie konnten jeden Versuch einer

Invasion auf der Insel zunichte machen. Die Bedrohung
war eine sehr reale. Penkovsky enthüllte, dass der sowjetische Befehlshaber auf der Insel, General Pliyev, er-
mächtigt war, sie gegen eine Invasion einzusetzen, ohne
eine Erlaubnis aus Moskau einzuholen. Jeder Versuch,
Truppen auf Kuba zu landen, würde am Strand in einem
nuklearen Feuersturm scheitern.74

Neben den Hindernissen, die einer Invasion entge-
genstanden, gab es in den USA auch Meinungsverschiedenheiten auf hoher Ebene. Die Generalstabschefs
waren der Meinung, dass die Raketen das strategische
Gleichgewicht veränderten und eine Invasion notwendig
machten; Verteidigungsminister Robert McNamara war
anderer Meinung. McNamara war der Ansicht, dass der
Vorsprung der USA bei den Atomwaffen so groß war,
dass 40 zusätzliche sowjetische Sprengköpfe, die in
Reichweite gebracht wurden, keinen Unterschied
machten. Präsident Kennedy befand sich in der
Zwickmühle. Er akzeptierte McNamaras Argument, war
aber der Meinung, dass auch der Anschein einer Veränderung des Kräfteverhältnisses wichtig war. Außerdem
war er sich nun der nuklearen Bedrohung für jede Inva-
sionstruppe bewusst. Schließlich beschloss er, eine diplomatische Lösung anzustreben. Zunächst versuchte
er, die Angelegenheit mit dem sowjetischen Außenminister Andrej Gromyko unter vier Augen zu klären, doch
als Gromyko sich weigerte, die Waffen abzuziehen, und
darauf bestand, dass sie zu Verteidigungszwecken dien-
ten, entschloss sich Kennedy, an die Öffentlichkeit zu

gehen. Am 14. Oktober verkündete er, dass die USA
der UdSSR nicht gestatten würden, offensive
Stützpunkte auf Kuba zu errichten. Die Sowjets weigerten sich jedoch, einen Rückzieher zu machen, und
am 19. Oktober erhöhten beide Seiten die Alarmstufen
ihrer Atomstreitkräfte. Am 22. Oktober verkündete
Kennedy der Nation, dass jede von Kuba aus
abgefeuerte Atomrakete einen umfassenden Vergel-
tungsschlag gegen die UdSSR auslösen würde. Die Sowjets konnten auf keinen Fall standhaft bleiben; sie
wussten - wie auch Kennedy -, dass sie die USA in einem
Atomkrieg zwar beschädigen, aber nicht besiegen
konnten, während sie im Gegenzug vollständig ver-
nichtet würden.

Für die meisten Menschen war es eine
erschreckende Erfahrung; innerhalb weniger Tage war
die Welt von einem angespannten, aber scheinbar
sicheren Frieden zu einer sich zuspitzenden Konfrontation übergegangen, die wahrscheinlich in einem
Atomkrieg enden würde. Nuklear bewaffnete Flugzeuge und U-Boote kämpften bereits in der Karibik;
die USAF hatte nuklear bestückte Luft-Luft-Raketen an
Bord, und ein Hubschrauber der US-Marine warf Übung-
swasserbomben auf ein sowjetisches U-Boot ab, nicht
wissend, dass dieses einen Atomtorpedo an Bord hatte
und befugt war, ihn im Falle eines Angriffs auf die US-
Flotte abzuschießen. Glücklicherweise entschied der
Kommandant des U-Boots, die Waffe nicht abzufeuern.

Natürlich wollte keine der beiden Seiten den 3. Weltkrieg auslösen, und hinter den Kulissen lief die Diplomatie auf Hochtouren. Schließlich wurde am 27. Oktober eine geheime Vereinbarung zwischen den Supermächten getroffen. Öffentlich würde die UdSSR nachgeben und die Raketen aus Kuba abziehen. Im Gegenzug würden die USA ihre eigenen Raketen in Italien und der Türkei deaktivieren und innerhalb von zwei Jahren abziehen. Kennedy garantierte außerdem, dass die USA niemals versuchen würden, in Kuba einzumarschieren.

Die Kuba-Krise hatte viele Auswirkungen. Der Welt wurde wie nie zuvor vor Augen geführt, wie leicht ein Atomkrieg provoziert werden kann. Beide Supermächte waren sich bewusst, dass die Suche nach einer Lösung durch die Schwierigkeiten bei der Kommunikation zwischen Washington und Moskau stark behindert wurde. Um zu verhindern, dass sich diese Probleme wiederholen, wurde die berühmte "Hotline" eingerichtet, die eine direkte Verbindung zwischen den Führern der USA und der Sowjetunion herstellte, die auch im Krisenfall aufrechterhalten wurde.

Es gab auch Tragödien. Oleg Penkovskys Berichte über die sowjetischen Nuklearstreitkräfte hatten Kennedy die nötige Zuversicht gegeben, Chruschtschow als Erster zum Blinzeln zu bringen, doch bei der Weitergabe an seine Kontaktpersonen war er zu viele Risiken eingegangen. Jack Dunlap, ein verräterischer Unteroffizier der US-Armee, der bei der NSA arbeitete, sah Berichte, die nur von einem hochrangigen GRU-Offizier stammen konnten, und gab sie an seinen KGB-Kontaktmann weiter. Penkovsky wurde auf dem Höhepunkt der Krise, am 22. Oktober 1962, verhaftet. Seine Kontaktperson Janet Chisholm und ihr Ehemann Ruari wurden zur Persona non grata erklärt und aus der UdSSR ausgewiesen. Greville Wynne, der britische Agent, der ihn angeworben hatte, war ein "Illegaler", der verdeckt arbeitete und nicht den diplomatischen Schutz genoss, den die Chisholms genossen; er wurde in Budapest verhaftet, nach Moskau zurückgebracht und der Spionage angeklagt. Am 11. Mai 1963 wurde er zu drei Jahren Gefängnis und anschließend zu fünf Jahren Arbeitslager verurteilt;75 1964 wurde er gegen Konon Molody ausgetauscht, einen KGB-Agenten, der die USA und das Vereinigte Königreich unterwandert hatte, indem er sich als Kanadier "Gordon Lonsdale" ausgab. Penkovsky wurde zusammen mit Wynne für schuldig befunden und eine Woche nach dem Prozess hingerichtet. Wahrscheinlich wurde er durch einen Schuss in den Hinterkopf hingerichtet, die übliche sowjetische Hinrichtungsmethode, aber es halten sich hartnäckige Gerüchte, dass er auf eine Bahre gebunden und lebendig in ein Krematorium gebracht wurde.

Auswirkung

Mit dem Ende der Raketenkrise kehrt de Vosjoie zum Thema Martel und seiner Aufdeckung der KGB-Netzwerke in Frankreich zurück. Während der ganzen Krise hatten SDECE und CIA weiter mit Golitsyn gearbeitet und die Liste der potentiellen Spione langsam eingegrenzt. Zu de Vosjolis zunehmender Bestürzung geschah jedoch immer noch nichts in Frankreich. Es war, als hätte die Regierung das Interesse verloren. Selbst innerhalb der SDECE änderte sich etwas. Er hatte ausführlich mit General Jacquier darüber gesprochen, aber die Haltung seines Chefs änderte sich; jetzt schien er sich mehr von seinen Helfern beeinflussen zu lassen und weniger bereit zu sein, auf die Berichte aus Washington zu hören. De Vosjoli drängte weiter auf Maßnahmen, aber seine eigenen Beziehungen zu Paris wurden immer kühler. Schließlich wird er Anfang Dezember von Jacquier zu einer dringenden Besprechung nach Paris gerufen. Dort wurde er zu Oberst Mareuil, dem für die Zusammenarbeit mit ausländischen Stellen zuständigen Offizier, bestellt.

Mareuil hatte zwei Bitten an de Vosjoli. Die erste war, ihm eine Liste seiner Quellen in Kuba zu übergeben. De Vosjoli weigerte sich; der Schutz seiner Quellen war ihm wichtig, und Mareuil brauchte die Namen nicht zu kennen. Das Treffen verlief schon jetzt nicht gut, und es sollte noch viel schlimmer werden. Mareuil überbrachte seine zweite Bitte: de Vosjoli sollte ein Team zusammenstellen, das geheime US-

Technologie stehlen sollte, um Frankreich beim Aufbau
seiner eigenen Atomstreitkräfte zu helfen.76

De Vosjoli war fassungslos. Dies war genau das, wovor Golitsyn ihn vor Monaten gewarnt hatte - ein Komplott, um Atomwaffeninformationen von ihren
Verbündeten zu bekommen, angeblich um französische
Waffen zu entwickeln. Es war der letzte Beweis, wenn er
ihn brauchte, dass der Überläufer die Wahrheit sagte.

Wieder lehnt er ab, in der Hoffnung, dass er am
nächsten Tag, wenn er Jacquier trifft, beide Fragen klären kann.

Er erlebte eine große Enttäuschung. Anstatt die
Möglichkeit zu erhalten, seine Bedenken zu erläutern,
wurde er von mehreren hochrangigen SDECE-Mi-
tarbeitern persönlich angegriffen, noch bevor er den
General traf. Sie warfen ihm vor, seine Befugnisse
überschritten zu haben, indem er Informationen über
die kubanischen Raketen an die Amerikaner weitergegeben habe, obwohl er genau dies auf Grund seiner Befehle tun durfte. Und es kam noch schlimmer. Er habe
seine Vorgesetzten in die Irre geführt und damit das
Risiko eines Atomkriegs ernsthaft erhöht; der SDECE
war nun überzeugt, dass es sich bei den Raketen nur um
SAMs7 gehandelt hatte - ballistische Raketen hatte es

---

7 Diese Anschuldigung war völlig unsinnig. Neben den Berichten
von de Vosjolis Quellen über Kuba wurden auch die damals aufge-
nommenen Fotos mit modernen Bildanalysetechniken erneut untersucht. Im Oktober 1962 befanden sich definitiv sowjetische
ballistische Raketen auf Kuba.

auf Kuba nie gegeben. De Vosjoli hatte den Amerikanern geholfen, de Gaulle zur Unterstützung Kennedys zu bewegen, was den Beziehungen zwischen Frankreich und der UdSSR geschadet hatte. Schließlich stürmt de Vosjoli, der die Beschimpfungen nicht mehr ertragen kann, in das Büro von Jacquier und fragt, was los sei. Er weist darauf hin, dass Jacquier nicht nur wusste, was er in Bezug auf Kuba tat, sondern dass er ihm auch nach der Krise geschrieben hatte, um ihm zu seiner Arbeit zu gratulieren. Es war jedoch zwecklos. Jacquier scheint ein anderer Mensch zu sein, er murmelt nur etwas davon, dass de Gaulle keine andere Wahl gehabt habe, als die Amerikaner zu unterstützen. Später an diesem Tag wurde bekannt, dass die Briten und die Amerikaner gerade ein Abkommen über die gemeinsame Nutzung von Nukleartechnologie unterzeichnet hatten; dies war ein Zeichen für die besonderen Beziehungen, die das Herzstück der NATO bilden, und de Gaulle und seine Speichellecker waren darüber wütend. Jacquier erklärt, dass de Gaulle - und damit auch der SDECE - die USA nicht mehr als Verbündeten betrachtet.

De Vosjoli war wütend, als er nach Washington zurückkehrte, aber er machte seine Arbeit so gut es ging weiter. Allerdings wurde sein Handlungsspielraum immer mehr eingeschränkt. Das Letzte, was er vor seiner Rückkehr aus Frankreich erfahren hatte, war, dass ein neuer Offizier zu seinem Team stoßen würde. Seine Aufgabe wäre es, Informationen über strategische US-Waffen zu sammeln. Das Schlimmste daran war, dass die Informationen, nach denen er suchen würde, nicht nur technischer Art waren; er sollte auch die Standorte und geplanten Ziele der amerikanischen Raketen herausfinden.77 Diese Informationen wären für die Entwicklung einer französischen nuklearen Abschreckung völlig unbrauchbar, für die Sowjets aber äußerst wertvoll. De Vosjoli versucht ein letztes Mal, seine Vorgesetzten an die Warnung Martels zu erinnern, aber man sagt ihm, er solle still sein und die Befehle befolgen.

Anfang Februar 1963 schickte ihm eine seiner kubanischen Quellen den neuesten Schlachtplan für alle kommunistischen Kräfte auf Kuba. De Vosjoli leitet es nach Paris weiter. Er erhält umgehend eine Antwort, in der er den Namen des Agenten nennen soll, der ihm das Dokument übermittelt hat. Wie zuvor weigert sich de Vosjoli, doch diesmal wiederholt Jacquier selbst die Forderung. Da er dem Leiter seiner Agentur nicht widersprechen konnte, nannte er den Namen. In der nächsten Meldung aus Kuba erfährt er, dass sein Agent verschwunden ist und von der gefürchteten Geheimpolizei Castros verhaftet wurde.

Es wurde nur noch schlimmer. Kurze Zeit später wurde ihm befohlen, den Kontakt zu seinem kubanischen Netzwerk abzubrechen und seine Arbeit auf der Insel einzustellen. Er fragte, wer ihn ersetzen würde; es gab keine Antwort. Dann übergab ihm ein amerikanischer Freund einen der letzten Berichte, die Penkovsky vor seiner Verhaftung ablieferte. Er wurde nach Paris weitergeleitet und prompt ignoriert, sehr zum Ärger der CIA. Im Juni wurde der schwedische Luftattaché, Oberst Wennerström, verhaftet und der Spionage für die UdSSR beschuldigt. De Vosjoli leitete eine Untersuchung gegen mehrere französische Offiziere ein, die eng mit dem Schweden befreundet waren, wurde aber abrupt angewiesen, diese einzustellen. Im September wurde ihm schließlich mitgeteilt, dass er abgelöst wurde und am 18. Oktober die USA verlassen sollte. Georges Pâques, der Presseoffizier der NATO, war im Monat zuvor verhaftet worden. Er war einer der ranghöchsten Beamten Frankreichs und hatte eng mit allen Premierministern und Präsidenten der Nachkriegszeit zusammengearbeitet - aber er war seit 1944 ein sowjetischer Agent.

Da das NATO-Hauptquartier multinational war, hatten mehrere Agenturen nach dem Spion gesucht; das könnte erklären, warum Pâques gefasst wurde. Er war der einzige von Golitsyn beschriebene französische Agent, der jemals entlarvt wurde. Alle anderen befanden sich in Positionen, in denen die Ermittlungen vollständig in französischen Händen lagen, und nicht eine dieser Ermittlungen war erfolgreich. De Vosjoli hatte das starke Gefühl, dass die sowjetischen Agenten in seinem Heimatland so viel Macht erlangt hatten, dass sie nun unantastbar waren. Seine eigene Behörde schien jeden Versuch, die Verräter in ihrem Oberkommando zu finden, aktiv zu unterbinden. Für einen loyalen Profi wie de Vosjoli war das zu viel. Er blieb an seinem Schreibtisch sitzen, bis sein Nachfolger eintraf, und trat dann aus dem SDECE aus.

[4]

FAKTEN UND FIKTION

Es ist leicht zu verstehen, warum de Vosjoli sich verraten fühlte. Er hatte zwanzig Jahre seines Lebens
seinem Land gewidmet und wurde dann in einer Weise
aus dem Dienst gedrängt, die dem Schutz feindlicher
Agenten sehr ähnlich war. Jetzt war er verbittert, und
es machte ihm nichts aus, seinen Freunden zu sagen,
warum. Viele dieser Freunde befanden sich in Washington, und die meisten von ihnen waren Mitglieder des
NATO-Geheimdienstes. Die meisten - aber nicht alle.

Leon Uris wurde 1924 in Baltimore geboren. Seine
Eltern waren jüdische Einwanderer der ersten Generation - sein Vater aus Polen, seine Mutter aus Russland -
und hatten Verbindungen zur zionistischen Bewegung in
Palästina. Der junge Leon wurde mit alten Geschichten
aus den osteuropäischen Ghettos aufgezogen und
entwickelte eine Faszination für die jüdische Geschichte
und die zionistische Sache. Er war kein hervorragender
Schüler - er hat die High School nie abgeschlossen und
ist dreimal in Englisch durchgefallen - aber er schrieb
gerne. Sein Studium wurde in seinem letzten Schuljahr
beendet, als die Japaner überraschend Pearl Harbor angriffen. Im Alter von 17 Jahren meldete er sich beim
United States Marine Corps und verbrachte die
nächsten vier Jahre als Funker im Pazifik; er nahm an

Kämpfen auf Guadalcanal und Tarawa teil. Später, als er an Malaria erkrankte, lernte er eine USMC-Sergeantin kennen und heiratete sie.

Nach dem Krieg wandte sich Uris dem Journalismus zu und schrieb für eine Lokalzeitung. Im Jahr 1959 kaufte das Esquire-Magazin einen seiner Artikel. Das spornte ihn an, das Schreiben ernster zu nehmen, und er begann mit der Arbeit an seinem ersten Roman, Battle Cry. Der Roman, der auf seinen eigenen Erfahrungen als Marinesoldat basierte, wurde schnell zu einem Bestseller und später auch zu einem beliebten Film. Weitere Bücher folgten, darunter sein berühmtestes Werk Exodus aus dem Jahr 1959. Es erzählt die Geschichte der jüdischen Einwanderung nach Palästina vom späten 19. Jahrhundert bis zur Gründung Israels im Jahr 1948 und gilt noch immer als Klassiker der historischen Belletristik.

Uris hatte sich einen Namen gemacht, indem er fesselnde Romane schrieb, die auf gründlicher Recherche und historischer Genauigkeit beruhten. Außerdem hatte er aufgrund seiner Kenntnisse über Israel, die er während eines längeren Aufenthalts dort Mitte der 50er Jahre erworben hatte, viele Leute in der diplomatischen Gemeinschaft kennengelernt. Das bedeutete natürlich, dass er auch viele Leute in der Geheimdienstgemeinschaft kannte - viele Diplomaten, besonders in einer großen Hauptstadt wie Washington, sind in Wirklichkeit Geheimdienstmitarbeiter unter "legaler" Tarnung. Seine Arbeit und seine Erfahrung hatten ihm den Status eines privilegierten Außenseiters eingebracht, der zwar keinen Zugang zu den wirklichen Geheimnissen hatte, aber in viele Insidertratschereien einbezogen wurde. Als sein französischer Freund anfing, seine Frustration über das, was ihm widerfahren war, zu beschreiben, war er fasziniert.

Eine Enthüllungsgeschichte über die Saphir-Affäre zu schreiben, hätte ihm natürlich viele Türen verschlossen - seine Kontakte im Geheimdienst hätten es als Verrat ihres Vertrauens aus journalistischen Motiven angesehen. Die Umwandlung in einen Roman war jedoch etwas anderes. Eine dramatisierte Darstellung der Affäre wäre von den Eingeweihten verstanden worden, hätte aber weder Quellen noch Tarngeschichten gefährdet.

Der Roman

Uris veröffentlichte Topaz im Jahr 1967. In dieser Geschichte wurden alle Stränge der Saphir-Affäre zu einer rasanten Handlung verwoben. Die Helden des Romans waren der französische Agent André Devereaux und der NATO-Geheimdienstexperte Michael Nordstrom.

In dem Roman decken Devereaux und Nordstrom das Komplott zur Lieferung von Raketen nach Kuba auf und melden es ihren Vorgesetzten. Zunächst ist Devereaux verwundert, dass niemand etwas unternimmt, doch dann wird er von Attentätern ins Visier genommen und erkennt, dass er in eine sowjetische Operation hineingeraten ist, die noch viel tiefer geht als die Raketenkrise.

Mit Hilfe einer kleinen Gruppe von Anti-Castro-Kubanern und sowjetischen Überläufern versuchen die beiden, die KGB-Agenten in der NATO und in Frankreich aufzuspüren und gleichzeitig fotografische Beweise für die Raketen in Kuba zu beschaffen. Devereaux zieht seine kubanische Geliebte Juanita hinzu, um die wichtigen Fotos zu beschaffen, aber sie wird kurz nach der Übergabe getötet. Nordstrom erzählt Devereaux, dass ein Spionagering namens Topaz innerhalb der französischen Geheimdienste operiert, und gibt ihm den Namen eines französischen NATO-Beamten, Henri Jarré, der Informationen an Moskau weitergibt.

Bei seiner Rückkehr nach Frankreich stellt Devereaux fest, dass seine Frau von seiner Affäre in Kuba erfahren hat und ihn wegen Jacques Granville, einem anderen Geheimdienstoffizier, verlassen hat. Jarré stirbt durch einen inszenierten Selbstmord. Schließlich wird aufgedeckt, dass Granville der führende sowjetische Agent ist, und angesichts seiner Verhaftung nimmt auch er sich das Leben.

In den USA war der Roman ein mäßiger Erfolg und stand 52 Wochen lang auf der Bestsellerliste der New York Times (obwohl er nur eine Woche lang auf Platz 1 stand). In Frankreich wurde er jedoch nie veröffentlicht - das Bild, das er von den französisch-amerikanischen Beziehungen zeichnete, war zu düster.

Hitchcock eingeben

Für Hitchcock waren die sechziger Jahre im Allgemeinen ein ziemlich gutes Jahrzehnt. Sie begannen mit dem großen Erfolg von Psycho, einem der erfolgreichsten Schwarz-Weiß-Filme aller Zeiten, und bald darauf folgte Die Vögel. Aber er war auch nicht ohne Misserfolge, und das Psychodrama Marnie aus dem Jahr 1964 musste einen Rückgang der Einspielergebnisse hinnehmen. Es war zwar immer noch ein Erfolg, aber nicht in dem Ausmaß, wie es die Produzenten von Hitchcock erwartet hatten, und er war dem Druck der Studios ausgesetzt. Der Kalte Krieg war auf seinem Höhepunkt, und die Leute wollten Spionagedramen; die Universal Studios überredeten Hitchcock, zwei zu drehen. Der erste war Torn Curtain (1966) mit Paul Newman in der Hauptrolle als falscher Überläufer, der zum drittbestverdienenden Film in Hitchcocks Karriere wurde. Der zweite war Topaz.

Kreative Spannung

Als Hitchcock von Universal gebeten wurde, Topaz zu verfilmen, beauftragte er Uris sofort, das Drehbuch für ihn zu schreiben. Das hat Vorteile: Der Autor eines Romans kennt die Handlung besser als jeder andere und kann die für einen erfolgreichen Film erforderlichen Änderungen vornehmen, ohne dass die wesentlichen

Elemente der Geschichte verloren gehen. Leider gibt es aber auch einige Fallstricke.

Schon bald wurde deutlich, dass Uris und Hitchcock in mehreren Aspekten des Drehbuchs unterschiedlicher Meinung waren. Hitchcock war bereits für seinen schwarzen Humor bekannt und wollte diesen auch in das Drehbuch einfließen lassen. Uris war damit nicht einverstanden; er wollte sich ausschließlich auf die dramatischen Elemente konzentrieren. Hitchcock fand auch, dass die Geschichte zu schwarz-weiß war. Die Bösewichte, so entschied er, waren zu eindimensional und wirkten nicht wie echte Menschen. Er wollte, dass Uris ihnen etwas Menschlichkeit verlieh. Uris fand, dass sie so, wie sie waren, in Ordnung waren. Die Meinungsverschiedenheiten eskalierten schnell, bis Uris schließlich das Projekt verließ und nur noch einen Teil des Drehbuchs zurückließ.78

Als nächstes wandte sich Hitchcock an Arthur Laurents, der 1948 mit ihm an Rope gearbeitet hatte. Laurents lehnte jedoch ab, und die geplanten Drehtermine rückten immer näher. Schließlich erklärte sich Samuel A. Taylor, der bereits am Drehbuch für Vertigo mitgearbeitet hatte, bereit, einzuspringen. Es war zu spät, um mit einem neuen Autor zu beginnen, aber es gab keine andere Wahl. Es war eines der wenigen Male in Hitchcocks langer Karriere, dass er die Dreharbeiten ohne ein fertiges Drehbuch begann, an dem er arbeiten konnte. Das war doppelt unglücklich, denn er hatte vor, während dieser Produktion zu experimentieren, vor allem durch die Veränderung der Farbbalance, um Stimmungen in Schlüsselszenen zu erzeugen.

Als die Dreharbeiten begannen, war das Drehbuch noch nicht fertig; einige Szenen wurden innerhalb weniger Stunden nach ihrer Fertigstellung gedreht. Dadurch wirkte der Film teilweise konfus, oft ganz anders als die akribisch geplante Action, für die Hitchcock bekannt war. Gleichzeitig gab es einige technisch brillante Szenen, darunter eine Szene, in der sich das Kleid einer sterbenden Frau auf dem Boden ausbreitet, während sie fällt, um den Eindruck eines wachsenden Blutflecks zu erwecken. Einige der Verwirrungen führten jedoch zu ernsthaften Problemen für das Team. Um gut zu funktionieren, braucht jeder Thriller ein gut ausgearbeitetes Ende, und hier hatte Topaz seine größten Probleme. Der größte Teil des Films wurde vor Ort gedreht, was den Zeit- und Kostendruck noch erhöhte. Die wichtigsten Drehorte waren Washington, DC, New York, Dänemark, Westdeutschland und Frankreich.

Das Ende

Gegen Ende der Dreharbeiten musste Hitchcock in die USA zurückkehren, um sich um einen familiären Notfall zu kümmern - seine Frau war plötzlich krank geworden. Während seiner Abwesenheit drehte Herbert Coleman, der stellvertretende Produzent, die Schlussszene, die Hitchcock entwickelt hatte. Darin liefern sich Granville und Devereaux ein Duell in einem

Football-Stadion. Dieses Ende wurde bei den ersten Testvorführungen gezeigt, kam aber beim Publikum nicht gut an. Das Studio bat Hitchcock, sich ein neues Ende auszudenken, was er auch prompt tat. Darin flieht Granville am Ende in die UdSSR; Aufnahmen von ihm, wie er einen Aeroflot-Flug nach Moskau besteigt, werden mit Szenen von Devereaux und seiner Frau zusammengeschnitten, die die Stufen eines Pan-Am-Flugs in die USA erklimmen. Auch dies stieß auf gemischte Kritiken; einige Zuschauer fanden es verwirrend und waren offenbar nicht in der Lage zu erkennen, wer wohin fliegen sollte. Hitchcock gefiel es, aber Universal verlangte noch eine weitere Änderung. In der endgültigen Fassung geht Granville, der bei einem NATO-Treffen enttarnt wurde, nach Hause und begeht Selbstmord, indem er aus dem Fenster springt. Da die Dreharbeiten bereits abgeschlossen waren, wurde dieses Ende aus nicht verwendetem Filmmaterial zusammengesetzt. Da es keine Szene gab, in der Granville springt, und der Schauspieler Michel Piccoli nicht mehr zur Verfügung stand, wurde eine neue Szene gedreht, in der er hinter zugezogenen Vorhängen springt.

Universal war mit dem neuen Ende zufrieden, aber Hitchcock nicht. Er zog das zweite Ende vor, und es kam zu einem erbitterten Streit zwischen den beiden. Die endgültige Entscheidung war, beide zu verwenden. In der Hauptversion sollte die Szene, in der Granville Selbstmord begeht, verwendet werden. Im Vereinigten Königreich hatte das Testpublikum jedoch viel besser auf Hitchcocks Favorit reagiert, so dass der Film dort mit dieser Szene veröffentlicht wurde. Der ursprüngliche Schluss mit dem Duell wurde fallen gelassen; jahrelang dachte man, das Filmmaterial sei verloren gegangen, bis Hitchcocks Tochter Patricia es unter seinen persönlichen Gegenständen fand und es der Academy of Motion Picture Arts and Sciences schenkte.

Anders als der Roman, auf dem er basiert, wurde der Film in Frankreich unter einem neuen Namen veröffentlicht. Um Verwechslungen mit dem Klassiker Topaze von 1951 zu vermeiden, wurde er in L'Étau umbenannt, was "der Würgegriff" bedeutet, und der Name des Spionagerings wurde in Opal geändert; das Edelsteinthema aus dem Original Sapphire wurde beibehalten. Der Film war in Frankreich wesentlich erfolgreicher als in den USA: Der Film, der oft zu Hitchcocks seltenen Flops gezählt wird, konnte an den US-Kinokassen seine Produktionskosten nicht wieder einspielen. Viele Kritiker machten dafür das Fehlen eines großen Hollywood-Schauspielers verantwortlich, und einige spekulierten sogar, dass Hitchcock mit dem Film seinen eigenen Star kreieren wollte. Das hatte er schon einmal mit der Schauspielerin Tippi Hedren getan, deren Karriere erst richtig in Schwung kam, nachdem sie mit Hitchcock zusammenarbeitete. Frederick Stafford, der Devereaux spielte, machte seine Sache gut, zeigte aber keine Anzeichen von wahrer Größe.

In Topaz spielten eine Reihe von Nicht-US-Stars mit, darunter drei große Namen der französischen

Filmindustrie - Philippe Noiret, Michel Piccoli und die weibliche Hauptrolle Claude Jade. Das könnte einen Teil des Erfolgs in Frankreich erklären, aber ein großer Teil des Verdienstes liegt bei Hitchcock selbst - die Franzosen waren schon immer Bewunderer seiner Arbeit. Natürlich ist auch die Anziehungskraft der Geschichte nicht zu übersehen - viele Franzosen fühlten sich auf der politischen Bühne an den Rand gedrängt, und Topaz rückte sie wieder ins Zentrum der Aufmerksamkeit.

SCHLUSSFOLGERUNG

Hitchcocks Film wurde mit zwei Enden veröffentlicht, die die Affäre jeweils in einer ordentlichen Schleife abschlossen. Für das britische Publikum entkam der Leiter des Spionagenetzes nach Moskau, so wie es die Cambridge-Verräter Philby, Burgess und Maclean ein paar Jahre zuvor getan hatten. In den USA und in Frankreich wurde ihm Gerechtigkeit widerfahren - er brachte sich um, nachdem er enttarnt und angeklagt worden war. Was geschah wirklich mit den Mitgliedern von Sapphire? Die einfache Tatsache ist, dass wir es nicht wissen.

Während eines Großteils der Jahre 1962 und 1963 setzte der SDECE viele Ressourcen ein, um Informationen aus Golitsyn herauszuholen, und sie hätten in der Lage sein müssen, herauszufinden, wer die meisten der sowjetischen Agenten waren. Nur einer - der NATO-Maulwurf Georges Pâques - wurde jedoch jemals verhaftet, und sogar er wurde begnadigt und mit fast unanständiger Geschwindigkeit freigelassen. War Pâques der Spion auf Kabinettsebene in der französischen Regierung? Möglicherweise - er stand de Gaulle seit Jahrzehnten nahe, seit den Tagen der Freien Französischen Regierung im Exil während des Krieges. Natürlich hatte er die ganze Zeit über für Moskau spioniert und stand dem Zentrum der französischen Republik 19 Jahre lang nahe. Es hätte kaum mehr Schaden anrichten können, wenn de Gaulle selbst für die Sowjets gearbeitet hätte.

Golitsyn berichtete auch, dass es Spione in allen Schlüsselministerien der französischen Regierung gab; keiner von ihnen wurde jemals enttarnt. Auch nicht das Netzwerk innerhalb des SDECE - der Saphirring selbst. Wie de Vosjoli schnell herausfand, als er versuchte, die Verräter zu identifizieren, wurden keine Maßnahmen zugelassen, die den Einfluss des KGB so tief in der Pariser Regierung hätten aufdecken können. War es unangebrachter Stolz auf die Unbestechlichkeit der französischen Beamten? Das scheint schwer zu glauben. De Vosjoli selbst war der Meinung, dass die Netzwerke so umfangreich waren, dass sie jeden Versuch, sie zu enttarnen, blockieren und schließlich den SDECE selbst im Dienste des sowjetischen Regimes gegen die USA wenden konnten. Hitchcock hat oft Filme mit phantastischen Plots gedreht, aber im Fall von Topaz scheint die Realität unglaublicher zu sein als die Fiktion.

DAS SEIL

EINLEITUNG: DER TOD EINES SCHULJUNGEN

Chicago - 21. Mai 1924
Es war fast 5:30 Uhr und Bobby Franks, der zügig
die Ellis Avenue hinunterlief, war spät dran. Eigentlich
sollte er an einem Schultag um fünf zu Hause sein, aber
er hatte die Angewohnheit, die Zeit vor sich herlaufen
zu lassen. Der 14-Jährige war in diesem Jahr schon ein
paar Mal mit seinen Eltern aneinandergeraten und
wollte nicht noch eine Standpauke von seinem Vater.
Noch mehr wollte er den enttäuschten
Gesichtsausdruck seiner Mutter nicht mehr sehen
müssen. Sie achteten allerdings nicht so sehr auf die Uhr
und ließen normalerweise ein wenig Spielraum. Er
hoffte, dass nichts gesagt werden würde, wenn er vor
dem Abendessen zu Hause war.

Bobby hatte eigentlich nicht zu spät kommen wollen, aber wie so oft hatte er sich nach dem Unterricht
einem Baseballspiel angeschlossen. Die Harvard School,
eine private Vorbereitungsschule in Chicagos geho-
benem Stadtteil Kenwood, war bei den örtlichen
jüdischen Familien sehr beliebt. Bobbys Eltern waren zu
den Christlichen Wissenschaften konvertiert und in der
Nachbarschaft nicht sonderlich beliebt, aber er hatte nie
Probleme gehabt, sich anzupassen. Es war eine gute
Schule, und die Lehrer beaufsichtigten die Spiele auch
nach dem letzten Klingeln, selbst an einem für die
Jahreszeit ungewöhnlich kühlen Tag wie diesem, aber
das half Bobbys Zeitmessung nicht. Immerhin wohnte er

an der Ecke Ellis und 51st, und er war schon fast an der 49th. Er konnte es in fünf Minuten schaffen.

Kurz bevor er die Kreuzung zur 49th erreichte, hörte er einen Ruf: "Hey, Bob!" Als er sich umdrehte, sah er einen grünen Willys-Knight-Tourer am Bordstein stehen; auf dem Rücksitz erkannte er Dick Loeb, einen Bekannten, dessen Familie mit seiner eigenen verkehrte. "Soll ich dich nach Hause fahren?" rief Loeb.

Franks dachte einen Moment lang nach. Man hatte ihm beigebracht, sich nicht von Fremden mitnehmen zu lassen, und obwohl Loeb kein Fremder war - Bobby spielte manchmal mit ihm auf dem Platz vor seinem Haus Tennis -, war er ihm nicht ein bisschen unheimlich? Jedenfalls waren es nur anderthalb Blocks bis zu seinem Haus, und obwohl es kühl war, war das Wetter trocken. Er schüttelte den Kopf. "Danke, aber ich würde lieber zu Fuß gehen."

Loeb bestand darauf. "Steigen Sie trotzdem kurz ein. Ich möchte dich nach dem Tennisschläger fragen, den du benutzt hast. Ich überlege, ob ich meinem Bruder Tommy einen kaufen soll."

Nun, das schien harmlos genug zu sein. Bobby antwortete: "Sicher, ich denke schon", und ging zum Auto hinüber. "Du kennst Babe?" fragte Loeb und winkte mit der Hand in Richtung des Fahrers. "Bobby, das ist Nate Leopold. Nate, mein guter Freund Bobby Franks." Bobby grüßte Leopold und kletterte dann auf den Vordersitz; Leopold griff hinüber und schloss die Tür. "Wir drehen nur eine Runde um den Block, während wir uns unterhalten, okay?" Vorne ließ Leopold die Kupplung los und der Willys-Knight fuhr vom Bordstein weg.

Bobby wartete darauf, dass Loeb auf den Schläger zu sprechen kam, aber der junge Mann sagte nichts. Er wirkte fast erwartungsvoll, als ob er auf etwas warten würde. Bobby fühlte sich plötzlich unwohl. Diese Typen waren wirklich unheimlich, und vielleicht hatte er beim ersten Mal recht gehabt. Er erinnerte sich an einige der Gerüchte in der Schule, wonach Loeb und ein Freund - vielleicht dieser Leopold - etwas füreinander übrig hatten. Vielleicht wäre es besser gewesen, nicht in den Wagen zu steigen. Aber hier auf der Straße würden sie sicher nichts anstellen. Als Leopold in die 50. Straße einbog, bemerkte er, dass die Vorhänge an den Seitenfenstern hochgezogen waren. Er hatte kaum Zeit, das zu begreifen, als Loeb sich ruhig nach vorne lehnte und ihm eine Hand auf den Mund presste.

Bobby Franks saß wie betäubt da, als Loeb seine Hand hob. Er wartete auf das, was als nächstes kam.

[1]

FRÜHE LEBEN

Nathan Leopold

Am 19. November 1904 wurde Nathan Freudenthal Leopold Junior in Chicago als Sohn einer wohlhabenden deutschen Einwandererfamilie geboren. Wie bei den Kindern der Reichen üblich, spielten seine Eltern nur eine kleine Rolle in seiner Kindheit, und ein Großteil seiner Erziehung wurde einer Reihe von Krankenschwestern und Gouvernanten überlassen. Die traditionsbewusste Familie Leopold bevorzugte europäische Mädchen für diese Positionen, und der junge Leopold und seine Brüder Samuel und Foreman wuchsen in einer Umgebung auf, in der routinemäßig Deutsch gesprochen wurde. Leopolds erste Worte, die er im Alter von nur vier Monaten sprach, waren "Nein, nein. Mama." Sein Kindermädchen war zu dieser Zeit und in den ersten fünf Jahren seines Lebens Marie Giessler, genannt Mimie.

Der Nathan Leopold, den Mimie betreute, war noch ein kleines Kind, aber es zeichnete sich bereits ab, dass er ein außergewöhnliches Kind war. Sozial ungeschickt und körperlich unbeholfen, zeigte Leopold eine weit überdurchschnittliche Intelligenz und begann schnell, ein breites Spektrum an Interessen zu entwickeln.

Als Leopold fünf Jahre alt war, verließ Mimie den Haushalt und wurde durch Pauline Van den Bosch ersetzt, eine gläubige Christin, die den Jungen über die Heiligen zu unterrichten begann. Leopold nahm das Thema mit Begeisterung auf und nutzte seine wohlhabende Herkunft zu seinem Vorteil: Er ließ sich vom Chauffeur der Familie durch die Kirchen der Umgebung fahren, um nach Informationen über die Heiligen zu suchen, und arbeitete dann daran, sie in Kategorien einzuteilen. Van den Bosch unterrichtete Leopold auch über Jesus Christus und seine Kreuzigung, was ihn faszinierte. Später sagte er: "Die Idee, jemanden an etwas zu nageln, hat mich sehr gereizt."79 Van den Bosch blieb nur sechs Monate, aber ihr Einfluss hatte Leopold neue Interessen und neue Einflüsse beschert.

Anstelle von van den Bosch stellten die Leopolds Mathilda Wantz ein, eine Einwanderin aus dem Elsass, die nur Deutsch sprach. Ganz anders als ihre fromme Vorgängerin, war Wantz - die Leopold den Spitznamen Sweetie gab - manipulativ und hinterhältig. Sie baute eine komplizierte Beziehung zu den Jungen auf, und obwohl es schwer ist, Leopolds späteres Verhalten auf ihren Einfluss zurückzuführen, hat sie ihm sicherlich nicht die Tugenden der Ehrlichkeit beigebracht. Einmal erwischte sie ihn dabei, wie er Briefmarken von einem Cousin stahl. Anstatt ihn zu bestrafen oder es seinen Eltern zu sagen, erpresste sie ihn und nutzte ihr Wissen, um zusätzliche freie Tage zu bekommen, die Leopold gedeckt hat. Sie badete auch nackt mit den Jungen und rang mit ihnen als Belohnung, wenn sie sich gut benahmen. Als Leopold zwölf Jahre alt war und an einer Krankheit litt, ertappte seine Mutter Wantz schließlich dabei, wie sie ihn aus dem Bett warf, und sie wurde entlassen.

Leopold hatte eine schwierige Schullaufbahn. Er ging zunächst auf Miss Spade's, eine kleine Privatschule, die anfangs gemischtgeschlechtlich war, aber als Leopold dort ankam, war sie fast ausschließlich weiblich; nur ein weiterer Junge besuchte sie. Leopolds Mutter hatte bemerkt, dass er Schwierigkeiten hatte, sich mit Mädchen anzufreunden, und beschlossen, dass der Besuch einer Mädchenschule ihn "heilen" würde. Das tat es aber nicht. Nach zwei Jahren wechselte er auf die Douglas School. Dies war eine öffentliche Schule, und seine soziale Schicht machte es ihm schwer, sich anzupassen. Die Tatsache, dass seine Mutter ihm verbot, irgendetwas anzufassen oder die Toiletten zu benutzen, hat ihm wahrscheinlich nicht geholfen. Niemand sonst an der Douglas wohnte in der exklusiven Michigan Avenue, und keiner von ihnen wurde jeden Tag von einer Gouvernante zur Schule und zurück gebracht. Er wurde von einigen der anderen Jungen schikaniert, die ihn terrorisierten, wenn Wantz nicht kam, um ihn nach Hause zu bringen.[80] Ihm ging es dort so schlecht, dass er für den Rest des Jahres zu Miss Spade zurückkehrte.[81]

Als Leopold acht Jahre alt war, zog die Familie von der Michigan Avenue in den Stadtteil Kenwood. Die neue Adresse lag nur einen Block von der privaten

Harvard School entfernt, und Leopold wurde dort eingeschrieben. Damit war er zwar den Tyrannen entkommen, aber er war immer noch nicht sehr beliebt. Zu seinen Spitznamen gehörten "Floh" und "Verrückter Vogel" sowie der sarkastische "Der große Nathan". Als Leopold 17 Jahre alt war, starb seine Mutter an einer Nierenentzündung. Da sich ihr Gesundheitszustand nach seiner Geburt nie mehr erholt hatte, gab er sich selbst die Schuld, was seine Gefühle gegenüber Frauen nur noch komplizierter machte.

Leopold hatte mehrere Hobbys, und eines davon war die Ornithologie. Er hatte ein echtes Talent dafür. Mit seiner Intelligenz und seiner Liebe zum Detail kam ihm das Studium der Vögel sehr entgegen, und wie die meisten Ornithologen der 1920er Jahre sammelte er mit Begeisterung Exemplare. Moderne Vogelbeobachter beobachten gerne durch ein Fernglas und fotografieren mit einem Teleobjektiv; Leopold bevorzugte eine Flinte. In seinem Arbeitszimmer zu Hause baute er eine Sammlung von über 3.000 Exemplaren auf, darunter viele seltene Arten.

Leopold kannte - und schoss - viele Vögel, aber er hatte auch ein Spezialgebiet. Das war die Kirtland-Waldsängerin. Setophaga Kirtlandii ist ein kleiner brauner Vogel mit gelber Brust, der den Winter auf den Bahamas und den Sommer in einem kleinen Gebiet in Michigan verbringt. In den 1920er Jahren ging sein Bestand schnell zurück. In den frühen 1970er Jahren war er sogar fast ausgestorben, obwohl sich die

Bestände inzwischen wieder erholen. Die Gefahr für die Grasmücke war nicht Nathan Leopolds Flinte; heute weiß man, dass es der Klimawandel war, der die Jack-Pine-Wälder, auf deren Samen die Grasmücke als Nahrung angewiesen ist, nach Norden verschob. Die überlebende Population war auf der nördlichen Halbinsel gefangen und die Menschen verstanden nicht, warum sie ausstarb. Wenn jemand etwas wusste, dann war es Leopold; 1923 wusste er wahrscheinlich mehr über den Kirtland-Waldsänger als jeder andere auf der Welt. Im Oktober desselben Jahres reiste er nach Boston, um auf der Jahrestagung der American Ornithological Society einen Vortrag über diesen Vogel zu halten.82 Für einen 18-Jährigen war das eine erstaunliche Leistung. Für jeden anderen wären der Respekt und die Aufmerksamkeit, die er damit erlangte, mehr als genug gewesen, aber Leopold ging es jetzt mehr darum, seinen Studienfreund Richard Loeb zu beeindrucken.

Richard Loeb

Richard Albert Loeb wurde am 11. Juni 1905 geboren. Seine Eltern waren, wie die von Leopold, wohlhabend; sein Vater Albert hatte zunächst als Anwalt gearbeitet und wurde später Vizepräsident von Sears and Roebuck. Albert und Anna Loeb lebten in einem eleganten Herrenhaus in Kenwood und besaßen außerdem ein Landgut in Charlevoix. Richard war ihr dritter

Sohn, und schließlich bekamen sie vier Kinder. Um ihnen bei der Erziehung ihrer Familie zu helfen, beschlossen sie, als Richard fünf Jahre alt war, eine Gouvernante einzustellen.

Die Familie Loeb war deutscher Abstammung, gehörte aber im Gegensatz zu den Leopolds nicht zur ersten Generation der Einwanderer. Vielleicht hat dies die Wahl der Erzieherin beeinflusst. Während Leopold von einer Reihe europäischer Mädchen erzogen wurde, entschieden sich die Loebs für eine Kanadierin, Emily Struthers. Die ebenso intellektuelle wie strenge Struthers scheint die Persönlichkeit der Loebs maßgeblich geprägt zu haben - wobei "verzerrt" vielleicht das bessere Wort wäre.

Loeb besuchte die Lab School, aber Struthers gab ihm zu Hause Nachhilfe. Mit dieser zusätzlichen Hilfe und seiner natürlichen Intelligenz machte er rasche Fortschritte und übersprang schließlich mehrere Klassenstufen; im Alter von 13 Jahren machte er seinen Abschluss an der University High School, einer Vorbereitungsschule mit engen Verbindungen zur Universität von Chicago. Dies war in akademischer Hinsicht eine bemerkenswerte Leistung, brachte ihn aber in eine schwierige soziale Lage. Er begann im Herbst 1919 an der Universität zu studieren, obwohl er erst 14 Jahre alt war; die meisten seiner Kommilitonen waren 18 oder älter.

Struthers trieb ihn nicht nur akademisch voran, sondern übte auch die Kontrolle über Loebs Privatleben aus. Ihr Motiv scheint gewesen zu sein, ihn von Ablenkungen fernzuhalten, die seine Studien beeinträchtigen könnten, aber sowohl Leopold als auch Clarence Darrow fragten sich später, ob sie dazu beigetragen hatte, ihn zu dem Mörder zu machen, der er wurde. Der junge Loeb wurde davon abgehalten, mit gleichaltrigen Jungen zu spielen, und es wurden ihm strenge Grenzen gesetzt, wie er sich amüsieren konnte. Kriminalromane wurden als frivol verboten, aber Loeb entwickelte trotzdem eine Leidenschaft für sie. Er las sie heimlich und begann, sich ein Fantasieleben aufzubauen, das mit Verbrechen zu tun hatte. Mit einem Jugendfreund, Jack Mengal, begann er, ernstere Regeln zu brechen; die beiden Jungen stahlen eine Vase aus dem Haus eines Nachbarn.83 Sie spielten zusammen Poker und manchmal auch Strip-Poker; mindestens einmal endete dies damit, dass sie nackt auf einem Bett miteinander rangen. Als er an der Universität angenommen wurde und anfing, mit seinen Kommilitonen herumzuhängen, trennten sich Mengal und er; der andere Junge landete später in der Erziehungsanstalt Pontiac.

Der Haushalt wurde nach und nach zum Schauplatz eines Wettstreits zwischen Anna Loeb und Emily Struthers, bei dem es um die Zuneigung von Richard ging. Loeb hatte das Gefühl, dass seine Eltern ihn vernachlässigten, auch wenn sie es wahrscheinlich nicht beabsichtigten, und Struthers gewann immer mehr Einfluss in seinem Leben. Die Beziehung war jedoch nicht einfach. Da er sich sowohl von seinen Eltern als auch von Struthers unter Druck gesetzt und eingeschränkt fühlte, begann Loeb, über seine Aktivitäten zu lügen. Manchmal handelte es sich um harmlose Dinge - er sagte, er habe in der Bibliothek gelernt, obwohl er in Wirklichkeit Karten spielte. Manchmal war es aber auch nicht so.

Als Loeb neun Jahre alt war, wurde sein Bruder Thomas geboren. Dies erhöhte die Spannungen im Haushalt. Struthers ärgerte sich über den Neuankömmling und versuchte verstärkt, Richard zu beeinflussen. Dazu gehörte auch, dass sie ihn weiter unter Druck setzte, gute Leistungen zu erbringen. Loeb war klug, aber von ihm wurde erwartet, dass er brillant war. Zum Glück für ihn sorgten Struthers' Nachhilfeunterricht und seine eigene Intelligenz dafür, dass er die Schule mit guten Noten abschloss, obwohl er nicht besonders hart arbeitete. Wenn er Schwierigkeiten hatte, konnte er sich dank seiner Beliebtheit vor den anderen Jungen verstecken. All dies änderte sich jedoch, als er an die Universität kam. Da er noch so jung war, fiel es ihm schwer, mit seinen Mitschülern in Kontakt zu treten, und Struthers konnte ihm nicht mehr so helfen wie zuvor. Obwohl Loeb eine Gruppe fand, mit der er abhängen konnte, machte der Altersunterschied die Sache schwierig. Nach seinem ersten Jahr begann jedoch ein anderer junger Student an der Universität. Es war der 15 Jahre alte Nathan Leopold.

[2]

UNIVERSITÄT

Leopold war seiner Altersgenossengruppe nicht so weit voraus wie Loeb, aber er begann sein Studium dennoch zwei Monate vor seinem sechzehnten Geburtstag. Er hatte bereits begonnen, sich mit der kleinen Gruppe zu beschäftigen, der auch Loeb angehörte, und blieb auch nach Beginn seines Studiums im Herbst 1920 dabei. Anfangs waren die Beziehungen zwischen den beiden kühl, ja sogar feindselig gewesen. Ihre Persönlichkeiten waren sehr unterschiedlich: Loeb war kontaktfreudig und charmant, während Leopold zurückhaltend und schüchtern war. Mit der Zeit tauten die Dinge jedoch auf. Es gab mehr Gemeinsamkeiten als Unterschiede. Beide waren viel jünger als die anderen Schüler, und beide waren Juden. Sie stammten aus wohlhabenden Familien und wohnten im selben Viertel. Die anfängliche Verachtung war auf beiden Seiten bald verflogen, und als Leopold an der Universität zugelassen wurde, waren sie Freunde. Die Beziehung war jedoch nicht gleichberechtigt; der ruhigere Leopold war von Loeb fasziniert und versuchte ständig, seine Aufmerksamkeit für sich zu beanspruchen. Es war eine ungesunde Situation, die viel zu dem beitrug, was noch kommen sollte.

Die Beziehung war nicht nur ungleich, sondern auch sexuell geworden. Bereits im Sommer 1920 gab es eine körperliche Komponente in ihrer Beziehung, und sie waren nicht sehr gut darin, dies geheim zu halten. Ein Skandal in diesem Sommer hatte spätere Auswirkungen. Leopold war seit einem Jahr an der Universität von Chicago, als er und Loeb nach Ann Arbor und an die Universität von Michigan zogen. Zunächst teilten sie sich ein Zimmer, aber nach ein paar Monaten trat Loeb der Zeta Beta Tau-Bruderschaft bei und zog in deren Haus ein. Eine Bedingung für die Aufnahme in die Verbindung war, dass er seine Freundschaft mit Leopold beendete; ein Kommilitone, der im Sommer auf dem Landgut Charlevoix arbeitete, hatte Gerüchte über eine homosexuelle Beziehung in die Welt gesetzt, nachdem er dort 1920 etwas gesehen hatte. Loeb war begierig auf die sozialen Vorteile, die die Mitgliedschaft in der Studentenverbindung mit sich brachte, und die Beziehungen zwischen ihm und Leopold kühlten ab - zumindest nach außen hin. Sie ließen sich nicht mehr in der Öffentlichkeit sehen, es sei denn, sie waren in Begleitung, aber insgeheim gingen sie gelegentlich zusammen etwas trinken. Loeb sagte später, dass dies alles auf Anraten seines Bruders Allen geschah.

Im Jahr 1922 wechselte Leopold zurück an die University of Chicago und schloss sein Studium im März 1923 mit Phi Beta Kappa ab. Loeb blieb in Michigan. Er wohnte im Haus der Studentenverbindung Zeta Beta Tau, aber seine Verbindungsbrüder hielten sein Verhalten oft für kindisch, und es war ihm nicht erlaubt, Mentoren für die Anwärter zu sein. Im Juni schloss er sein Studium ab, als jüngster Student in der Geschichte der Universität von Michigan (obwohl die Universität dies nicht öffentlich zugibt). Ansonsten zeichnete sich seine akademische Laufbahn durch nichts aus, aber er plante, in Chicago Jura zu studieren. Leopold hingegen beabsichtigte, im Sommer 1924 eine Europareise zu unternehmen - sein Vater hatte ihm dafür bereits 3.000 Dollar zur Verfügung gestellt - und anschließend die Harvard Law School zu besuchen. Beide beschlossen, im Herbst 1924 mit dem Jurastudium zu beginnen, und belegten in der Zwischenzeit Teilzeitkurse an der University of Chicago. Frei von der Kontrolle durch die Burschenschaft wurden sie wieder unzertrennliche Freunde.84

Auftritt der Supermänner

Leopold und Loeb waren beide außerordentlich intelligent, und obwohl ihre Persönlichkeiten sehr unterschiedlich waren, hatten sie eine Reihe von Eigenschaften gemeinsam. Eine davon war ein fast unglaubliches Maß an Arroganz. Beide scheinen geglaubt zu haben, auf einer höheren Stufe zu stehen als die "normalen" Menschen in ihrer Umgebung, und ihr Gefühl der Überlegenheit führte sie zu einer Philosophie, die sie ihrer Meinung nach perfekt beschrieb. Die Identität, die sie annahmen, war die des Übermenschen, des von Friedrich Nietzsche beschriebenen "idealen Wesens".

Viele Politiker und andere haben sich von den Werken Nietzsches inspirieren lassen, aber in vielerlei Hinsicht war er ein vehement antipolitischer Denker. Nietzsche war vor allem ein Individualist, und er verachtete diejenigen, die einem organisierten Denksystem folgten, als fantasielos und unehrlich. Er lehnte die organisierte Religion ab - insbesondere das Christentum, das seiner Meinung nach auf Kosten der Selbstverbesserung in der realen Welt auf "jenseitige" Belohnungen ausgerichtet war - und hatte eine komplexe Auffassung von Moral. Außerdem kritisierte er den Antisemitismus, der in seinem Heimatland Deutschland stark ausgeprägt und in den USA der 1920er Jahre weit verbreitet war, scharf.

Zwischen 1883 und 1885 veröffentlichte Nietzsche die vier Bände von Also sprach Zarathustra, einem philosophischen Roman, der seine frühere Idee des Übermenschen erweiterte. Obwohl Übermensch im Englischen oft mit superman übersetzt wird, ist das deutsche Originalwort nuancierter und kann auch mit jenseits des Menschen oder übermenschlich übersetzt werden. In dem Roman argumentiert Nietzsche, dass "Gott tot ist", in dem Sinne, dass der Begriff Gott nicht mehr als Quelle von Werten verwendet werden kann und dass die christliche Idee einer ewigen Seele das Leben abwertet und destruktiv ist. Der Übermensch hingegen vereinigt Seele und Körper in einer Einheit und ist auf die Lebensleistung ausgerichtet. Nach Nietzsches Auffassung widmet der Übermensch seine

Energien konstruktiven Zielen, aber diese Vorstellung war leicht misszuverstehen. Für zwei so selbstbesessene junge Männer wie Loeb und Leopold war diese Philosophie mit ihren Implikationen von Überlegenheit unwiderstehlich, und sie trieben sie in eine entsetzliche Richtung. Sie beschlossen, dass sie ihren Status als nietzscheanische Übermenschen beweisen könnten, indem sie das perfekte Verbrechen begingen.

[3]

DER SCHLÜPFRIGE ABHANG

In der Tat hatten Leopold und Loeb bereits viele Verbrechen begangen und sogar einen Mordversuch unternommen. Die Familie Loeb besaß ein Anwesen in Charlevoix, Michigan, das die Jungen regelmäßig besuchten. Bei einem Besuch im Sommer 1920 wurden sie von dem Studenten Hamlin Buchman, der dort einen Sommerjob hatte, in einer kompromittierenden Stellung ertappt. Empört über das, was er als ihre Perversion ansah, schrieb er an Sam Leopold und Allen Loeb über das, was er gesehen hatte; noch schlimmer aus der Sicht der Jungen war, dass er später auch an die Zeta Beta Tau Burschenschaft schrieb, um sie zu drängen, "ein Paar Schwanzlutscher" nicht aufzunehmen. In den wohlhabenden und einflussreichen Kreisen, in denen sich ihre Familien bewegten, drohte eine soziale Katastrophe, und sie handelten schnell, um den möglichen Schaden zu begrenzen. Allen Loeb reiste nach Charlevoix, um dabei zu helfen, den Schlamassel zu beseitigen, und sein Eingreifen half später, als Loeb sich bei der Burschenschaft bewarb. Außerdem riet er seinem Bruder, niemals allein mit Leopold gesehen zu werden; sie sollten immer eine "Anstandsdame" dabei haben, die für ihr Verhalten bürgen konnte. Das Problem war weitgehend unter Kontrolle, aber das reichte Leopold und Loeb nicht. Sie wollten sich an Buchman rächen, und es reichte ihnen nicht, die Freundschaft mit ihm zu beenden; sie wollten ihn tot sehen.

Leopold sagte später, dass sie monatelang nach einer idiotensicheren Methode gesucht hätten, Buchman zu töten. Das Problem war, dass ihnen keine Möglichkeit einfiel, die sie nicht in seinen Tod verwickeln würde. Schließlich hatten sie eine Idee. Durch die Inszenierung eines Unfalls hofften sie, Buchman beseitigen zu können, ohne Verdacht zu erregen. Ertrinken ist heute eine häufige Todesursache, vor allem bei männlichen Jugendlichen, und das war auch 1920 der Fall. Ein Unfalltod im Wasser würde also als tragisches Missgeschick akzeptiert werden. Die Methode, für die man sich entschied, war, mit Buchman in einem Kanu hinauszufahren, es dann kentern und ihn ertrinken zu lassen. Sie versuchten dies tatsächlich, aber der Plan scheiterte; Buchman entkam dem Tod, indem er ans Ufer schwamm.

Das Scheitern dieses Versuchs hielt Leopold und Loeb nicht von der Kriminalität ab. Loeb verbrachte einen Großteil seiner Freizeit mit dem Kartenspiel und betrog bis 1921 regelmäßig. Das war ihm jedoch nicht aufregend genug, und er ging zu anderen Verbrechen über. Zunächst vergnügte er sich mit Bagatelldiebstählen, dann ging er zum Vandalismus über und begann, mit Ziegelsteinen Autoscheiben und Schaufenster einzuwerfen. Leopold machte mit, angetrieben von einem verdrehten Pakt, den er mit Loeb geschlossen hatte.

In Loebs Fantasiewelt stand er als beliebte, begabte und mächtige Figur im Mittelpunkt, die von anderen verehrt wurde. Leopolds Heldenverehrung gab ihm die Möglichkeit, das gleiche Gefühl im wirklichen Leben zu erleben. Gleichzeitig war Loeb besorgt, dass Leopolds ständiges Verlangen nach Sex das Risiko barg, dass sie wieder erwischt würden. Die Lösung wurde als "der Pakt" bekannt. Loeb denkt sich Verbrechen aus und Leopold hilft ihm, sie zu begehen. Im Gegenzug verabredeten sie ein Datum und eine Uhrzeit für den Sex. So konnte Loeb die Risiken kontrollieren und hatte gleichzeitig einen willfährigen Partner für seine Vergehen. Leopold war ebenfalls besorgt, aber aus einem anderen Grund - er fürchtete sich vor den Folgen der von ihnen begangenen Verbrechen. Die Verlockung des Sex mit Loeb trieb ihn jedoch an.

Die Verbrechen wurden schlimmer. Autos wurden gestohlen. Telefonstreiche wurden zu gefälschten Feueralarmen und schließlich zu Brandstiftung. Im Jahr 1923 fuhr ein Freund von Loeb mit seiner Familie in den Urlaub. Die beiden planten, in das Haus einzubrechen, und sie waren auf Gewalt vorbereitet. In ihrem Auto hatten sie Seile, um das Hausmädchen zu fesseln, und eine Pistole, um den Nachtwächter zu töten. Glücklicherweise hatte das Auto unterwegs eine Panne, und der Plan ging nicht auf.85 Schließlich unternahmen sie den verhängnisvollen Schritt, einen weiteren Mordversuch zu planen.

Die Kette der Ereignisse, die zu dieser Entscheidung führten, war komplex. Im November 1923 planten sie, in zwei Verbindungshäuser in Ann Arbor einzubrechen. Die eine war die Delta-Bruderschaft, die Leopold verführt und ihm dann die Aufnahme verweigert hatte; in Erinnerung an die Demütigung wollte er sich rächen. Die andere war Zeta Beta Tau, die Loeb aufgenommen hatte. Zunächst schien es perfekt: Beide würden sich an den verhassten Verbindungen rächen und Leopold würde seine Vergünstigung erhalten, weil er Loeb geholfen hatte. Als sie die Sache in die Wege leiteten und zurück nach Ann Arbor fuhren, tauchte jedoch ein Problem auf. Es war eines, das schon früher aufgetreten war und zu wachsenden Spannungen zwischen ihnen führte.

Ihre Reise nach Michigan fand am 10. November 1923 statt.86 Der Einbruch bei Zeta Beta Tau war kein Problem. Die Beute war gering - sie erbeuteten 80 Dollar in bar, eine tragbare Schreibmaschine von Underwood und eine Handvoll Uhren und Taschenmesser -, aber beide hatten ein großzügiges Taschengeld, und es ging sowieso nicht wirklich ums Geld. Als es jedoch zu dem anderen Überfall kam, kamen Loeb Zweifel. Er kannte den Grundriss des Gebäudes nicht und befürchtete, dass das Risiko dadurch inakzeptabel war. Es war nicht das erste Mal, dass er vor einem Verbrechen zurückschreckte - er liebte es, Pläne zu schmieden, hielt sich aber oft zurück, wenn es darum ging, sie tatsächlich auszuführen - und wie immer erzürnte das Leopold. Ein Teil davon war, dass er seine versprochene sexuelle

Belohnung verschwinden sah; ein anderer Teil war vielleicht, dass er Loeb vergötterte und es hasste, wenn seine Illusionen in Frage gestellt wurden. Wie auch immer, er war nicht glücklich und drängte Loeb, die Sache fortzusetzen. Am Ende brachen sie tatsächlich in das Haus der Delta-Verbindung ein, aber es war ein halbherziger Versuch und sie stahlen nur eine Kamera.

Im Auto auf der Rückfahrt ließ Leopold seinem Frust freien Lauf. Die Beziehung war zu einseitig, sagte er. Er war zwar immer bereit, bei allen Plänen mitzumachen, aber Loeb hielt sich trotzdem auf Distanz. Der angestrebte Raubüberfall war eine Farce gewesen, und andere abgesagte Verbrechen hatten ihm die ersehnten Belohnungen verwehrt. Die nachklingende Verbitterung über den Vorfall an Silvester spornte ihn an. Diesmal würde es Loeb viel abverlangen, die Wogen zu glätten.

Natürlich hat Loeb mit seinem Charme, dem Leopold nie widerstehen konnte, geliefert. Er beruhigte Leopold, indem er ihm seine Loyalität und Zuneigung beteuerte, und schlug vor, dass sie ihre Beziehung enger gestalten sollten. Bis jetzt hatte es nichts von dem, was sie getan hatten, in die Zeitungen geschafft; einige Diebstähle und Brände waren einfach nicht aufsehenerregend genug. Die Einbrüche in Studentenwohnheime würden daran wohl kaum etwas ändern. Es gab jedoch ein Verbrechen, das garantiert ein Medienecho hervorrufen würde - Mord. Loeb schlug nun vor, einen Jungen aus einer wohlhabenden Familie zu entführen und zu ermorden; sie könnten ein Lösegeld verlangen, das nur schwer einzutreiben wäre, ohne erwischt zu werden, und das Verbrechen würde berühmt werden. Es wäre eine kühne und entschlossene Tat, und niemand würde je erfahren, wer sie begangen hat. Ein weiterer Aspekt, an den Leopold vielleicht nicht denkt, ist, dass Loeb dadurch mehr Kontrolle über ihn erlangen würde. Er könnte niemals riskieren, dass ein solches Geheimnis aufgedeckt wird. Weit davon entfernt, die Beziehung gleichberechtigter zu machen, würde Loebs Vorschlag ihm mehr Macht denn je verschaffen.

Leopold sah jedoch die möglichen Nachteile nicht und ließ sich auf den Plan ein. Sie wollten ihre Rolle als Übermenschen bestätigen, indem sie ein Verbrechen begingen, zu dessen Lösung stumpfsinnige, weltliche Menschen niemals die Phantasie oder den Verstand aufbringen würden. Die Planung dieses perfekten Verbrechens sollte sie in den nächsten sechs Monaten zunehmend beschäftigen.

[4]

DIE ERMORDUNG VON ROBERT FRANKS

Die Planung des Mordes war äußerst aufwendig. Das einzige Auto, auf das Leopold und Loeb zählen konnten, war Leopolds roter Willys Knight. Dieses knallbunte, sportliche Coupé war ein auffälliges Fahrzeug, und sie beschlossen, dass es zu riskant war, es für das Verbrechen zu benutzen.87 Anstatt ein Auto zu stehlen, wurde ein ausgeklügelter Plan ausgearbeitet, um ein Auto unter falschem Namen zu mieten. Ende April eröffnete Leopold ein Bankkonto auf den Namen Morton D. Ballard, und Loeb meldete sich unter demselben Namen im Morrison Hotel an. Im Hotel wurden Briefe an Ballard verschickt, um eine Identität aufzubauen, und am 9. Mai ging Leopold zu einem örtlichen Rent-a-Car-Büro und stellte sich als Ballard vor. Er gab sich als Verkäufer aus Peoria aus und bat darum, ein Auto mieten zu dürfen. Er bot eine großzügige Kaution von 400 Dollar anstelle der drei von Rent-a-Car geforderten Referenzen, die er jedoch nicht vorlegen konnte. Die Autovermietung bestand jedoch auf mindestens einer Referenz, und "Ballard" nannte seinen Freund Mr. Louis Mason. Ein Anruf bei "Mason" - Loeb, der am Münztelefon eines nahegelegenen Feinkostladens wartete - verschaffte ihm die Referenz, und Leopold holte den

Wagen ab. Er und Loeb behielten es ein paar Stunden lang und gaben es dann zurück, woraufhin Loeb zum Morrison zurückkehrte. Der alte Koffer, den er beim Einchecken mitgebracht hatte, war verschwunden. Ihm wurde schnell klar, dass das Personal bemerkt hatte, dass sein Bett nicht belegt war, und dass sie seine Reservierung für verdächtig hielten. Er verließ sofort das Hotel; das Zimmer hatte seinen Zweck erfüllt und Leopold war vom Vermietungsbüro als zuverlässiger Kunde akzeptiert worden.

Leopold und Loeb hatten kein bestimmtes Opfer ausgewählt, aber sie hatten sich für ein Jagdgebiet entschieden. Ihr Plan war, nach der Entlassung der Schüler durch die Straßen rund um die Harvard School zu ziehen und einen Jungen zu entführen, der allein unterwegs war. Die Gefahr lag auf der Hand, denn die Schule war nur wenige Blocks von ihren beiden Wohnorten entfernt und viele Leute im Viertel kannten sie. Der gleiche Umstand bot aber auch Vorteile, und die beiden beschlossen, diese auszunutzen.

Am 20. Mai bereiteten sie die Ausrüstung vor, die sie für die Entführung und Tötung benötigen würden. Sie hatten beschlossen, ihr Opfer durch Strangulation zu töten, wobei einer von ihnen an jedem Ende der Ligatur ziehen sollte, damit sie gleichermaßen schuldig wären. Loeb besuchte einen Eisenwarenladen in der Cottage Grove Street und kaufte ein Stück Seil, das er für die Tötung verwenden wollte. Anschließend besuchte er einen weiteren Eisenwarenladen in der Cottage Grove

Street und kaufte ein Stemmeisen. Gemeinsam mit Leopold gingen sie zu einem Drogeriemarkt, wo Leopold versuchte, eine Flasche Salzsäure zu kaufen. Da dies nicht gelang, versuchte er es erneut in einer anderen Drogerie und war diesmal erfolgreich. Die restliche Ausrüstung wurde in Leopolds Haus zusammengetragen - Lumpen, die als Knebel verwendet werden sollten, eine Flasche Äther, um das Opfer ruhig zu stellen, und ein Paar Hüftstiefel, die Leopolds Bruder gehörten. Leopold holte eine Rolle Zinkoxid-Klebeband aus dem Badezimmer und verband damit die scharfe Klinge des Stemmeisens, die nun sicher gegriffen und der Holzgriff als Knüppel verwendet werden konnte. Es wurde ein Autoumhang hinzugefügt, mit dem die Leiche auf dem Rücksitz des Wagens versteckt werden sollte. Schließlich fügten sie noch einige zusätzliche Sicherheitsvorkehrungen hinzu. Sollte sie jemand auf frischer Tat ertappen, müsste er sofort zum Schweigen gebracht werden. Meißel und Knebel würden vielleicht bei einem Schuljungen funktionieren, aber wenn ein Erwachsener auf sie stoßen würde, wäre mehr nötig. Zwei Maschinenpistolen wurden mit dem Rest der Ausrüstung in das Auto gelegt, eine 45er für Loeb und eine 380er für Leopold.

Die letzte Stufe des Verbrechens sollte eine Lösegeldforderung sein. Leopold und Loeb planten, 10.000 Dollar für die sichere Rückkehr ihres Opfers zu verlangen, und sie planten sorgfältig eine Methode, das Geld einzutreiben, ohne sich selbst zu gefährden.

Natürlich hatten sie nie die Absicht, die Abmachung ein-
zuhalten; sie wussten sehr wohl, dass ein freigelassenes
Entführungsopfer sie identifizieren könnte und dass es
besonders gefährlich war, einen Jungen aus ihrer
eigenen Nachbarschaft und ihrer alten Schule zu entführen. Das Opfer würde so schnell wie möglich nach der
Entführung getötet und die Leiche so gut versteckt
werden, dass sie erst nach der Übergabe des Geldes
gefunden werden würde. Um die Lösegeldforderung zu
beschleunigen, hatten sie bereits eine Reihe von Briefen
verfasst. Darin wurde der Vater des Jungen
aufgefordert, sich nicht an die Polizei zu wenden, und es
wurde beschrieben, wie die Übergabe des Geldes ab-
laufen sollte. Da kein bestimmtes Opfer ausgewählt
worden war, waren die Briefe allgemein gehalten; die
Adresse des Opfers würde nach der Ermordung auf den
Umschlag gedruckt werden. Leopold tippte nun die
letzten Kopien aller Briefe auf der tragbaren Schreibmaschine ab, die sie von Zeta Beta Tau gestohlen hat-
ten.88 Sie wussten beide, dass die Briefe anhand von
Abnutzungserscheinungen und Fehlern auf den Tasten
zu der Schreibmaschine zurückverfolgt werden konnten,
die sie produziert hatte, aber da sie gestohlen worden
war, gab es nichts, was die Underwood mit einem von
ihnen in Verbindung bringen konnte. Wenn die Polizei
Leopolds Haus durchsuchte, würde sie in der Bibliothek
das schwere Büromodell von Hammond finden, und es
wäre ein Glücksfall, die Notizen damit in Verbindung zu

bringen. Der Underwood wäre dann längst
verschwunden.

Am nächsten Tag, als alle Vorbereitungen getroffen
waren, stand Leopold früh auf und ging wie üblich um
acht Uhr zur Schule. Gegen elf traf er sich mit Loeb an
der Schule. Sie verstauten ihre Ausrüstung im Mietauto
und fuhren mit beiden Autos zu Kramers Restaurant an
der 35. und Cottage. Als sie dort gegen viertel nach
zwölf ankamen, zogen sie die Seitenvorhänge des
Mietwagens hoch und aßen dann zu Mittag. Gegen halb
zwei fuhren sie zu Leopolds Haus, parkten seinen
Wagen in der Garage und verdeckten das
Nummernschild des grünen Willys-Knight.89 Das sah
zwar etwas verdächtig aus, aber damals waren die
Kennzeichen noch nicht so streng geregelt, und es
schien weniger riskant zu sein, als die Nummer zu
notieren. Um viertel vor zwei parkten sie in der Ingleside Avenue, einer kleinen Straße, die parallel zur Ellis
Avenue verlief, wo sich die Harvard School befand.

Jetzt wurde ihnen klar, dass der Eifer sie übermannt
hatte; sie waren zu früh dran. Sie hatten keine Chance,
ein Opfer zu finden, bevor die Schule aus war - mindestens drei Uhr. Wahrscheinlich würde es sogar noch
später werden, denn die Jungen hingen nach der Schule
oft in Gruppen herum, unterhielten sich mit Freunden
oder veranstalteten ein Ballspiel auf einem nahegelegenen unbebauten Grundstück. Sie mussten abhängen,
bis sich die Cliquen auflösten und die Jungen sich auf
den Heimweg machten, und dann mussten sie warten,

bis einer weit genug von seinen Freunden entfernt war, um ihn unbeobachtet schnappen zu können.

Sich stundenlang in der Schule aufzuhalten, war fast schon wahnsinnig riskant. Sie lag nur drei Blocks von ihren beiden Häusern entfernt - einen Block von Leopolds Haus entfernt. Die Jungen, die sie verfolgten, waren die Söhne von Freunden der Familie, und wenn der Versuch scheiterte, könnten sie erkannt werden. Loebs jüngerer Bruder Tommy war selbst Schüler der Schule und wusste, dass er sich an diesem Nachmittag in der Schule herumgetrieben hatte. Indem sie sich ein Jagdrevier ausgesucht hatten, in dem sie beide recht bekannt waren, hatten sie die Sache für sich selbst noch viel gefährlicher gemacht. Vielleicht war das ein Teil des Nervenkitzels.

Loeb ließ sich von dem Risiko nicht abschrecken. Er ging von Ingleside zur Schule hinüber, um die Gegend zu erkunden. Eine Gruppe von Jungen spielte draußen unter der Aufsicht eines Lehrers namens James Seass. Loeb unterhielt sich eine Weile mit ihm, während er sich die ganze Zeit nach möglichen Zielen umsah. Zu der Gruppe gehörte ein Junge, den sie bereits als mögliches Opfer ins Auge gefasst hatten. Sol Levinsons Sohn John erfüllte alle Kriterien. Er war jung genug, um leicht überwältigt zu werden, und seine wohlhabende Familie konnte das Lösegeld bezahlen. Er kannte Loeb, so dass es ein Leichtes sein würde, ihn ohne viel Aufhebens in das Auto zu bekommen. Nun plauderte Loeb eine Weile mit ihm über sein Baseballspiel, dann verabschiedete er

sich von Seass und schlenderte vor der Schule herum.
Draußen fand er seinen Bruder und unterhielt sich
gerade mit ihm, als er von der anderen Straßenseite
einen Pfiff hörte. Er blickte auf, und da war Leopold.
Loeb ging hinüber, und Leopold erzählte ihm, dass auf
der Ingleside eine andere Gruppe von Jungen spielte,
die vielversprechend aussah.

Die beiden liefen zurück nach Ingleside und sahen
sich die Gruppe an, entschieden aber, dass keiner von
ihnen in Frage kam. Als nächstes gingen sie zum Drexel
Boulevard und zur 49th Street, wo weitere Jungen spielten. Levinson hatte sich inzwischen zu dieser Gruppe
gesellt, und sie schauten eine Weile zu, bevor sie zum
Auto zurückgingen. Drexel hat einen breiten Mittel-
streifen, und sie parkten auf der Westseite, gegenüber
dem leerstehenden Grundstück. Nun stellten sie ein
neues Problem fest - aus dieser Entfernung konnten sie
die einzelnen Jungen nicht erkennen. Leopold hatte
jedoch eine Lösung dafür; sie fuhren zu seinem Haus
und er holte ein Fernglas, während Loeb in die Drogerie
an der 47. und Ellis ging. Er kaufte zwei Päckchen Kau-
gummi und blätterte im Telefonbuch, um die Adresse
von Sol Levinson zu finden, damit sie Johns Heimweg
von der Schule erraten konnten.90

Nachdem sie Leopold abgeholt hatten, fuhren sie
zurück zur gleichen Stelle an der Drexel und beobachteten die Jungen eine Weile durch die Brille. John
Levinson und ein paar andere gingen eine Gasse hinauf
in Richtung Schule. Sie warteten darauf, dass er

zurückkam, aber das tat er nicht. Loeb fragte sich, wohin er gegangen war, und suchte in der Gasse nach ihm. Es gab keine Spur von ihm. Er spielte auch nicht vor seinem Haus, als sie dort vorbeifuhren. Tatsächlich war Levinson vom Chauffeur der Familie abgeholt und zu einem Zahnarzttermin gebracht worden. So sehr jeder Zahnärzte hasst, dieser Besuch hatte ihm wahrscheinlich das Leben gerettet.

Loeb kehrte zum Auto zurück und sie fuhren die Drexel hinunter, bogen links ab, dann wieder links und fuhren die Ellis hinauf. Als sie sich der 48th Street näherten, sahen sie einen Jungen, der auf der Westseite der Straße lief. Es war Bobby Franks.

Leopold bog nach links in die 48th Street ein, wendete den Wagen und fuhr die Ellis Street zurück. Als das erledigt war, war Franks schon fast an der 49th Street. Loeb wusste genau, wo der Junge wohnte - es war fast gegenüber seinem eigenen Haus. Franks war nur zwei Blocks von zu Hause entfernt und ging schnell. Es blieb nicht viel Zeit, ihn zu holen. Andererseits, so erklärte er Leopold, war er das perfekte Opfer. Er war klein genug, um leicht entführt werden zu können, aber sein Vater Jacob Franks liebte den Jungen und hatte mit seinen Geschäften ein Vermögen gemacht. Angefangen hatte er als Pfandleiher, dann hatte er geschickt in die Chicagoer Gasgesellschaft investiert und war später Präsident eines Uhrenherstellers und ein erfolgreicher Immobilienmakler geworden. Wegen seiner Fairness trug er den Spitznamen "Honest Jake" und man glaubte, dass er mindestens 4 Millionen Dollar und vielleicht noch viel mehr wert war.91 Er würde gerne zahlen, um Bobby zurückzubekommen.

Es gab ein mögliches Problem. Ein anderer Junge ging nicht weit hinter Franks in die gleiche Richtung. Sie liefen die Straße entlang und ließen Franks den Vortritt, bis sie der Meinung waren, dass die Jungen weit genug voneinander entfernt waren. Dann schlossen sie auf.

Leopold fuhr dicht an Franks heran; Loeb öffnete die Tür und rief: "Hey, Bob!" Franks hielt an, und Loeb bot ihm an, ihn nach Hause zu fahren. Der Junge lehnte ab, aber Loeb forderte ihn auf, einzusteigen, damit sie über einen Tennisschläger reden konnten. Franks kletterte ins Auto, und Leopold fuhr die Ellis-Straße entlang. Etwas mehr als einen Block später bog er links in die 50th Street ein. Franks ahnte noch nichts, denn Loeb hatte gesagt, sie würden um den Block fahren, aber kaum war der Wagen von der Ellis abgebogen, schnappte die Falle zu. Loeb packte ihn, legte ihm eine Hand auf den Mund, um ihn zum Schweigen zu bringen, und schlug ihm viermal mit dem Stiel des Meißels auf den Kopf.92

Betäubt sackte Franks auf seinem Sitz zusammen. Die Schläge hatten ihn jedoch nicht völlig außer Gefecht gesetzt, und er stöhnte vor Schmerzen. Aus Angst, gesehen zu werden, zerrte Loeb ihn auf den Rücksitz. Um die Schreie des Jungen zum Schweigen zu bringen, stopfte er ihm einen Lappen in den Mund, drückte ihn auf den Boden und deckte ihn mit dem Autoumhang zu.

Der Junge, der halb bewusstlos war und an dem Knebel erstickte, starb innerhalb weniger Minuten.

Das war so nicht geplant gewesen. Anstatt in einem perversen Bindungsritual erwürgt zu werden, lag Franks nun tot auf dem Boden des Wagens. Schlimmer noch, das Blut aus den Wunden in seiner Kopfhaut sickerte auf den Teppich. Die Sitze waren bereits verschmiert. Selbst in der Zeit, bevor die Forensik richtig loslegte, war die Gefahr offensichtlich. Leopold geriet angesichts des Chaos in Panik, und Loeb musste ihn mehrere Minuten lang beruhigen. "Das ist schrecklich. Das ist schrecklich", sagte er und kam nur langsam wieder zur Ruhe. Doch als er sich wieder gefangen hatte, war er wieder ganz bei sich. Es war erst viertel nach fünf, und die Sonne würde erst in fast drei Stunden untergehen; nachdem sie Robert Franks getötet hatten, mussten sie nun die Zeit totschlagen, damit sie die Leiche in der Dunkelheit entsorgen konnten. Loeb fuhr in Richtung der Staatsgrenze von Indiana und begann, Franks' Leiche zu zerlegen. Leopold bog in eine Sackgasse ab und hielt an. Die Schuhe des toten Jungen wurden in einem Gebüsch versteckt und sein Gürtel in der Nähe versteckt. Seine Hose und Socken wurden ebenfalls ausgezogen, aber zur späteren Entsorgung im Auto aufbewahrt. Die beiden verfolgten dann ihre Spur zurück zur Hauptstraße und fuhren noch eine Weile herum, bis die Dämmerung einsetzte.93 Sie hielten einmal an einem Drogeriemarkt und Leopold rief seine Freundin Susan Lourie an, um ihre Verabredung für den Abend abzusagen. An der Kreuzung Calumet Boulevard und 132nd Street hielten sie erneut an einem Sandwich-Stand und Leopold kaufte Hot Dogs und Root Beer, die sie im Auto aßen. Eine weitere Stunde fuhren sie ziellos umher, und schließlich war es dunkel genug für ihre Zwecke.

Zehn Meilen südöstlich des Tatorts liegt der Wolf Lake an der Staatsgrenze zwischen Illinois und Indiana. Einige hundert Meter vom Westufer entfernt befindet sich der Burnham Greenway, ein gepflasterter Freizeit-weg, der bei Spaziergängern und Radfahrern beliebt ist. Der Greenway folgt der Trasse einer älteren Strecke. Im Jahr 1924 war es die Pennsylvania Railroad, und die moderne Straße verläuft streckenweise auf der Spitze eines alten Bahndamms. Um zu verhindern, dass dieser Damm in den niedrigen, feuchten Böden rund um den See Überschwemmungen verursacht, wurden Durchlässe gebaut, und Leopold und Loeb hatten einen dieser Durchlässe als letzte Ruhestätte ihres Opfers gewählt.

Sie parkten das Auto etwa 300 Meter vom Durchlass entfernt, zogen Franks vom Rücksitz und verwandelten den Mantel des Autos in eine improvisierte Bahre. Loeb nahm den Kopf und Leopold die Füße, und sie trugen ihn zur Bahnlinie hinüber. Dort legten sie die Leiche hin und beendeten die Entkleidung. Die Kleidung wurde zusammen mit den kurzen Hosen und Socken, die sie zuvor ausgezogen hatten, in den Mantel gebündelt. Nun entkorkte Leopold die Flasche mit der Salzsäure.

Die Mörder hatten befürchtet, dass die Leiche gefunden werden könnte, bevor sie das Lösegeld kassieren konnten, was diesen Teil ihres Plans natürlich zunichte gemacht hätte. Ihre Befürchtungen sollten sich als berechtigt erweisen, aber anstatt eine effektivere Methode zur Beseitigung des Opfers zu finden, haben sie sich wieder einmal selbst überlistet. Es wäre einfach genug gewesen, die Leiche im Mantel mit ein paar großen Steinen zu verschnüren und sie in einen der vielen Flüsse der Gegend zu werfen, aber da sie den Durchlass schon Tage zuvor ausgesucht und ausgekundschaftet hatten, wollten sie ihren Plan nicht ändern.

Stattdessen beschlossen sie, die Leiche so zu verunstalten, dass sie nicht mehr zu erkennen war, und da kam die Säure ins Spiel. Ein kräftiger Spritzer der ätzenden Flüssigkeit begann, sich in Franks Gesicht zu fressen. Doch das reichte Loeb nicht. Er kam auf die Idee, dass man Männer an der Form ihres Penis erkennen könnte - offenbar dachte er, dass sein Bruder Tommy einen ungewöhnlich geformten Penis hatte - und so wurde noch mehr Säure auf die Genitalien der Leiche geschüttet. Franks hatte eine Blinddarmnarbe; mehr Säure. Dann zog Leopold die Hüftstiefel an, die er aus seinem Haus mitgenommen hatte, und watete in den Entwässerungsgraben. Er zog Franks hinter sich her und stieß ihn mit dem Kopf voran in den Graben, während Loeb sich das Blut von den Händen wusch. Die Leiche hatte allerdings beim Aufprall auf das Wasser gespritzt, und sein kaltes, nasses Hemd und der Geruch der Säure lenkten Leopold ab. Im Eifer des Gefechts schob er die Leiche nicht weit genug hinein, und ein Fuß blieb sichtbar. Dieser Fehler war schlimm genug. Was folgte, war schlimmer.

Leopold hatte seinen Mantel und seine Schuhe ausgezogen, bevor er die Stiefel anzog und ins Wasser stieg. Nun kletterte er die Böschung hinauf; unten am Durchlass war es dunkler und er hatte Mühe, seine Schnürsenkel zu binden. "He, Dick, kannst du meinen Mantel holen?", rief er.

"Klar, Babe." Loeb schüttelte das Wasser aus seinen Händen und hob den alten Mantel auf. Etwas rutschte aus der Tasche und schlug auf dem Boden auf; das Wasser, das in den Kanal floss, verdeckte jedes Geräusch, das es verursachte. Loeb bündelte den Rest der Kleidung des Jungen in den Mantel und ging die Böschung hinauf zu seinem Freund. In der Dunkelheit rutschte ein Strumpf aus dem Bündel und fiel unbemerkt ins Gras. Das spielte natürlich keine Rolle; er gehörte Franks, nicht einem der Mörder, und zu diesem Zeitpunkt hätte die Polizei keine forensischen Daten daraus gewinnen können. Trotzdem hatten sie einen fatalen Fehler gemacht.

Als er zum Auto zurückging, dachte Leopold nicht daran, seine Taschen zu überprüfen. Er und Loeb hatten sich vorgenommen, das "perfekte Verbrechen" zu begehen, aber in Wirklichkeit hatten sie es vermasselt. Noch bevor sie zum nächsten Schritt - der

Lösegeldforderung - übergingen, war ihre Entdeckung schon fast unausweichlich.

[5]

AUFRÄUMEN

Am 19. November 1904 wurde Nathan Freudenthal Leopold Junior in Chicago als Sohn einer wohlhabenden deutschen Einwandererfamilie geboren. Wie bei den Kindern der Reichen üblich, spielten seine Eltern nur eine kleine Rolle in seiner Kindheit, und ein Großteil seiner Erziehung wurde einer Reihe von Krankenschwestern und Gouvernanten überlassen. Die traditionsbewusste Familie Leopold bevorzugte europäische Mädchen für diese Positionen, und der junge Leopold und seine Brüder Samuel und Foreman wuchsen in einer Umgebung auf, in der routinemäßig Deutsch gesprochen wurde. Leopolds erste Worte, die er im Alter von nur vier Monaten sprach, waren "Nein, nein. Mama." Sein Kindermädchen war zu dieser Zeit und in den ersten fünf Jahren seines Lebens Marie Giessler, genannt Mimie.

Leopold und Loeb hatten sich genau überlegt, wie sie die physischen Beweise loswerden konnten. Dank des Blutes gab es viel mehr, als sie erwartet hatten, aber sie machten trotzdem mit der Beseitigung weiter. Auf dem Rückweg in die Stadt hielten sie an, damit Leopold zu Hause anrufen konnte. Er sagte seinem Vater, dass er sich etwas verspäten würde und dass seine Tante, die ihn nach Hause fahren sollte, auf ihn warten sollte. Er fuhr jedoch nicht direkt nach Hause. Zuerst fuhren sie zu Loebs Haus. Bobby Franks' Kleidung kam in den Ofen. Sie wollten auch den Mantel verbrennen, entschieden sich aber dagegen. Er war zu groß, und sie befürchteten, dass er im ganzen Haus einen Geruch verbreiten würde. Sie versteckten ihn unter einigen Büschen im Garten, um ihn später zu entsorgen. Als Nächstes holten sie einen Eimer Wasser und einige Tücher und versuchten, das Blut im Auto aufzuwischen. Da es dunkel war und sie es eilig hatten, gelang ihnen das nicht besonders gut, aber sie wollten es am nächsten Tag nachholen. Erst dann fuhren sie zu Leopolds Haus, stellten den Leihwagen direkt an der Straße ab und gingen hinein.

Leopold brachte seine Tante nach Hause, während Loeb sich mit seinem Vater unterhielt. Leopold war etwas länger weg, als sein Vater erwartet hatte, denn er hatte einen Zwischenstopp eingelegt, um die schockierte Frau Franks anzurufen und ihr mitzuteilen, dass ihr Sohn gekidnappt worden war. Als er zurückkam, sagte er seinem Vater gute Nacht und spielte dann noch eine Weile mit Loeb Karten, "zum Spaß", wie er später erklärte. Schließlich, kurz vor 1:30 Uhr, fuhr er Loeb die drei Blocks zu seinem Haus. Auf dem Weg dorthin bemerkte Loeb, dass die Mordwaffe noch in seiner Manteltasche steckte.

###

Der Stadtteil Kenwood in Chicago war wohlhabend und zog manchmal Einbrecher an. Die Chicagoer Polizei patrouillierte zwar regelmäßig, aber einige Anwohner waren nicht beruhigt und trafen zusätzliche Vorsichtsmaßnahmen. Dazu gehörte die Anstellung von Nachtwächtern. Der Job des Nachtwächters passte zu Bernard Hunt. Er wohnte in einem kleinen weißen Schindelhaus drei Meilen entfernt in South Aberdeen, und die Patrouillen in diesen eleganten Villen brachten ihm genug Geld ein, um seine Rechnungen zu bezahlen. Außerdem war es ruhig. Die Wohlhabenden von Kenwood machten sich vielleicht Sorgen wegen Einbrüchen, aber hier passierte eigentlich nichts. Letztes Jahr hatte es ein paar kleinere Brände und etwas Vandalismus gegeben, aber seitdem nicht mehr viel. Reiche Kinder, die sich aufführen, nahm er an.

Das dachte er um 1.30 Uhr am Morgen des 22. Mai, als der auffällige Sportwagen um die Ecke 49th und Greenwood fuhr und etwas aus dem Fenster flog. Was auch immer es war, es schlug auf der Straße auf und prallte fast auf den Bürgersteig. Als das Auto vorbeifuhr, konnte Hunt es gut sehen. Ja, es waren reiche Kinder. Er konnte die Farbe unter den orangefarbenen Straßenlaternen nicht so gut erkennen, aber es hatte Scheibenräder, spezielle Reflektoren und ein schickes helles Verdeck. Neugierig überquerte er die Straße und sah sich nach dem um, was da geworfen worden war. Bald fand er es: einen Meißel, dessen Klinge mit dickem weißen Klebeband umwickelt war. Er hob ihn auf. Das war eine seltsame Sache, die man mit einem guten Werkzeug macht. Und warum hatte man es weggeworfen? Er untersuchte es genauer und sah die dunklen Krusten auf dem Griff und in das Klebeband geschmiert. Das sah aus wie getrocknetes Blut. Stirnrunzelnd steckte er es ein und kehrte in sein Revier zurück.

Der Meißel ging ihm eine Stunde später immer noch nicht aus dem Kopf, als eine schwarze Essex-Limousine die Straße entlang ratterte. Die von Hand betätigte Klingel an der Beifahrertür wies ihn als Polizeiauto aus, noch bevor er den weißen Stern und den Schriftzug daneben erkennen konnte, und er ging zum Bordstein und streckte die Hand aus. Der Essex ruckte neben ihm zum Stehen, und der Seitenvorhang, der gegen die kühle Nacht zugeknöpft war, wurde geöffnet. Drinnen erkannte er die Officers Enos und Milligan von der "Flivver Squad" - dem neuen Team, das in der Stadt in Autos patrouillieren sollte.94 Kenwood gehörte zu ihrem regulären Revier, und sie hatten schon mehrmals angehalten, um mit ihm zu plaudern.

"Hey, Bernie, was ist los?", fragte Enos. Hunt griff in seine Tasche.

"Das wurde vor einer Stunde aus einem Auto geworfen", sagte er und reichte den Meißel weiter. "Sieht aus wie Blut auf dem Griff. Ich dachte, Sie sollten es sich ansehen."

Enos drehte das Werkzeug in seinen Händen und dachte einen Moment lang nach. "Ich schätze, du hast auch recht. Konntest du einen Blick auf das Auto werfen?"

Hunt nickte. "Ich habe es gesehen."

"Okay, dann spring rein. Wir fahren rüber zum Revier und nehmen eine Aussage auf. Es ist das Beste, es auf Papier zu haben, falls sich herausstellt, dass jemand damit auf den Kopf geschlagen wurde."

Tony Minke, ein Einwanderer aus Polen, arbeitete bei der Pennsylvania Railroad als Wartungsarbeiter. Sein Job führte ihn entlang der Gleise des Unternehmens, wo er nach allem suchte, was ein Problem darstellen könnte. Es war nicht der bestbezahlte Job der Welt, aber es war ein wichtiger. Es brauchte nicht viel, um ein Zugunglück zu verursachen. Erst im vergangenen September waren in Wyoming 30 Menschen auf der Chicago, Burlington and Quincey Railroad ums Leben gekommen, als eine Brücke nach heftigen Regenfällen unterspült wurde. In diesem niedrigen, nassen Gelände waren viele Gleise auf Dämmen aufgeschüttet, die über Durchlässe entwässert werden mussten. Überschwemmungen entlang der Böschung konnten zu schneller Erosion führen, und schon ein geringfügiges Absinken der Gleise konnte ausreichen, um einen Zug von der Strecke abkommen zu lassen. Tony Minke wollte sich in diesem neuen Land hocharbeiten, und er war entschlossen, seine Arbeit gut zu machen. Auf seinem Streckenabschnitt sollte es keine Überschwemmung geben, wenn er etwas dagegen tun konnte.

Am Morgen des 22. Mai kontrollierte er die Gleise entlang des Wolf Lake-Abschnitts der Strecke und suchte nach Trümmern, die einen Durchlass blockieren könnten. Als er an einem Durchlass vorbeikam, blickte er die Böschung hinunter und sah etwas Weißes aus dem engen Tunnel herausragen. Zunächst dachte er, es könnte sich um ein Stück Müll handeln, das in der Öffnung des Durchlasses stecken geblieben war, und kletterte hinunter, um nachzusehen. Als er näher kam, stellte er zu seinem Entsetzen fest, dass es ein menschlicher Fuß war. Ein kleiner menschlicher Fuß.

Minke kletterte hinunter und schaute hinein. Die kleine Leiche war auf groteske Weise in den Gully gestopft, und selbst in dem schattigen Rohr konnte er sehen, dass Gesicht und Körper auf widerliche Weise verbrannt waren. Er suchte den Weg entlang nach seinem Kollegen. "Paul! Komm hierher, schnell!"

Paul Korff hörte die Dringlichkeit in Minkes Stimme und rannte in die Leitung. "Was hast du, Tony?"

"Hier drin ist ein totes Kind, ein Junge. Ich glaube, er ist ermordet worden."

Korff schaute in die Pfeife. "Das denke ich auch. Verdammt, wir sollten lieber die Bullen hierher holen." Er stand auf und wich zurück, abgestoßen von dem Anblick. Dann fiel ihm ein winziger Lichtschimmer ins Auge. Er blickte nach unten. Eine Hornbrille lag in dem rauen Gras.

[6]

IRRTÜMER, VERDÄCHTIGUNGEN UND FESTNAHMEN

Trotz der jahrelangen Vorbereitungen und der ausgeklügelten Planung des Verbrechens begann der von Leopold und Loeb entwickelte Täuschungsplan innerhalb weniger Stunden nach Franks' Tod zu scheitern. Vielleicht verunsichert durch die unerwarteten Probleme während des eigentlichen Mordes, machten sie von da an eine Reihe von Fehlern. Der komplizierte Plan begann nun gegen sie zu arbeiten, denn es gab zu viele Gelegenheiten, sich an sie zu erinnern, und zu viele Dinge, die schief gehen konnten. Sie hatten ihre Fehler jedoch noch nicht erkannt und setzten ihren Plan fort.

Am nächsten Tag holte Leopold Loeb gegen 11:30 Uhr ab und sie brachten den Mietwagen in Leopolds Garage. Während sie das restliche Blut von den Sitzen und dem Teppich schrubben, kommt Sven Englund, der Chauffeur, herein und fragt ihn, was sie da tun. Leopold erklärte ihm, dass sie Rotwein im Auto verschüttet hatten und er nicht wollte, dass sein Vater davon erfuhr. Englund bot ihnen an, ihnen beim Saubermachen zu helfen, aber sie lehnten ab. Sie schrubbten so lange, bis die Flecken so blass wie möglich waren, und machten sich dann auf den Weg, um das Geld zu holen.

Wie alles andere an diesem Verbrechen war auch das System zur Lösegeldübergabe sorgfältig geplant und komplex. Das Hauptaugenmerk lag darauf, nicht gesehen zu werden und der Polizei keine Gelegenheit zu geben, sie in einen Hinterhalt zu locken. Dies war der schwierigste Teil des Plans, und Loeb freute sich über die geniale Lösung, die sie sich ausgedacht hatten. Der erste Schritt war ein Anruf bei den Franks, in dem sie ihm mitteilten, dass ihr Sohn entführt worden war. Dann wurde ein Eilbrief mit der Lösegeldforderung verschickt. Am nächsten Tag erfolgte ein weiterer Anruf bei den Franks zu Hause mit weiteren Anweisungen: Franks sollte in ein Taxi steigen, das zu seinem Haus kommen und ihn zu einer Mülltonne an einer Straßenecke bringen sollte. An die Mülltonne sollte ein Zettel geklebt werden, der ihn anwies, zu einem Drogeriemarkt zu gehen und dort zu warten. Ein Anruf in der Drogerie würde ihm dann sagen, er solle in einen Zug steigen, der in wenigen Minuten von einem nahe gelegenen Bahnhof abfährt - damit er keine Zeit hat, der Polizei zu sagen, was er vorhat - und sich zum Telegrafenkasten im letzten Waggon begeben. In dem Briefkasten befand sich ein letzter Zettel, auf dem ihm gesagt wurde, er solle auf den hinteren Bahnsteig gehen und warten, bis der Zug an einer markanten Ziegelsteinfabrik vorbeifährt. Bei der Vorbeifahrt sollte er bis fünf zählen und dann das Geldpaket so weit wie möglich von den Gleisen werfen. Leopold und Loeb würden in der Nähe im Leihwagen warten und das Werfen des Pakets beobachten. Da Franks bis zum Einsteigen in den Zug nicht wusste, was er mit dem Geld machen sollte, konnte er der Polizei nicht sagen, wo die Übergabe stattfand; selbst wenn es der Polizei gelungen wäre, mit ihm in den Zug einzusteigen, hätten sie nichts unternehmen können. Wenn der Zug jedoch langsamer wurde oder anhielt, konnten sie das Geld einfach nicht abholen. Der Plan schien narrensicher.

Das war es aber nicht. Da der Umschlag nicht am Mülleimer kleben blieb, wurde der Ausschnitt aufgegeben und beschlossen, Franks direkt in die Drogerie zu schicken. Loeb, verkleidet mit einer Brille, einem Mantel und einem Hut, die seinem Vater gehörten, kaufte eine Fahrkarte nach Michigan City am Illinois Central Bahnhof und bestieg den Zug um 14.30 Uhr, eine halbe Stunde vor der Abfahrt. Er steckte den letzten Zettel in den Briefkasten von Wagen 507 und stieg dann aus dem Zug. Draußen traf er wieder auf Leopold, der telefoniert hatte. Zuerst rief er die Yellow Cab Company an, um einen Wagen für Jacob Franks zu bestellen. Dann rief er Franks selbst an und sagte ihm, er solle zur Bogart de Ross Drogerie in der East 63rd gehen und dort auf einen Anruf warten. Franks zögerte. Er sagte, es sei etwas dazwischen gekommen und er brauche mehr Zeit. Leopold bestand darauf, Franks müsse jetzt sofort gehen. Dann legte er auf. Als Loeb aus der Wache kam, fuhren sie zum Walgreens an der 67. und Stony Island und stellten sich neben das Münztelefon.

Das Taxi kam wie vereinbart am Haus der Franks an, aber Leopold hatte dem Fahrer nicht gesagt, wohin er fahren sollte, und Jacob Franks konnte sich nicht erinnern. Aber das war nicht wichtig. Franks hatte nicht nur Zeit geschunden, sondern es war etwas dazwischen gekommen. Ein glücklicher Journalist hatte Gerüchte über eine Kindesentführung gehört, in die die Franks verwickelt waren. Dann hörte er, dass die Leiche eines Jungen am Wolf Lake gefunden worden war. Er brachte beides zusammen und rief Jacob Franks an, der seinen Schwager schickte, um den Fall zu überprüfen. Als Leopold anrief, war Franks gerade mitgeteilt worden, dass sein Schwager die Leiche als seinen jüngeren Sohn identifiziert hatte. Man würde nicht versuchen, das Lösegeld zu bezahlen, und die Polizei suchte bereits nach dem Mörder von Bobby Franks.

Um sich die Zeit zu vertreiben, während sie auf ihren Anruf warteten, kauften sie eine Zeitung an einem Zeitungsstand. Auf der Titelseite stand ein Bericht über die Leiche eines unbekannten Jungen, die in der Nähe der 121st und der Railroad Avenue, draußen am Wolf Lake, gefunden wurde. Als Loeb dies sah, wollte er den Plan aufgeben und seine Spuren verwischen. Leopold widersprach jedoch. Sicher, die Leiche wurde gefunden. Sie konnte jedoch nicht identifiziert werden, weil sie die Kleidung mit den Identifikationsmerkmalen entfernt und das Gesicht mit Säure weggebrannt hatten. Es war immer noch Zeit, das Geld von den Franks zu bekommen, bevor sie wussten, dass es ihr Sohn in dem Gully war.

Was Leopold zu diesem Zeitpunkt antrieb, ist nicht bekannt. Er brauchte das Geld nicht; er hatte schon genug von seiner Familie. Vielleicht fürchtete er, dass Loeb ihm wieder den Sex verweigern würde, den er brauchte, wenn sie einen Rückzieher machten. Vielleicht wollte er zeigen, wie clever sein Lösegeldplan war, indem er das Geld bekam, obwohl so viel schief gelaufen war. Auf jeden Fall überredete er Loeb.

Leopold rief in der Bogart de Ross Filiale von Walgreens an, aber der Angestellte sagte ihm, dass es keinen Herrn Franks im Gebäude gäbe. Sie gingen die Straße hinauf zu einer anderen Drogerie und warteten zehn Minuten,95 und riefen dann erneut an. Immer noch kein Mr. Franks. Das war's. Da sie nun vermuteten, dass die Leiche bereits identifiziert worden war, gaben sie den Lösegeldplan auf und brachten den Leihwagen zurück. Die meisten Beweise waren bereits entsorgt worden - dachten sie - und jetzt mussten sie nur noch den Mantel und die Schreibmaschine loswerden und warten, bis sich die Aufregung gelegt hatte. Sie hatten sich am Vortag eine Geschichte über ihre Bewegungen ausgedacht, und wenn einer von ihnen befragt wurde, konnten sie den anderen benennen und ihn dazu bringen, die Geschichte zu bestätigen. Sie hatten niemanden, der ihnen das bestätigen konnte, aber es sollte reichen. Sie einigten sich darauf, dass dieses Alibi für die nächste Woche gelten sollte; sollte danach etwas passieren, würden sie einfach sagen, dass sie sich nicht erinnern konnten, was sie an diesem Tag getan hatten.

###

Am Samstagabend, dem 24. Mai, gingen Leopold und Loeb zu einem Doppel-Date mit Susan Lurie und Lorraine Nathan. Gegen zehn Uhr setzten sie die Mädchen zu Hause ab und kehrten dann in ihre eigenen Häuser zurück. Um zwei Uhr morgens schlichen sie sich hinaus und trafen sich in einem Restaurant in der 51st Street. Bei sich hatten sie die Underwood-Schreibmaschine und den blutbefleckten Autoumhang. Als sie das Restaurant verließen, fuhren sie in Leopolds Auto nach Südosten, während Loeb sich an der Schreibmaschine zu schaffen machte. Er brach die Tastenköpfe ab, die jede Schreibmaschine einzigartig machten. Leopold fuhr zur Jackson Park Lagoon, wo Loeb die Tasten von einer Brücke und die Schreibmaschine von einer anderen warf. Er holte einen Benzinkanister aus dem Kofferraum, kippte den Mantel ans Ufer und tränkte ihn mit Benzin. Ein Streichholz besorgte den Rest.96

Nachdem sie die letzten Beweise beseitigt hatten, kehrten sie nach Hause zurück. Müde von der langen Nacht lag Leopold am nächsten Morgen noch im Bett, als sein Vater ihn mit einer schlechten Nachricht wachrüttelte. Unten waren zwei Polizeibeamte, die mit ihm sprechen wollten.

Sie wollten sogar noch mehr als das. Leopold wurde zur Staatsanwaltschaft gebracht und aufgefordert, eine Erklärung abzugeben. Er erklärte, dass er mit dem Hegewisch-Sumpf durch seine bekannten Vogelbeobachtungen vertraut war. Die Polizei fragte ihn, wer aus seiner Klasse noch in den Sumpf gehe, und er gab ihnen eine Liste mit Namen. Leopold war zuversichtlich, dass die Polizei mit seinen Erklärungen zufrieden war. Zu diesem Zeitpunkt war er ohnehin kaum noch verdächtig; die Polizei wollte nur mit ihm sprechen, weil der Wildhüter ihn als jemanden bezeichnet hatte, der sich häufig in dem Gebiet aufhielt, in dem die Leiche gefunden wurde, und sie hofften, dass er in der Lage sein würde, andere Personen zu nennen, die sich in diesem Gebiet aufhielten.

Natürlich gab es Verdächtige. Die Lösegeldforderung, die die Franks erhalten hatten, war eindeutig von einem gebildeten Mann verfasst worden - was bei Kriminellen recht ungewöhnlich ist - und drei Lehrer der Schule waren schnell verhaftet worden. Einer wurde nur kurz festgehalten und dann wieder freigelassen, aber zwei weitere waren noch in Haft, als Leopold das erste Mal befragt wurde. Ein Grund für die Befragung war, dass die Polizei hoffte, Leopold würde einen der Lehrer als jemanden bezeichnen, der in die Sümpfe gegangen war. Doch allmählich fügen sich immer mehr Teile des Puzzles zusammen, und allmählich hebt sich Leopold immer deutlicher von der Masse der potenziellen Mörder ab.

Die Brille hatte die Polizei weiterhin interessiert. Leopold hatte geleugnet, seine Brille verloren zu haben, und war zuversichtlich, dass es unmöglich sein würde, sie als seine zu identifizieren. Das Rezept für die Brillengläser war ein gewöhnliches, und die Fassungen wiesen keine Besonderheiten auf. Das einzig Ungewöhnliche an der Brille waren die Scharniere an den Bügeln. Diese wurden in New York hergestellt, und es gab nur einen Optiker in Chicago, der sie verkaufte. Nachdem die Scharniere identifiziert worden waren, wurde der Optiker schnell ausfindig gemacht, und die Polizei suchte Almer Coe auf, um ihn zu fragen, wie viele Brillen mit diesem Scharnierdesign er verkauft hatte. Es waren nur drei. Eine der Kundinnen war eine Frau namens Marie; als die Polizei sie bei der Arbeit aufsuchte, hatte sie die Brille nicht bei sich, konnte aber die Polizei zu sich nach Hause führen und ihnen die Brille zeigen.[97] Ein anderer war der prominente örtliche Anwalt Jerome Frank, den die Polizei sofort ausschloss, weil er sich auf einer Europareise befand. Der dritte war Nathan Leopold.

Am 29. Mai wurde Leopold erneut aufgegriffen und ins LaSalle Hotel gebracht, wo Staatsanwalt Robert Crowe ein Zimmer genommen hatte.[98] Mit den neuen Beweisen über die Brille konfrontiert, sagte er, sie müsse ihm aus der Tasche gefallen sein, als er beim Versuch, einen seltenen Vogel zu fotografieren, gestolpert sei. Der stellvertretende Staatsanwalt Joseph Savage reichte ihm die Brille und bat ihn, es zu demonstrieren. Leopold stolperte wiederholt und fiel zu Boden, aber die Brille blieb fest in seiner Tasche.

Der Verdacht fiel nun direkt auf Leopold. Er zögerte so lange wie möglich, beschloss aber schließlich, dass es an der Zeit war, das Alibi zu veröffentlichen, obwohl bereits mehr als eine Woche vergangen war. Er erzählte seinen Vernehmungsbeamten, dass er sich am 21. Mai mit Loeb getroffen hatte und sie zusammen Auto gefahren waren. Sie seien zu Marshall Fields gefahren und hätten in einem Grillrestaurant zu Mittag gegessen. Danach seien sie für den Nachmittag in den Lincoln Park gefahren. Schließlich hatten sie zwei Mädchen namens Mae und Edna aufgesammelt - ihre Nachnamen hatten sie nicht erfahren - und waren eine Weile mit ihnen herumgefahren. Als sie die Mädchen nicht dazu überreden konnten, "rüberzukommen", setzten sie sie in der Nähe eines Golfplatzes ab und gingen im Coconut Grove essen. Das Alibi verwischte Leopolds Spuren für den ganzen Tag, aber es hatte nicht viele Beweise, um es zu stützen. Es lenkte die Ermittlungen auch auf Loeb. Er wurde bald darauf aufgegriffen und zur Bestätigung des Alibis vorgeladen. Um Absprachen zu vermeiden, wurde er getrennt von Leopold befragt, und die Dinge begannen sofort schiefzulaufen. Loeb wusste, dass die Frist für sein Alibi abgelaufen war, und sagte, er könne sich nicht erinnern, wo er an diesem Tag gewesen war. Leopold fand dies schnell heraus; er glaubte, dass er, wenn das Alibi bestätigt worden wäre, freigelassen worden wäre, so dass die Tatsache, dass er immer noch festgehalten wurde, bedeutete, dass Loeb nicht redete. Das Problem war, dass er nicht mit Loeb kommunizieren konnte - zumindest nicht direkt. Auf der Suche nach einer Gelegenheit gelang es ihm, einen Journalisten zu gewinnen, der unwissentlich als Vermittler fungierte.

Auf Leopolds Drängen hin forderte der Reporter Loeb auf, "die Wahrheit über die beiden Mädchen zu sagen. Sagen Sie der Polizei, was Sie mit ihnen gemacht haben. Schlimmer als jetzt können Sie nicht mehr werden. Er sagte, Sie würden es verstehen."99 Als Loeb erkennt, dass Leopold der Polizei ein Alibi gegeben hat, "erinnert" er sich nun daran, wo er acht Tage zuvor gewesen war und bestätigt Leopolds Geschichte.

Doch es war zu spät. Die Beweise häuften sich, und obwohl das Alibi vielleicht ausgereicht hätte, um eine zufällige Untersuchung abzulenken, war es nicht solide genug, um einer genaueren Untersuchung standzuhalten. Es gab keine unabhängigen Zeugen, die bestätigen konnten, wo sie während der kritischen Zeit gewesen waren. Das Coconut Grove würde sich nicht daran erinnern, dass sie dort gegessen hatten. Loeb hatte am Nachmittag, als sie angeblich im Lincoln Park waren, mit Leuten in der Nähe der Harvard School gesprochen. Anstatt sie freizulassen, wie Leopold es erwartet hatte, nahm die Polizei nur das Alibi zur Kenntnis, und die Fragen kamen immer wieder.

Die Lösegeldforderung wurde ebenfalls analysiert, und die Form der Buchstaben zeigte, dass sie auf einem tragbaren Underwood-Gerät getippt worden war. Die Ermittler fragten Leopold, ob er ein solches Gerät besitze; er verneinte. Anschließend durchsuchten sie sein Haus, fanden aber natürlich nichts. Zumindest fanden sie keine tragbare Schreibmaschine. Sie fanden jedoch Elizabeth Sattler, das Hausmädchen, und fragten sie, ob sie eine gesehen habe. Sie sagte, sie habe eine gesehen, sie sei seit drei oder vier Monaten im Haus gewesen, aber sie habe sie in den letzten Tagen nicht mehr gesehen.100

Ohne die Schreibmaschine, so dachte Leopold, würde die Polizei keine Übereinstimmung mit den Buchstaben der Lösegeldforderung herstellen können. Aber wieder einmal ließ ihn sein unvollkommenes Genie im Stich. Er hatte eine Studiengruppe geleitet, die die Notizen abgetippt hatte. Zwei Journalisten der Chicago Daily News, Al Goldstein und Jim Mulroy, befragten Freunde der Jungen. Sie erfuhren von der Studiengruppe durch Arnold Maremont. Maremont erzählte ihnen, dass die Notizen normalerweise auf einer Büroschreibmaschine getippt wurden, aber einmal hatte Leopold eine tragbare Maschine benutzt. Hatte er irgendwelche Notizen von dieser Sitzung? Natürlich hatte er sie. Goldstein und Mulroy brachten sie zusammen mit einer Kopie der Lösegeldforderung zum lokalen Experten der Royal-Schreibmaschinenfirma, H.P. Sutton. Sutton sagte, sie stammten von der gleichen Maschine. Das brachte Leopold zwar nicht direkt mit der Notiz in Verbindung, aber es kam der Sache schon sehr nahe. Am 30. Mai tauchte Sven Englund, der Chauffeur, bei der Staatsanwaltschaft auf. Er hatte einige Informationen für die Polizei, von denen er glaubte, dass sie die Unschuld der Jungen beweisen könnten. Stattdessen ließ er ihre Alibis in die Luft gehen.

Crowe holte Loeb zu einem weiteren Gespräch und ging noch einmal das Alibi durch. Punkt für Punkt ging er ihre Bewegungen an diesem verhängnisvollen Tag durch. Waren sie gegen elf Uhr ausgegangen? Ja. Hatten sie im Grill in Marshall's Field zu Mittag gegessen? Ja. Waren sie in den Lincoln Park gegangen? Ja. Dann hat er den tödlichen Schlag ausgeführt. Waren sie in Leopolds rotem Willys-Knight gefahren? Ja.

Crowe stürzte sich darauf. Englund hatte ihm erzählt, dass er an diesem Tag die Bremsen des Coupés repariert hatte und die Jungs mit einem grünlichen oder grauen Auto weggefahren waren. Bei dem roten Auto hatten sie gelogen. Bei einem von ihnen wäre das vielleicht ein ehrlicher Fehler gewesen, aber bei beiden war es eine bewusste Täuschung. Worüber haben sie noch gelogen? Loeb leugnete es und beharrte darauf, dass Englund entweder log oder sich irrte, aber das Spiel war aus.

In der Tat gab es weit mehr Beweise gegen sie, als Loeb sich vorstellen konnte, und die Polizei hatte sie schnell in die Hände bekommen. Der Hausdetektiv des Morrison Hotels hatte den von "Morton D. Ballard" dort hinterlassenen Koffer geöffnet und vier Bücher aus der Bibliothek der Universität von Chicago gefunden. In einem der Bücher befand sich ein Bibliotheksausweis auf den Namen Richard Loeb.

Das Alibi fiel in sich zusammen, und Loeb konnte die Zeichen der Zeit erkennen. Er erkannte schnell, dass seine einzige Chance auf Strafmilderung darin bestand, alles zu gestehen und Leopold so viel wie möglich in die Schuhe zu schieben. Die verblüfften Ermittler hörten zu, als er in aller Ruhe die Planung des Verbrechens und dessen Ausführung schilderte. Sie bekamen allerdings eine sorgfältig bearbeitete Version zu hören; einige Details waren anders als das, was sie später hören würden. Der Plan stammte von Leopold, sagte er ihnen, und das Ziel waren Aufregung und Geld. Die Planung hatte vor etwa zwei Monaten begonnen. Bei der eigentlichen Entführung und Tötung sei Loeb am Steuer gesessen, und Leopold habe die Schläge gegen Franks geführt und ihn dann geknebelt. Er sagte auch, der Plan sei gewesen, Franks mit Äther zu töten, und Leopold habe dies vorgeschlagen, weil er Erfahrung mit der Ätherisierung von Vögeln für seine Sammlung hatte.

Loebs Geschichte wies jedoch Lücken auf. Er behauptete, der Fahrer gewesen zu sein, bis zu dem Punkt, an dem sie für Hot Dogs angehalten hatten, aber er konnte sich nicht an die Route erinnern, die sie genommen hatten. Er habe sich an Leopolds Anweisungen gehalten, sagte er. Er erzählte den Interviewern auch, dass er während der Fahrt immer wieder nach Franks geschaut habe, um zu sehen, ob er sich bewegte, aber das wäre vom Fahrersitz aus schwierig gewesen. Es spielte keine Rolle. Alles würde früh genug ans Licht kommen.

[7]

VON BEWEISEN ÜBERWÄLTIGT

Auch ohne die Geständnisse war der Fall gegen Leopold und Loeb nun solide. Sie hatten geglaubt, ihr Plan würde sie über jeden Verdacht erhaben machen; stattdessen hatte er der Polizei nur Dutzende von Gelegenheiten verschafft, Teile des Puzzles zu bestätigen. Die Liste der Personen, die sie wiedererkannten, wurde von Tag zu Tag länger. Dem Staat fehlte es nicht an Zeugen, aus denen er wählen konnte:

- Charles E. Ward von der Hyde Park State Bank erkannte Leopold als den Kunden, der sich "Morton D. Ballard" nannte.
- Arthur J. Doherty von derselben Bank erkannte, dass Loeb einen Scheck über 100 Dollar eingelöst hatte, der von "Ballard" unterzeichnet war.
- David Barish und Max Tucherman von Barish's Delicatessen erkannten Loeb als denjenigen, der am 9. Mai dort war und ans Telefon ging, als es klingelte; das war, als Loeb als "Louis Mason" für "Ballard" bürgte.
- William Herndon und Margaret Fitzpatrick von der Rent-A-Car Company erkannten Leopold als "Morton D. Ballard".

- Lucille Smith und ihre Tochter waren am 21. Mai gegen 21.30 Uhr auf der 118th unweit des Durchlasses unterwegs, als ein Auto an ihnen vorbeifuhr. Anhand von Fotos erkannten sie, dass es einem Willys-Knight-Tourer ähnelte.

- Bernard Hunt, der Nachtwächter, identifizierte Leopolds Willys-Knight Coupé als das Auto, aus dem der Meißel geworfen wurde.

Nachdem sie gestanden hatten, waren Leopold und Loeb nun bereit, bei der Suche nach weiteren wichtigen Beweisen zu helfen. Die Polizei nahm sie mit zur Jackson Park Lagoon, wo Loeb ihnen die Stelle zeigte, an der er die Schreibmaschine versenkt hatte, und auf das teilweise verbrannte Gewand hinwies. Dann fuhren sie zur Staatsgrenze von Indiana, wo Loeb den Gürtel fand, den er versteckt hatte. Die Läden, in denen das Seil, der Meißel und die Säure gekauft worden waren, wurden aufgesucht, und die Inhaber erinnerten sich, dass sie sie an Kunden verkauft hatten, die auf die Beschreibungen der Jungen passten. Der Pullman-Wagen, in dem Loeb den Brief an Jacob Franks versteckt hatte, wurde auf einem Rangierbahnhof in New York City ausfindig gemacht und der Brief geborgen. Ein Taucher barg die Schreibmaschine aus der Lagune, deren Seriennummer ermittelt werden konnte; es handelte sich um die bei dem Einbruch in die Zeta Beta Tau gestohlene Maschine.

Sie hatten ihre Geschichte erzählt, und obwohl sie sich nicht einig waren, wer die tödlichen Schläge ausgeführt hatte, konnte der Rest durch Beweise und Zeugen eindeutig bestätigt werden. Sie hatten auch frei mit der Presse geplaudert und schienen sich nicht darum zu kümmern, dass sie jede mögliche Verteidigung zunichte machten. "Wir haben die Entführung sogar mindestens dreimal geprobt und in allen Einzelheiten durchgespielt, nur der Junge, den wir entführen und töten sollten, fehlte", sagte Leopold, "es war nur ein Experiment. Es war für uns so leicht zu rechtfertigen wie für einen Entomologen, der einen Käfer auf eine Nadel spießt." Loeb war noch arroganter: "Diese Sache wird mein Leben bestimmen. Ich werde ein paar Jahre im Gefängnis verbringen und dann entlassen werden. Ich komme raus und führe ein neues Leben."101 Jetzt gab es kein Zurück mehr.

Am 5. Juni 1924 erhob ein Geschworenengericht Anklage gegen die beiden wegen Mordes und Entführung. Staatsanwalt Crowe ahnte bereits die wahrscheinliche Verteidigung, denn er wusste, wer mit der Verteidigung der Mörder beauftragt worden war, und unterschätzte die damit verbundene Herausforderung nicht. Anwälte, Psychiater und Journalisten versammelten sich für den Fall, und Crowe wollte ihn festnageln. Er war jedoch zuversichtlich. "Wir haben die schlüssigsten Beweise, die ich je in einem Kriminalfall gesehen habe", verkündete er am Tag nach der Unterzeichnung der Geständnisse.102 Das wusste auch die Verteidigung.

[8]

DER PROZESS DES JAHRHUNDERTS

Das Urteil des Prozesses stand bereits fest; auch ohne die Geständnisse gab es genügend Beweise, die Leopold und Loeb mit dem Tod von Franks in Verbindung brachten. Das Beste, worauf sie hoffen konnten, war, dem Strick zu entkommen, und es war offensichtlich, dass selbst dafür eine Verteidigung erforderlich sein würde, die an Genialität grenzte. Da jedoch zwei wohlhabende Familien involviert waren, gab es nur wenige Grenzen für die juristische Vertretung, die sie sich leisten konnten. Sie suchten nach einem populären Anwalt mit einem Talent für die Verteidigung scheinbar aussichtsloser Fälle. Ihre Wahl fiel auf Clarence Darrow.

Der 67-jährige Darrow hatte einen beeindruckenden, aber manchmal auch kontroversen Ruf. Obwohl er in Ohio geboren wurde, hatte seine Familie Wurzeln in Neuengland, und sein Vater Amirus war vor dem Bürgerkrieg ein ausgesprochener Abolitionist. Er war auch ein bekannter religiöser Freidenker, der den Spitznamen "der Dorf-Ungläubige" trug. Darrows Mutter Emily war ebenfalls politisch engagiert und gehörte zu den frühesten Befürwortern der Frauenrechte und des Frauenwahlrechts. Darrow selbst besuchte das

Allegheny College, eine private Kunsthochschule in Pennsylvania, und wechselte dann an die juristische Fakultät der Universität von Michigan. Er machte zwar keinen Abschluss, wurde aber dennoch 1878 als Anwalt in Ohio zugelassen. Bald engagierte er sich in der Politik der Demokratischen Partei, was seinen radikalen Familientraditionen entsprach. Im Jahr 1887 zog er nach Chicago, wo er für das Rathaus arbeitete und häufig als Redner bei Versammlungen der Demokraten und anderen politischen Veranstaltungen auftrat. 1893 half er, den Gouverneur von Illinois zu überzeugen, drei Anarchisten zu begnadigen, die wegen des Haymarket-Attentats von 1886 inhaftiert worden waren.

Als nächstes versuchte sich Darrow im Gesellschaftsrecht und arbeitete für die Chicago & Northwestern Railway Company. Dies gefiel ihm jedoch nicht, und 1894 kündigte er, um den Gewerkschaftsführer Eugene V. Debs zu vertreten, der wegen der Führung des Pullman-Streiks vor Gericht stand. Debs wurde in seinem ersten Prozess freigesprochen, aber später in einem zweiten ins Gefängnis gesteckt. Das hielt Darrow jedoch nicht davon ab, eine Vorliebe für die Arbeit als Verteidiger zu entwickeln, und später im selben Jahr vertrat er Patrick Prendergast, einen irischen politischen Aktivisten, der den Chicagoer Bürgermeister Carter Harrison, Sr. erschossen hatte.103 Prendergasts erster Anwalt hatte erfolglos versucht, ihn für unzurechnungsfähig erklären zu lassen - was er wahrscheinlich auch war -, und Darrow gelang es, eine Anhörung zu erreichen, um gegen dieses Urteil Berufung einzulegen. Auch er scheiterte, und Prendergast wurde am 14. Juli 1894 gehängt.

Ob Prendergasts Schicksal seine Ansichten beeinflusste oder nicht, ist nicht bekannt, aber 1924 war Darrow als entschiedener Gegner der Todesstrafe bekannt. Angesichts der Abscheu, die ihr Verbrechen ausgelöst hatte, waren Leopold und Loeb ideale Kandidaten für den Strick. Darrow wusste, dass ein Freispruch unrealistisch war. Die meisten Leute würden erwarten, dass er einen Freispruch wegen Unzurechnungsfähigkeit anstreben würde, aber er kannte die Risiken dieses Ansatzes. Sobald er zu argumentieren versuchte, dass seine Klienten unzurechnungsfähig waren, würde die Staatsanwaltschaft eine Reihe von Sachverständigen aufbieten, die das Gegenteil bezeugen würden. Außerdem wollte er einen Prozess vor den Geschworenen vermeiden, der angesichts der öffentlichen Meinung mit ziemlicher Sicherheit die Todesstrafe zur Folge hätte.

Dies war in vielerlei Hinsicht ein schwieriger Prozess für Darrow. Er hatte sich einen Namen als Verteidiger der Armen und Benachteiligten gemacht, doch nun waren seine Klienten zwei Sprösslinge der Elite. Er wurde als Heuchler bezeichnet; die Familien Leopold und Loeb wurden beschuldigt, ihren Reichtum zu nutzen, um ihre Söhne vor den Folgen ihrer Taten zu schützen. Von der Presse aufgepeitscht, spottete man, Darrow habe sich für eine Million Dollar an die Reichen verkauft. Um den Anschuldigungen entgegenzuwirken, half er den Familien bei der Ausarbeitung einer Erklärung, dass keine großen Summen für Anwälte oder medizinische Experten ausgegeben würden.104 Darrow schlug später 200.000 Dollar als angemessenes Honorar vor und erhielt schließlich 65.000 Dollar105 - was nach Steuern 30.000 Dollar entsprach -, aber es ging ihm nicht um das Geld. Was er wollte, war die Chance, seinen Ansichten über die Todesstrafe Gehör zu verschaffen, und angesichts der Aufmerksamkeit, die dieser Fall in den USA und weltweit erregte, war das die perfekte Gelegenheit. Als Loebs Onkel Jacob ihn am 31. Mai spät aus dem Bett holte, zögerte er nicht, den Fall zu übernehmen. Zwischen der Grand Jury und dem Beginn des Prozesses hatte er über sechs Wochen Zeit, um seine Strategie auszuarbeiten, und er nutzte sie gut.

Der Prozess wurde am 21. Juli 1924 vor dem Strafgericht von Chicago eröffnet. Den Vorsitz führte Richter John R. Caverley, und Darrow wollte, dass er das Verfahren fest im Griff hatte. Mit 63 Jahren und kurz vor der Pensionierung war der gelehrte Caverley nicht darauf aus, sich einen Namen zu machen. Darrow war der Meinung, dass er möglicherweise dazu überredet werden könnte, Leopold und Loeb zu verschonen, aber die Geschworenen würden sie hängen wollen. Der Schlüssel lag also darin, ihr Schicksal aus den Händen der Geschworenen herauszuhalten, und Darrow wusste, wie das zu bewerkstelligen war.

Vor über 300 Zuschauern - darunter 200 Pressevertreter - trat der ältere Anwalt an den Richtertisch heran. Er teilte dem Gericht ruhig mit, dass er nicht versuchen werde, eine Verlegung des Prozesses zu erwirken oder die Staatsanwaltschaft davon abzuhalten, die Entführungs- und Mordanklage zu trennen. Crowe schaute misstrauisch zu. Es lag auf der Hand, die Anklagepunkte zusammenzulegen; wenn Crowe es nicht schaffte, ein Todesurteil zu erwirken, hatte Darrow auf diese Weise gewonnen. Andererseits hatte Crowe bei einer getrennten Anklage zwei Chancen. Wenn sich die Geschworenen bei den Mordanklagen für eine lebenslange Haftstrafe entschieden, konnte er versuchen, sie wegen Entführung zu hängen. Dann ließ Darrow seine Bombe platzen:

"Wir möchten hier ganz offen sagen, dass niemand in diesem Fall glaubt, dass diese Angeklagten freigelassen werden sollten oder dazu in der Lage sind. Wir glauben, dass sie dauerhaft von der Gesellschaft isoliert werden sollten... Nach langem Nachdenken und gründlicher Diskussion haben wir uns entschlossen, bei diesem Gericht zu beantragen, dass jeder der Angeklagten in jedem der Fälle seine Nichtschuldigerklärung zurückzieht und sich schuldig bekennt."106

Darrow hatte dies schon lange im Voraus geplant und mit den Familien Leopold und Loeb besprochen. Er hatte es den Jungs allerdings erst an diesem Morgen erzählt; er konnte nicht riskieren, dass es sich herumsprach, und bei ihrer Angewohnheit zu prahlen, war es zu wahrscheinlich, dass es sich herumsprach. Jetzt bekannten sie sich in beiden Anklagepunkten schuldig, und Crowe hatte keine Möglichkeit, einen der Anklagepunkte zurückzuziehen und in Reserve zu halten. Nun rief Caverley die Angeklagten zum Verhör nach vorne. Er erinnerte sie daran, dass er sie, da sie sich schuldig bekannt hatten, nun zum Tode verurteilen könnte, und dass die Mindeststrafe mindestens 14 Jahre Gefängnis betragen würde; wollten sie sich deshalb immer noch schuldig bekennen? "Ja", antworteten beide. Die Verhandlung war nun technisch gesehen eine Anhörung zur Verurteilung, da die Schuld nicht mehr festgestellt werden musste. Noch wichtiger für Darrow war, dass die Entscheidung, ob die Jungs hängen sollten, nicht von zwölf Geschworenen getroffen werden würde. Caverley würde sie allein treffen müssen.

Bei der Anhörung ging es nun vor allem darum, erschwerende oder mildernde Faktoren zu ermitteln, die sich auf das Strafmaß auswirken könnten. Crowe begann mit der Feststellung, dass Leopold und Loeb privilegierte junge Männer waren, die alles hatten, was sie sich wünschen konnten, sich aber trotzdem dem Verbrechen zugewandt hatten. Er stellte das Lösegeld als ein wichtiges Element dar und deutete an, dass die Jungen damit Spielschulden bezahlen wollten. Sein Plädoyer dauerte eine Stunde, an deren Ende er dem Gericht mitteilte, dass er auf die Todesstrafe drängen werde. Darrow entgegnete daraufhin, dass es keinen

Präzedenzfall dafür gebe, zwei Jungen in diesem Alter zu hängen, und dass dies nichts bringen würde.107

Nun begann Crowe, die Zeugen der Anklage vorzubringen, um die Brutalität des Verbrechens zu belegen. Neben denjenigen, die die Angeklagten bei der Ausführung ihres Plans gesehen hatten, konnte er auch auf die Aussagen von drei Psychiatern zurückgreifen, die damals als "Alienisten" bekannt waren und bestätigten, dass die Angeklagten zurechnungsfähig und in der Lage waren, ihre Handlungen zu verstehen. Darrow und seine Kollegen im Verteidigungsteam, die Brüder Benjamin und Walter Bachrach, nahmen die Angeklagten so gut wie gar nicht ins Kreuzverhör; weitere Details zu nennen, würde Crowe nur helfen. Der Staatsanwalt stapelte eine Woche lang die Beweise. Es gab reichlich davon; am Ende hatte er 81 Zeugen aufgerufen und ohne den geringsten Zweifel bewiesen, dass Leopold und Loeb schuldig waren. Natürlich gab es daran keinen Zweifel; sie hatten sich bereits schuldig bekannt und Darrow hatte erklärt, dass er keinen Aspekt des Falles anfechten würde. Crowe bestand jedoch auf seiner Parade von Zeugen. Später spekulierten mehrere Kommentatoren, dass er seinem Fall damit geschadet habe - Richter Caverley hatte jedenfalls mehr als einmal irritiert ausgesehen.

Nun war Darrow an der Reihe. Walter Bacharach war zum Jahreskongress der American Psychiatry Association gegangen und hatte deren Präsidenten - Dr. William A. White - und zwei weitere hochrangige

Mitglieder, Dr. William Healy und Bernard Glueck, angeworben. Crowes Alienisten waren Traditionalisten, die hauptsächlich nach äußeren Symptomen psychischer Erkrankungen suchten; Bacharachs Anhänger folgten den damals neuen Lehren Sigmund Freuds und befassten sich mehr mit unbewussten Einflüssen und Motivationen.108 Zwei weitere Psychiater, Dr. Harold Hurlbert und Carl Bowman, schlossen sich ebenfalls dem Verteidigungsteam an. Für den Rest der Anhörung bestand die meiste Spannung darin, die rivalisierenden Ärzteteams dabei zu beobachten, wie sie die Kompetenz, die Glaubwürdigkeit und schließlich die Ehrlichkeit des jeweils anderen erbittert angriffen.

Sobald Darrow seinen ersten Zeugen, Dr. White, vorstellte, erhob Crowe Einspruch. Der einzige Grund, einen Psychiater aufzurufen, so argumentierte er, sei der Nachweis, dass ein Angeklagter aufgrund von Unzurechnungsfähigkeit nicht schuldig sei. Da Leopold und Loeb ihre Schuld bereits eingestanden hatten, wäre die Aussage von White "inkompetent, irrelevant und unwesentlich".109 Richter Caverley war anderer Meinung, und nach mehrtägigen juristischen Auseinandersetzungen trat White in den Zeugenstand, gefolgt von den anderen. Crowe erhob ständig Einspruch, aber die Ärzte fuhren fort. Sie alle zeichneten ein erschreckendes Bild.

Loeb, so sagten die Ärzte, sei durch Emily Struthers' strenge Erziehung behindert worden. Er war zu sehr unter Druck gesetzt worden, und ihre ständigen

Bestrafungen hatten ihn gelehrt zu lügen. Er war sexuell verklemmt und hielt sich für weniger potent als seine Freunde. Sein ganzes Leben lang, so White, habe er auf die Selbstzerstörung hingearbeitet.110 Die anderen Freudianer hatten unterschiedliche Meinungen über Loeb, aber alle fanden ihn oberflächlich, manipulativ und mit einem Mangel an normalen Emotionen. Glueck, dem gegenüber Loeb zugab, Bobby Franks getötet zu haben, sagte, er zeige weder Reue noch Bedauern.

Die Ärzte stellten fest, dass Leopold Schwierigkeiten hatte, Freundschaften zu schließen, insbesondere mit Frauen. Er war durch den Tod seiner Mutter traumatisiert und hatte seine körperliche Minderwertigkeit in Fantasien verdrängt. Healy war schockiert über seine Gefühllosigkeit, wenn er über den Mord sprach, und diagnostizierte eine paranoide Persönlichkeit. Glueck war erstaunt, wie stark sich Leopold mit dem nietzscheanischen Übermenschen identifizierte.

Die Aussagen dieser Experten beeindruckten Caverley. Das Verbrechen war schrecklich gewesen, aber, so die Ärzte, es war geschehen, weil zwei abnorme Persönlichkeiten zusammengebracht worden waren. Schließlich trat Darrow selbst in den Zeugenstand, um ein Resümee für die Verteidigung zu ziehen. Seine zweitägige Rede gilt als die beste seiner Karriere und brachte die während der gesamten Verhandlung vorgebrachten Argumente auf den Punkt. Der überfüllte Gerichtssaal und die Hunderte von Menschen, die sich draußen drängten, bekräftigten, wie ein Reporter sagte,

Darrows Argument, dass "das Gericht das Einzige war, das zwischen den Jungen und einem blutrünstigen Mob stand".111 In seiner Marathonrede erörterte Darrow die Wurzeln des Verbrechens in der Gesellschaft, im Gemetzel des Großen Krieges und in den geistigen Abnormitäten der Angeklagten. Er wies die Behauptung von Crowe zurück, es habe sich um einen Raubüberfall zur Begleichung von Spielschulden gehandelt; die fraglichen Schulden beliefen sich auf 90 Dollar und waren von einem Jungen an den anderen geschuldet - und jeder von ihnen hatte zu diesem Zeitpunkt über 3.000 Dollar auf der Bank. Die Jungen, so argumentierte Darrow, waren Spielfiguren der Natur, und es wäre falsch, solche hilflosen Geschöpfe zu töten. Die Todesstrafe selbst geriet unter Dauerbeschuss: "Wenn der Staat, in dem ich lebe, nicht gütiger, humaner und rücksichtsvoller ist als die verrückte Tat dieser beiden Jungen, tut es mir leid, dass ich so lange gelebt habe."

Er wandte sich der Frage nach den Schuldbekenntnissen zu. In den letzten zehn Jahren hätten sich in Chicago 450 Menschen des Mordes schuldig bekannt, und nur einer von ihnen sei gehängt worden (der damalige Richter war Crowe).112 Es habe in Chicago noch nie einen Fall gegeben, in dem ein Junge unter 21 Jahren (dem damaligen Volljährigkeitsalter) nach einem Schuldbekenntnis gehängt worden sei.

Es könnte, so Darrow, eine Gnade für Leopold und Loeb sein, sie zu hängen. Es wäre jedoch keine Gnade für ihre unschuldigen Familien oder den Zustand der Gesellschaft. Schließlich entschuldigte er sich für die Zeit, die er gebraucht hatte, und schloss mit einem Aufruf zu einer humaneren Nation:

"Wenn es mir gelingt, wird meine größte Belohnung und meine größte Hoffnung darin bestehen, dass ich etwas für die Zehntausenden von anderen Jungen getan habe, für die unzähligen Unglücklichen, die in blinder Kindheit denselben Weg gehen müssen, den diese Jungen gegangen sind; dass ich etwas getan habe, um zur menschlichen Verständigung beizutragen, um Gerechtigkeit durch Barmherzigkeit zu mildern, um Hass durch Liebe zu überwinden."

Er hätte sich nicht für die Länge seiner Rede entschuldigen müssen. Crowes Schlussplädoyer für die Staatsanwaltschaft dauerte ebenfalls zwei Tage, von denen er einen Großteil damit verbrachte, Darrow und die Psychiater der Verteidigung anzugreifen.

Schließlich, am 11. September 1924, brachte Richter Caverley das Gericht zum letzten Mal zur Ordnung. Es könne nicht nachgewiesen werden, dass die Jungen unzurechnungsfähig seien, sagte er, aber sie seien auch nicht normal; wenn sie es seien, könne das Verbrechen nicht geschehen sein. Es wäre ein Leichtes, sie zu hängen. Andererseits waren sie jung, und aus diesem Grund und wegen ihrer Persönlichkeit könnte eine lebenslange Haftstrafe eine schwerere Strafe sein. Zum Wohle der Gesellschaft könnten sie jedoch beide nie wieder frei sein. Er hatte seine Entscheidung getroffen.

Für den Mord an Bobby Franks, so Caverley, sollten Nathan Leopold und Richard Loeb für den Rest ihres natürlichen Lebens im Gefängnis von Joliet eingesperrt werden. Für die Entführung: 99 Jahre in Joliet. Nach der Urteilsverkündung brachte Caverley sich und seine Frau ins Krankenhaus, um sich von den Strapazen zu erholen. Als er wieder herauskam, nahm er sich vor, für den Rest seiner Karriere nur noch Scheidungsfälle zu bearbeiten.

[9]

GEFÄNGNIS

Auch ohne die Geständnisse war der Fall gegen Leopold und Loeb nun solide. Sie hatten geglaubt, ihr Plan würde sie über jeden Verdacht erhaben machen; stattdessen hatte er der Polizei nur Dutzende von Gelegenheiten verschafft, Teile des Puzzles zu bestätigen. Die Liste der Personen, die sie wiedererkannten, wurde von Tag zu Tag länger. Dem Staat fehlte es nicht an Zeugen, aus denen er wählen konnte:

Nach dem Prozess wurden Leopold und Loeb im Gefängnis von Joliet inhaftiert. Im Jahr 1930 wurde Loeb in das neue Gefängnis in Statesville verlegt, und Leopold - der bereits 1925 für einige Zeit dort gewesen war - gelang im folgenden Jahr eine dauerhafte Verlegung. Das Gefängnispersonal versuchte zunächst, die beiden getrennt zu halten, gab aber schließlich nach und ließ sie frei miteinander verkehren. Sie engagierten sich in der Gefängnisschule, wo sie Mitgefangenen Unterricht erteilten. Als sie in Statesville ankamen, wurde in der Schule nur bis zur achten Klasse unterrichtet, was für viele der fast analphabetischen Insassen einen großen Fortschritt darstellte, aber hinter dem zurückblieb, was die geistigen Mörder für möglich hielten.

Es gab jedoch ein Problem, das auf das Gefängnissystem zurückzuführen war. Die Insassen hatten Jobs innerhalb des Gefängnisses, mit denen sie sich zusätzliche
Privilegien verdienen konnten. Um die Schule zu
besuchen, mussten sie ihre Jobs und die damit verbun-
denen Vergünstigungen aufgeben, und nur wenige
waren dazu bereit. Das Versprechen eines Highschool-
Abschlusses und einer besseren Beschäftigungs-
fähigkeit außerhalb des Gefängnisses reichte nicht aus,
um sie von längeren Hofaufenthalten abzuhalten. Leopold und Loeb fanden eine Lösung. Beide hatten Fern-
kurse belegt und wandten sich nun an das Bureau of
Correspondence Studies der Iowa State University und
baten um Hilfe. Sie bekamen sie, und Statesville erhielt
eine eigene Korrespondenzschule für seine Insassen.

Trotz seiner Verbrechen wurde Loeb von seiner
Familie im Gefängnis nicht völlig im Stich gelassen.
Jeden Monat erhielt er ein Taschengeld von 50 Dollar,
und in der geschlossenen Kleinwirtschaft eines Gefängnisses reichte das sehr weit. Loeb verteilte einen
Großteil des Geldes unter seinen Mitgefangenen und
kaufte ihnen Tabak, Snacks und Loebs Einfluss. Anfang
1936 übernahm jedoch ein neuer Direktor das Stateville-Gefängnis und machte sich daran, die Dinge zu
straffen. Zu den Änderungen, die er vornahm, gehörte
die Kürzung der Höchstzulage für Häftlinge auf 3 Dollar
pro Woche, ein Viertel dessen, was Loeb erhalten hatte.
Er konnte nichts dagegen tun, aber Gewaltverbrecher
sind nicht immer die vernünftigsten Menschen, und

einer von ihnen gab Loeb die Schuld. James E. Day, Loebs Zellengenosse, ärgerte sich über die Einkommenseinbußen und schlug wütend um sich. Am 28. Januar 1936 schlich er sich aus der Essensschlange in die Duschen und griff Loeb mit einem Rasiermesser an.113 Fünfzig Wunden wurden ihm in einem wilden Angriff zugefügt, und Loeb lag stark blutend auf dem Boden. Die Gefängnisärzte kämpften einen aussichtslosen Kampf gegen den Schock und den massiven Blutverlust, und nur wenige Stunden nach dem Angriff war der Mörder von Bobby Franks selbst tot. Day behauptete, Loeb habe ihm einen aggressiven Vorschlag gemacht, und obwohl Loeb die Kehle von hinten durchgeschnitten worden war, wurde seine Version der Ereignisse akzeptiert. Day wurde des Mordes nicht für schuldig befunden und verbüßte seine Strafe.

Leopold, nicht so extrovertiert wie sein Partner, erregte im Stateville weniger Aufmerksamkeit. Er entkam der Gewalt, die Loebs Leben beendete, half aber anschließend, seine Leiche zu waschen. Dann setzte er seine Strafe fort. Im Gefängnis nutzte er jede Gelegenheit, um zu lernen, und fügte den 15 Sprachen, die er bereits beherrschte, zwölf weitere hinzu.8 Er studierte auch Mathematik und arbeitete weiter in der Gefängnisschule. Er züchtete Kanarienvögel. 1944 meldete er

---

8 Es gibt Fragen zu Leopolds sprachlichen Fähigkeiten. Er kannte zwar viele Sprachen, beherrschte aber möglicherweise nur fünf davon einigermaßen fließend. Es wird berichtet, dass Loeb von Leopolds ständiger Prahlerei, 15 Sprachen zu sprechen, irritiert war.

sich freiwillig für die Stateville Penitentiary Malaria Study, bei der 441 freiwillige Häftlinge absichtlich mit Malaria infiziert wurden, um neue Malariamittel zu testen.114

Leopold kam im Gefängnis zurecht, aber er akzeptierte nie, dass er sein ganzes Leben dort verbringen würde. Die Presse interessierte sich nach wie vor für ihn, und er begann vorsichtig damit, sein Image zu rehabilitieren. Im Jahr 1953 erhielt er eine Anhörung zur Bewährung. Sein Antrag hatte einige Befürworter, aber auch viele Gegner. Der Staatsanwalt, John Gutknecht, war wütend und setzte sein ganzes Gewicht gegen Leopold ein. Der Antrag wurde abgelehnt und der Bewährungsausschuss entschied, dass er erst nach zwölf Jahren wieder einen Antrag stellen könne.115 Im Jahr 1958 lenkte man jedoch ein, und Leopold wurde schließlich entlassen. Er hatte 33 Jahre lang im Gefängnis gesessen.

[10]

Späteres Leben

Als Leopold aus dem Stateville-Gefängnis entlassen wurde, war er 54 Jahre alt und hatte fast zwei Drittel seines Lebens hinter Gittern verbracht. Jetzt wollte er sein Leben in Ruhe ausklingen lassen. Da dies in der Manege eines Medienzirkus nicht möglich war, beschloss er, die USA zu verlassen und nach Puerto Rico zu ziehen. Dort studierte er Soziologie an der Universität von Puerto Rico. Er arbeitete in verschiedenen Jobs und hatte auch Honorareinnahmen; 1958 hatte er seine Geschichte Life Plus Ninety-Nine Years veröffentlicht.

Leopold kehrte auch zu seiner alten Leidenschaft, der Ornithologie, zurück. Puerto Rico verfügt über eine reiche Sammlung von Vögeln, insgesamt 349 Arten, über die er eine Abhandlung schrieb. Einige Jahre nach seiner Entlassung lernte Leopold Trudi Garcia de Quevedo kennen, die Witwe eines Arztes aus Baltimore. Sie heirateten im Jahr 1961.

Leopold kehrte häufig nach Chicago zurück, um alte Freunde zu besuchen. Wenn er dort war, streifte er durch die Viertel in der Nähe der Universität und besuchte die Gräber seiner Eltern und seiner beiden Brüder. Die meisten, die mit dem Verbrechen zu tun hatten, waren gestorben oder hatten die Stadt verlassen, aber die Berühmtheit des Verbrechens lebte in Büchern und im Kino weiter. Vielleicht träumte er davon, sich wieder in seinem alten Viertel niederzulassen, aber manche Wunden heilten nur langsam. Jeder Besuch endete mit seiner Rückkehr nach Puerto Rico.

Er hat Loeb nie vergessen. In einem Interview im Jahr 1960, ein Jahr vor seiner Heirat, sagte er einem Journalisten, dass er immer noch sehr in ihn verliebt sei. Mehrere Besucher seines Hauses in Puerto Rico kommentierten die dort ausgestellten Fotos. Einer war Clarence Darrow - "Der Mann, der mir das Leben gerettet hat". Der andere war Richard Loeb.

Am 20. August 1971 wurde Nathan Leopold aufgrund von Diabetes ins Krankenhaus eingeliefert. Zehn Tage später starb er an einem Herzinfarkt, während seine Frau an seiner Seite war. Nach seinem Tod wurden seine Hornhäute entfernt und zwei Empfängern transplantiert.116

SCHLUSSFOLGERUNG

Auch ohne die Geständnisse war der Fall gegen Leopold und Loeb nun solide. Sie hatten geglaubt, ihr Plan würde sie über jeden Verdacht erhaben machen; stattdessen hatte er der Polizei nur Dutzende von Gelegenheiten verschafft, Teile des Puzzles zu bestätigen. Die Liste der Personen, die sie wiedererkannten, wurde von Tag zu Tag länger. Dem Staat fehlte es nicht an Zeugen, aus denen er wählen konnte:

Fast 90 Jahre später üben Richard Loeb und Nathan Leopold und der Tod von Bobby Franks immer noch eine seltsame Faszination aus. Sie hatten alles, aber sie wollten mehr - den Kitzel des Verbotenen. Ihr Verbrechen hat seine Einzigartigkeit verloren und reiht sich ein in eine deprimierende Liste von Thrillkillern. Jesse McAllister und Bradley Price ermordeten 1997 ein Paar an einem Strand in New Jersey, um die Erfahrung eines Mordes zu machen. Todd Rizzo, 18 Jahre alt, tötete im selben Jahr einen 13-Jährigen mit einem Vorschlaghammer. 1997 war in der Tat ein schlechtes Jahr, vor allem für New Jersey: Thomas Koskovitch und Jayson Vreeland bestellten eine Pizza, überfielen und töteten den Pizzaboten, nur um zu sehen, wie sich Töten anfühlt. Es gab Verbrechen, bei denen alle Beteiligten so jung waren, dass es kaum zu glauben ist: 1993 entführten zwei zehnjährige Engländer, Robert Thompson und Jon Venables, das Kleinkind James Bulger, belästigten es und erschlugen es dann zu Tode. Die Liste ist grauenhaft und wird jedes Jahr länger. Aber Leopold und Loeb haben etwas Besonderes an sich. Vielleicht ist es ihre hohe soziale Schicht oder ihre Intelligenz. Loeb verletzte einmal eine Frau bei einem Autounfall und überredete ihren Vater, die gesamten Arztkosten, den ausstehenden Kredit für ihr Haus und einen Urlaub zur Wiederherstellung ihrer Nerven zu bezahlen, und das von ihnen eingerichtete Schulsystem gab Hunderten von Sträflingen die Chance, ihr Leben zu ändern. Sie hatten alle Vorteile, die man sich im Leben nur wünschen kann, aber sie hatten die Wahl und entschieden sich für nihilistische Gewalt.

Vielleicht ist es die Kombination ihrer Persönlichkeiten, die uns interessiert. Es ist nicht ungewöhnlich, dass Verrückte sich gegenseitig zu größerer Gewalt anstacheln, aber der Fall Leopold und Loeb geht darüber hinaus. Beide waren psychisch gestört und auf beunruhigende Weise amoralisch, aber einzeln ist es unwahrscheinlich, dass einer von ihnen zu einem Mord fähig war. Wenn man sie jedoch zusammenbringt, heben sie das Gewissen des anderen genau auf. Sie waren zwei Hälften eines Bombenkerns, die zusammen eine kritische Masse an Psychose erreichten. Bobby Franks wurde nicht aus irgendeinem Grund herausgegriffen, der für irgendjemanden einen Sinn ergeben würde; er stand einfach zu nahe, als die Bombe hochging.

Vielleicht werden wir aber auch nur von den Künstlern angezogen, die unsere Vorstellungen von diesem

Fall geprägt haben. Kaum waren die Zellentüren für die Mörder zugeschlagen, brachte der erste Dramatiker den Text zu Papier. Patrick Hamilton veröffentlichte 1929 das Stück Rope, das 1939 zu einem der ersten BBC-Fernsehspiele wurde und 1948 von Alfred Hitchcock verfilmt wurde. Meyer Levins Compulsion erschien 1956 und wurde drei Jahre später verfilmt; der Film verärgerte Leopold so sehr, dass er erfolglos versuchte, ihn wegen Verletzung der Privatsphäre zu verhindern. Never The Sinner kam 1988 in die Kinos. Zu den weiteren Werken, die sich an diesem Buch orientieren, gehören Swoon, Native Son, Murder By Numbers, Thrill Me: The Leopold and Loeb Story und Funny Games. Solange neue Verfilmungen herauskommen, wird die Erinnerung an das Verbrechen nie verblassen. Aber wollen wir das wirklich, wenn wir bedenken, was es uns lehrt, was passiert, wenn die Regeln der Gesellschaft zusammenbrechen?

DER FALSCHE MANN

EINFÜHRUNG

Während eines Großteils seiner langen Karriere war eines der Markenzeichen von Alfred Hitchcock ein Cameo-Auftritt in jedem seiner Filme. Von 52 überlieferten Hitchcock-Filmen ist er in 39 zu sehen, darunter in allen Filmen ab Rebecca. Oft war dies zum Lachen, etwa wenn er sich in Strangers on a Train abmüht, einen Kontrabass in einen Waggon zu schleppen. In Topaz sieht man ihn zunächst im Hintergrund, wie er in einem Rollstuhl geschoben wird; dann steht er auf, schüttelt einem Mann die Hand und geht weg. Seine Auftritte wurden bei den Fans sehr beliebt, und wenn ein neuer Hitchcock-Film in die Kinos kam, warteten sie sehnsüchtig auf ihn - um sicherzustellen, dass sie nicht von der Handlung abgelenkt wurden, begann der Regisseur, seine Auftritte so nah wie möglich am Anfang des Films einzubauen.

The Wrong Man ist anders. Hitchcocks Auftritt ist gleich zu Beginn, vor dem Abspann. Es ist kein kurzer Blick oder komödiantischer Moment. Vor einem beleuchteten Boden schreitet er auf die Kamera zu und beginnt mit den Worten: "Hier spricht Alfred Hitchcock." Er fährt fort zu erklären, dass es bei dieser Geschichte einen Unterschied gibt - sie ist wahr.

Hitchcock war es nicht fremd, Filme auf wahren Begebenheiten aufzubauen. Der Spionagethriller Topaz war eine Dramatisierung der Saphir-Affäre, einer sowjetischen Unterwanderung des französischen

Geheimdienstes, die sich zur Zeit der Kubakrise
ereignete. Die Vögel" wurde von einer ungewöhnlichen
Invasion von Seevögeln inspiriert, die sich in der Nähe
von Hitchcocks Haus in Kalifornien ereignete. Psycho
basiert auf einem Roman, der lose auf den
Serienmörder Ed Gein zurückgeht. In jedem dieser Fälle
änderte Hitchcock die Geschichte jedoch erheblich. Er
nahm die Grundidee der Vorlage, änderte die Charaktere, um sie an die Handlung anzupassen, und fügte die
dramatischen Wendungen hinzu, für die er berühmt
war. Wenn er fertig war, war es oft schwer, das ursprüngliche Ereignis unter den Schichten der Kunstfertigkeit
zu erkennen.

Mit The Wrong Man wollte Hitchcock etwas tun, was
er bisher noch nicht getan hatte. Vielleicht beschloss er,
dass die eigentliche Geschichte schon genug Dramatik
und bizarre Wendungen aufwies und dass ein weiteres
Hinzufügen die Wirkung verderben würde. Vielleicht
reizte ihn auch einfach die Seltsamkeit der Geschichte.
Eine andere Möglichkeit ist, dass die verstörende Geschichte seinen eigenen Sorgen entsprach - Hitchcock
hatte eine tief sitzende Angst vor der Polizei,117 , und
die Geschichte hinter The Wrong Man hätte perfekt
dazu gepasst. Was auch immer ihn dazu bewogen hat,
er hat sein ganzes Talent in das Projekt eingebracht und
einen herausragenden Thriller geschaffen, der auch fast
sechs Jahrzehnte später noch neue Fans findet.

The Wrong Man erzählt die unglaubliche Geschichte
eines unschuldigen Mannes, der fälschlicherweise eines

Verbrechens beschuldigt wird. Das ist an sich keine ungewöhnliche Geschichte, aber in diesem Fall wurde
durch eine Reihe unwahrscheinlicher Zufälle und
schieres Pech ein scheinbar hieb- und stichfester Fall
gegen ihn aufgebaut. Es schien, als sei das gesamte
Justizsystem taub für seine Plädoyers und nur allzu
bereit, die Beweise zu ignorieren, die seine Verteidiger
so mühsam zu Tage gefördert hatten. Am Ende war es
nur ein Ausrutscher des wahren Täters, der seine Unschuld bewies.

[1]

RAUBÜBERFALL IN QUEENS

Queens, New York - 18. Dezember 1952

An der Ecke Roosevelt und 74th herrscht reges Treiben. Die Roosevelt Avenue, die teilweise durch einen erhöhten Abschnitt der U-Bahn-Linie 7 vor der Witterung geschützt ist, wird von kleinen Geschäften gesäumt, die einen ständigen Strom von Kunden anziehen. Heutzutage gibt es eine Mischung aus Fastfood-Läden, ethnischen Lebensmittelgeschäften und Schönheitssalons, die heute hier und morgen dort sind. 1952 waren die Namen und Auslagen anders, aber die grundlegenden Funktionen waren dieselben; die Geschäfte waren traditionelle Diners, kleine Läden und alle Dienstleistungen, die zum optimistischen, aufstrebenden Amerika der 1950er Jahre gehörten.

Eine der Dienstleistungen, auf die keine berufstätige Familie verzichten wollte, war eine Lebensversicherungspolice, und viele davon kamen von der Prudential Insurance Company of America. Heute erledigen die meisten Menschen ihre Versicherungsprämien mit einem Dauerauftrag, aber 1952 waren die Kunden von Prudential auf eine monatliche Scheck- oder Barzahlung angewiesen. Tausende lokaler Büros in ganz Amerika nahmen diese Zahlungen entgegen und kümmerten sich um alle anderen Belange der Kundenbetreuung. Eine von ihnen befand sich in der Nähe der belebten Ecke Roosevelt und 74th, in einem Geschäftsgebäude über der U-Bahn-Station 74th und Broadway.

Die Mittagspause war eine beliebte Zeit, um im Büro vorbeizuschauen und die Prämie für den Monat einzuzahlen, und um den Kundenstrom zu bewältigen, arbeiteten dort mittags vier Mädchen. Nicht lange nach der vollen Stunde kam ein Mann in einem blauen Mantel zur Tür herein. Er ging auf eine der Angestellten zu und griff mit einer Hand in die tiefe Tasche seines Mantels; als er ihren Schreibtisch erreichte, sprach er nicht, sondern hielt ihr ein gefaltetes Blatt Papier hin. Sie nahm es ihm aus der Hand, schlug es auf und las die hingekritzelten Worte, wobei ihr das Herz in die Hose rutschte.

DIES IST EINE PISTOLE, DIE ICH AUF DICH GERICHTET HABE. SEI STILL UND DU WIRST NICHT VERLETZT WERDEN.

GIB MIR DAS GELD AUS DER KASSE

Oh nein, dachte sie, nicht schon wieder. Sie blickte auf in die intensiven, eingefallenen Augen des Räubers. Er starrte ungeduldig zurück. Zitternd griff sie nach der Kassenschublade und begann, die Scheine zu leeren.

[2]

DIE FALSCHE NOTE EINES MUSIKERS

Christopher Emmanuel "Manny" Balestrero wurde am 29. September 1909 in einem braunen Mietshaus in Manhattans West 38th Street geboren. Als Sohn der italienischen Einwanderer Stefano und Maria Balestrero zeigte er schon früh musikalische Talente. Bereits im Alter von fünf Jahren lernte er Geige. Als er heranwuchs, wurden seine Fähigkeiten immer vielfältiger, und nach der High School machte er sich daran, eine Karriere als Berufsmusiker aufzubauen. Langsam machte er sich einen Namen, indem er mit Tanzbands in den Clubs rund um den Broadway spielte. Als sich der Musikgeschmack in den späten 30er Jahren änderte, wandte er sich anderen Musikrichtungen zu. 1938 war die lateinamerikanische Musik das nächste große Ding, und Balestrero wechselte von der Geige zum Kontrabass. Dieses Instrument passte zu ihm und sein Ruf wuchs. Die Leute schlugen ihm vor, eine eigene Band zu gründen, aber er lehnte immer höflich ab. Er war ein ruhiger und zurückhaltender Mann, überhaupt nicht aufdringlich - "Angst vor meinem eigenen Schatten", sagte er manchmal - und er glaubte nicht, dass er die richtige Persönlichkeit hatte, um eine Gruppe von hochrangigen Musikern zu gründen und zu führen. Er war glücklich, wenn er einfach nur seinen Bass spielen konnte. Als die

USA in den Zweiten Weltkrieg eintraten, hatte er bereits in den meisten großen New Yorker Nachtclubs gespielt und war sogar in mehreren Radiosendungen aufgetreten.

1952 war Manny Balestrero verheiratet und hatte zwei Kinder; er, seine Frau Rose und die Söhne Robert und Gregory lebten in einem Stuck-Doppelhaus in der 73. Straße, nur fünf Minuten Fußweg von der U-Bahn an der Ecke 74. und Broadway entfernt. Er arbeitete nachts im Stork Club, einem exklusiven Nachtclub in der East 53rd Street in Manhattan, wo er in einer Rumba-Band spielte. Jeden Abend ging er die zweieinhalb Blocks zum Bahnhof und nahm den F-Zug nach Manhattan; jeden Morgen fuhr er mit der U-Bahn zurück, frühstückte in einer Bickford's Cafeteria und ging dann zu Fuß nach Hause. Zwei Stockwerke über Bickford's befand sich das Büro der Prudential-Versicherung.

Der Stork war ein bekannter Nachtclub, der bei den New Yorker Prominenten äußerst beliebt war. Er gehörte Sherman Billingsley, dem zweiten Sohn einer armen Familie aus Oklahoma, der schon vor der Prohibition zusammen mit seinem älteren Bruder in den Alkoholschmuggel eingestiegen war. Dann verbot der Kongress in einem Anfall von Wahnsinn den Alkohol und Billingsley ergriff die Chance, sein Glück zu machen. Während der dunklen Jahre des Volstead-Gesetzes verbrachte er einige Zeit wegen Alkoholschmuggels in einem Bundesgefängnis, lernte aber schnell, wie man das Spiel spielt, und es dauerte nicht lange, bis er sich

ein riesiges Bargeldeinkommen aufgebaut hatte. Er erkannte, dass die Verschiffung von Whiskey-Ladungen
über die kanadische Grenze zwar viel Geld einbrachte
und ihm einen guten Ruf einbrachte, dass aber die
größten Gewinnspannen darin lagen, Gläser über eine
Bar zu schieben. Er machte sich daran, gut betuchten
Kunden in einer stilvollen Atmosphäre Drinks zu servi-
eren, und schuf damit eine New Yorker Institution.

Der Stork Club wurde 1929 als gehobene Kneipe eröffnet, doch als die Prohibition endete, eröffnete
Billingsley ihn als legales Geschäft mit einer der ersten
Schanklizenzen in New York wieder.118 Der Club wuchs
schnell und zog 1934 nach East 53rd um, wo er bis zu
seiner endgültigen Schließung im Jahr 1965 blieb. Der
Höhepunkt seiner Popularität war in den 1940er Jahren,
und er zog die Crème de la Crème der New Yorker
Szene an. Die Roosevelts und Kennedys verkehrten
dort. Ernest Hemingway stritt sich einmal mit dem Ge-
fängnisdirektor von Sing Sing; in einer anderen Nacht
versuchte er, seine Barrechnung mit einem Scheck über
100.000 Dollar zu bezahlen. Das britische Königshaus
mischte sich ungehindert mit Schauspielerinnen, Poli-
tikern und Millionären.

Um seine hochkarätigen Kunden zufrieden zu stellen, brauchte Billingsley Spitzenmusiker, und Manny Balestrero war die perfekte Besetzung. Er war talentiert
und professionell, aber bescheiden; man konnte sich
darauf verlassen, dass er die Massen unterhielt - und
der beengte Stork Club wurde sehr voll - ohne

unverschämte Forderungen zu stellen oder zu versuchen, sein eigenes Ding zu machen. Das kann man nicht von allen Musikern behaupten, vor allem nicht von den guten; die Arbeit mit ihnen war nicht immer einfach. Im Stork Club flossen jede Woche riesige Geldbeträge - er war bekannt für extravagante Gesten, darunter ein Trinkgeld von 20.000 Dollar für einen Oberkellner -, aber die Hausmusiker sahen davon nicht allzu viel. Balestrero kassierte den Gewerkschaftstarif, der 1952 bei 85 Dollar pro Woche lag. Das war nicht schlecht - der Durchschnittslohn lag in jenem Jahr bei 57 Dollar119 -, aber in New York reichte das immer noch nicht sehr weit. Es gab Zeiten, in denen die Balestreros knapp bei Kasse waren, und zweimal, als sie Arztkosten zu bezahlen hatten, war Manny zum Prudential-Büro gegangen. Das Ehepaar hatte vier Lebensversicherungspolicen bei Prudential abgeschlossen, und eine Kreditaufnahme war immer eine Option, wenn es eng wurde. Neben Prudential befand sich eine Filiale von Household Finance, und auch dort hatte er ein paar kleine Kredite aufgenommen - die Mitarbeiter dort sahen ihn als gutes Risiko an, und er hatte eine Kreditwürdigkeit von A-1.

Am 13. Januar 1953 kam Rose Balestrero von einem Zahnarzttermin mit einer schlechten Nachricht nach Hause. Sie brauchte eine größere Operation an ihren Zähnen, die etwa 325 Dollar kosten würde. Das konnten sie auf keinen Fall von ihren mageren Ersparnissen bezahlen, aber sie konnten es auch nicht aufschieben. Rose schlug Manny vor, zum Büro von Prudential zu gehen, um sich zu erkundigen, wie viel sie aus ihren Policen leihen konnten.

Balestrero war durch die Nachricht seiner Frau abgelenkt, so dass er die Reaktion des Personals auf seinen Besuch nicht weiter beachtete. Er bemerkte, dass das Mädchen, mit dem er sprach, zögerte und ihn dann warten ließ, während sie ein leises Gespräch mit einem anderen Angestellten führte. Er schenkte dem jedoch keine große Beachtung. Seine Priorität war es, das Geld für die Behandlung von Rose zusammenzukratzen. Er wusste nicht, dass er bald mit viel schlimmeren Problemen zu kämpfen haben würde.

[3]

DER ALPTRAUM BEGINNT

73rd Street, Queens - 13. Januar 1953

Manny Balestrero hatte den Nachmittag damit verbracht, seine Eltern in Union City, New Jersey, zu besuchen, und jetzt - gegen 17.30 Uhr - war er gerade auf dem Heimweg. Für die Jahreszeit war es ein milder Tag mit Temperaturen von über 50°F gewesen, aber die Sonne war schon eine Dreiviertelstunde vorher untergegangen und die Temperatur sank schnell. Balestrero bog vom Bürgersteig ab und ging die Stufen zu seiner Haustür hinauf, wobei er bereits nach seinen Schlüsseln griff, als von der anderen Straßenseite ein Schrei ertönte: "Hey, Chris!"

Sein Vorname war Christopher, aber niemand nannte ihn jemals so - es war immer Manny. Er ahnte jedoch, dass der Ruf an ihn gerichtet war, und drehte sich um. Er war von Natur aus ein sanftmütiger Mann, der noch nie in eine Schlägerei verwickelt gewesen war, und die dunklen Straßen von Queens konnten einschüchternd wirken. Jetzt tauchten drei Männer aus der Dunkelheit unter einem Baum auf, der auf der anderen

Seite der 73rd von seinem Haus stand. Das ist kein beruhigender Anblick an einem dunklen Abend.

Das Trio konnte Manny schnell beruhigen - zumindest in einer Sache. Sie holten Ledermappen hervor und klappten sie auf, um helle Metallmedaillons zu zeigen. Sie seien von der NYPD, sagte einer von ihnen zu Manny, und sie müssten mit ihm sprechen. Balestrero war den Umgang mit der Polizei nicht gewohnt - er hatte in seinem Leben noch nicht einmal einen Strafzettel bekommen - und er war nervös. Die drei Polizisten waren höflich, aber sie waren auch hartnäckig. Balestrero musste mit ihnen zum 110. Revier gehen, das etwas mehr als eine Meile entfernt an der 43. Er war so erschüttert, dass er nicht einmal klingelte, um seiner Frau mitzuteilen, dass er aus New Jersey zurück war; er ging einfach mit ihnen zum Revierhaus.

Die 110. war nur die erste Station auf einer Tour durch Queens, die ihn völlig verblüffte. Die Detektive führten ihn durch eine Reihe von Spirituosengeschäften, Lebensmittelgeschäften und Delikatessenläden, und in jedem dieser Geschäfte wurde die gleiche Routine durchgeführt. Balestrero musste zum Tresen gehen, während der Ladenbesitzer ihn beobachtete, und dann wieder zur Tür hinaus. Niemand erklärte ihm, warum er das tun musste, und zwischen den Stopps unterhielten sich die Polizisten mit ihm über Fernsehsendungen und andere Belanglosigkeiten. Gelegentlich sagte ihm einer von ihnen, er solle sich keine Sorgen machen; wenn er nichts Falsches getan habe, sei alles in Ordnung.

Ansonsten war er völlig im Dunkeln darüber, was von ihm erwartet wurde und wohin das alles führen sollte. Jeder Verdächtige, der heute von der Polizei befragt wird, muss über seine Rechte aufgeklärt werden, einschließlich des Rechts zu schweigen, aber das Urteil Miranda v. Arizona wurde erst 1966 gefällt. Im Jahr 1953 hatte die Polizei viel mehr Freiheiten, wie sie mit den Dingen umging.

Erst als sie schließlich zur 110. zurückkehrten, erzählten die Detektive Balestrero, worum es ging. Das Prudential-Büro an der Ecke 74. und Roosevelt war in etwas mehr als sechs Monaten zweimal überfallen worden, beide Male von demselben bewaffneten Mann, der kurz nach Mittag hineingegangen war. Beim ersten Mal hatte er den Angestellten 200 Dollar abgenommen; beim zweiten Überfall hatte er 71 Dollar erbeutet. Sie fragten Manny, wann er das Büro zuletzt besucht habe. Gestern, sagte er ihnen. Und war er am 18. Dezember dort gewesen? Er sagte, er sei es nicht gewesen. Und am 9. Juli letzten Jahres? Er konnte sich nicht genau erinnern, was er im Juli getan hatte, und die Fragen verwirrten ihn. Er begann, über seine Antworten zu stolpern. Jetzt ergab die Reaktion des Prudential-Angestellten, mit dem er gestern gesprochen hatte, einen Sinn, aber das Wissen half ihm nicht weiter.

Die Polizisten fragten ihn, ob er Geld brauche. Er bejahte dies und erzählte von seiner Kreditanfrage. Die Polizisten nahmen dies zur Kenntnis und wiederholten ihre Fragen nach den Daten der Überfälle. Sie stellten immer wieder die gleichen Fragen. Das ist eine gängige (und effektive) Verhörtechnik. Wenn jemand lügt und immer wieder die gleichen Fragen beantworten muss, hat er oft Probleme, seine Geschichte aufrechtzuerhalten. Irgendwann ist die Wahrscheinlichkeit groß, dass sie sich selbst in die Quere kommen und widersprüchliche Antworten geben. Das gibt dem Vernehmungsbeamten einen Anhaltspunkt, so dass er die gefälschte Geschichte auseinandernehmen kann. Das ist allerdings nicht narrensicher. Wenn die verhörte Person etwas schüchtern ist - wie Manny Balestrero - kann es so aussehen, als würde sie den Überblick über ihre Geschichte verlieren, obwohl sie in Wirklichkeit die Wahrheit sagt. Das Verhör war nicht hart und die Beamten blieben höflich, aber Manny konnte spüren, dass sie seinen Leugnungen gegenüber skeptisch waren.

Einer der Polizisten reichte Balestrero ein Blatt Papier und einen Stift und forderte ihn auf, aufzuschreiben, was ihm diktiert wurde. Es war nur eine kurze Nachricht; niemand sagte, dass es sich um den Text des Zettels handelte, den der Räuber während des zweiten Raubes hochgehalten hatte, aber es war nicht schwer, aus den Worten zu schließen: "Dies ist eine Waffe, die ich auf Sie richte. Seien Sie ruhig und es wird Ihnen nichts passieren. Geben Sie mir das Geld aus der Kassenschublade." Er schrieb es auf und übergab es. Die Polizisten prüften es und baten ihn, es noch einmal zu schreiben. Und noch einmal. Und noch einmal. Ein

halbes Dutzend Mal druckte er ihn in großen Druck-
buchstaben aus. Er machte nur einen Fehler - aber das
reichte, um die Polizisten zu überzeugen, dass sie den
richtigen Mann hatten. Jetzt sagten sie Manny, dass ein
paar der Mädchen aus dem Prudential-Büro zur Iden-
titätsfeststellung ins Revier kommen würden. Irgendwie
fand er das nicht sehr beruhigend.

[4]

DIE BEWEISE HÄUFEN SICH

Balestrero war zu Recht beunruhigt. Seine Situation sollte noch viel schlimmer werden. Als er am Bahnhof ankam, hatte er einen Hut, einen grauen Tweedmantel und einen kastanienbraunen Schal getragen; jetzt wurde ihm befohlen, diese anzuziehen. Außerdem wurde ihm bewusst, dass der Nebenraum zwar abgedunkelt, aber nicht leer war. Jemand beobachtete ihn von dort aus. Als nächstes betrat eine Gruppe von Männern, die alle Mäntel trugen, den Raum, und er wurde aufgefordert, sich zu ihnen zu stellen. Zwei Mädchen kamen aus dem abgedunkelten Raum und beide wählten ihn aus der Reihe aus.

Eine Gegenüberstellung ist ein klassisches polizeiliches Verfahren zur Identifizierung von Verdächtigen, aber sie muss ordnungsgemäß durchgeführt werden, und das war bei diesem Fall nicht der Fall. Die Zeugen durften Balestrero beobachten, wie er mit den Beamten sprach, bevor sie gebeten wurden, ihn aus der Reihe zu wählen. Daraus ergab sich ein ernsthaftes Problem. Menschliche Erinnerungen sind nicht wie Fotos, die immer wieder unverändert aus einem Archiv abgerufen werden können. Jedes Mal, wenn Sie sich an etwas erinnern, baut Ihr Gehirn die Erinnerung aus ihren

Bestandteilen neu auf, und sie verändert sich im Laufe der Zeit. Die Versicherungsangestellten hatten Erinnerungen daran, wie der Räuber aussah, und wenn man ihnen einen Raum mit einer Reihe von Männern gezeigt hätte, hätten sie das, woran sie sich erinnerten, mit der Reihe von Gesichtern verglichen. Stattdessen hatten sie die Möglichkeit, neue Erinnerungen zu bilden, und das Gesicht in ihnen sah Manny Balestrero sehr ähnlich. Beide erkannten ihn, und die Polizei hatte ihren Ausweis.

Nachdem das geklärt war, versuchten die Ermittler, die Beweise zu sichern. Die Notiz, die der Räuber übergeben hatte, war auf einer aus einem Notizbuch herausgerissenen Seite geschrieben worden, und während des Diebstahls im Dezember hatte er einen blauen Mantel getragen. Die Beamten gingen zum Haus der Balestreros und fragten die verwirrte Rose nach Mannys Notizbuch und blauem Mantel. Sie sagte ihnen, sie glaube nicht, dass er ein Notizbuch habe, und er habe definitiv keinen blauen Mantel, sondern nur den grauen, den er trug.

Das NYPD wollte ein Notizbuch, um das Papier mit dem am Tatort hinterlassenen Zettel vergleichen zu können, aber inzwischen war man der Meinung, dass der Fall auch ohne das Notizbuch stark genug war. Balestreros Fehler beim Abschreiben des Textes auf dem Zettel war ein wesentlicher Teil davon. Die meisten seiner Versuche, den ihm vorgegebenen Wortlaut wiederzugeben, waren korrekt, aber in einem einzigen

Fall hatte er einen Fehler gemacht; beim letzten Wort hatte er "draw" statt "drawer" geschrieben. Das ist im Vereinigten Königreich nicht ungewöhnlich, wo "draw" in einigen Regionen häufig verwendet wird, aber in New York fiel es deutlich auf - der Akzent der Stadt kann "drawer" wie "draw" klingen lassen, aber niemand würde es so schreiben. Manny hatte es getan, vielleicht weil ihn der Akzent des Polizisten verwirrt hatte, vielleicht aber auch, weil er unter Druck immer nervöser wurde. In jedem Fall hatte der Räuber durch eine Million Mal Pech genau den gleichen Fehler gemacht. Es gab viele Unterschiede zwischen der Originalnote und Balestreros Kopien, aber diese eine Ähnlichkeit machte ihn zu einem wahrscheinlichen Verdächtigen, und zusammen mit der Identifizierung durch zwei Angestellte war dies genug Beweis, um ihn für die Raubüberfälle anzuklagen.

Für Balestrero war die ganze Situation psychisch lähmend. So etwas hatte er noch nie erlebt und er wusste nicht, was er denken sollte. Er konnte sehen, dass die Ermittler ihn für schuldig hielten, und das Wissen machte ihn fassungslos. Später sagte er: "Wenn so etwas passiert und man unschuldig ist, möchte man schreien und schreien, aber man kann nicht. Ich weiß nicht, auf wie viele Arten ich versucht habe, ihnen zu sagen, dass ich unschuldig bin. Diese Botschaft kam aber nicht an. "Sie taten so, als sei ich schuldig und wollten, dass ich das sage.

Es war nun klar, dass er das Revier nicht einfach verlassen und nach Hause gehen würde. Er fragte, ob er seine Frau anrufen könne, die sich Sorgen machen würde, wohin er gegangen sei. Die Polizisten versicherten ihm, dass sie ihr sagen würden, was los war, und sie hielten ihr Wort - schließlich mussten sie sie ohnehin besuchen, um nach dem Notizbuch und dem blauen Mantel zu suchen, die sie zu finden hofften. Dann führten sie ihn zurück zu den Arrestzellen. Seine Taschen wurden geleert und der Inhalt eingetütet, er ging in eine der Zellen und die Gittertür fiel hinter ihm zu.

[5]

UNTER DRUCK

Für eine gesetzestreue Person ist es eine beängstigende Erfahrung, in Polizeigewahrsam zu geraten. Es ist eine völlige psychische Erschütterung; plötzlich hat man keine Kontrolle mehr über sich. In gewisser Weise wäre es einfacher, wenn man direkt ins Gefängnis käme. Dort hättest du wenigstens ein Bett, eine fleckige Matratze, ein Kissen, Laken und ein paar kratzige Armeedecken. Es ist spartanisch und die Tür hat keine Klinke, aber wenigstens gibt es einen Anschein von Normalität. Eine Gefängniszelle ist ein Raum, in dem jemand leben soll. Die Arrestzellen in einem Polizeirevier sind jedoch keine Gefängniszellen. Sie dienen der vorübergehenden Unterbringung von Personen, die noch nicht in das System aufgenommen wurden, und in den meisten Polizeirevieren - vor allem in einer Großstadt wie New York - werden sie auch als Ausnüchterungszelle genutzt. Sie sind so konzipiert, dass sie von einem Wachtmeister mit Schlauch und Mopp leicht gereinigt werden können, und es gibt dort nichts, was man leicht kaputtmachen könnte. Normalerweise gibt es nur eine Bank an einer Wand - vielleicht mit Holzlatten, vielleicht aus einem Betonblock - und einen Eimer in einer Ecke. Das Licht ist hoch oben, hinter einem stabilen Drahtkäfig, und es gibt keinen Schalter. Wenn der Zellenblock voll ist, herrscht ein ständiger Aufruhr - Schreie, Flüche und Schluchzer hallen den harten Gang hinunter, und vielleicht gibt es gelegentlich ein Handgemenge zwischen Zellengenossen. Normalerweise sind die Häftlinge bis zum Morgen sich selbst überlassen, wenn die Tagesschicht kommt und anfängt, das Erbrochene wegzuräumen. Es war allerdings ein Dienstagabend, kaum eine Woche, nachdem alle nach Neujahr zur Arbeit zurückgekehrt waren, also war es wahrscheinlich ruhig. Die Polizisten hielten Balestrero für einen bewaffneten Räuber, aber sie sahen auch, dass er nüchtern, verängstigt und (wenn er nicht gerade Geschäfte überfiel) offensichtlich seriös war. Er würde ihnen keinen Ärger machen. Kurzum, er war die Art von Gefangenem, die die meisten Gefängniswärter bevorzugen und die ihnen sogar ein wenig leid tut. Er hätte sich nicht allzu sehr gestört gefühlt. Vielleicht hatten sie ihm sogar eine Decke gegeben, damit er auf der harten Bank ein wenig Schlaf finden konnte.

Es machte keinen großen Unterschied. Die Angst vor der Situation überwältigte ihn, und er konnte nicht mehr schlafen. Er machte sich Sorgen um seine Familie; abgesehen von den Auswirkungen auf seine Frau, was war mit seinen älteren Eltern? Sein Vater war in den Siebzigern und hatte vor kurzem einen Schlaganfall erlitten, so dass der Stress der Verhaftung seines Sohnes ihm überhaupt nicht gut tun würde. Er verbrachte einen

Großteil der Nacht betend - er war ein gläubiger Katholik - entweder auf der Bank oder kniend auf dem Boden. Zwischendurch sorgte er sich um seinen Job. Er arbeitete nun schon seit zwei Jahren im Stork Club und hatte noch keine einzige Nacht versäumt. Er brauchte den Job. Selbst mit ihm war das Geld knapp; ohne ihn würde er in echten Schwierigkeiten stecken.

Die Zeit bis zum Morgen muss ihm sehr lang vorgekommen sein. Als das Tagesgeschäft der Strafverfolgung in Gang kam, war Balestrero erschöpft, hungrig und gestresst. Er hatte fast einen ganzen Tag lang nicht geschlafen und seit gestern Mittag nichts mehr gegessen. Das machte ihn nicht gerade fit für das, was noch kommen würde.

Als das Revier zum Leben erwachte, holten zwei Beamte Balestrero aus dem Arrestblock und fuhren ihn zum NYPD-Hauptquartier in Lower Manhattan. Seit 1973 hat die NYPD ihren Sitz im One Police Plaza, einem anonymen Plattenbau aus den Sechzigern, aber das alte Hauptquartier in der Centre Street 240 war ein viel imposanteres Gebäude. Das vierstöckige Gebäude aus verschnörkeltem, goldenem Stein, das von einem Uhrenturm mit Kuppel gekrönt wurde, erhielt durch die Eisengitter, die Dutzende von Fenstern im Erdgeschoss und im Untergeschoss abschirmten, ein unheimliches Aussehen. Wenn Balestrero nicht schon völlig eingeschüchtert gewesen wäre, hätte er es spätestens dann sein müssen, als man ihn durch die hohen Türen hineinführte. Drinnen wurden ihm die Fingerabdrücke abgenommen und eine Reihe von Fahndungsfotos angefertigt. Schließlich bekam er ein Frühstück, nur einen Kaffee und ein Brötchen. Dann ging es zurück nach Queens zu seinem ersten Gerichtstermin.

Als er ins Queens Felony Court geführt wurde, sah Balestrero seine Frau zum ersten Mal seit einem Tag wieder. Er hatte keine Gelegenheit, mit ihr zu sprechen; er konnte sie nur von der anderen Seite des Gerichtssaals aus ansehen und verzweifelt versuchen, herauszufinden, was sie dachte. Es war nur ein kurzer Blick. Der ganze Prozess dauerte nur ein paar Minuten, von der Verlesung der Anklagepunkte - Körperverletzung und Raub - bis zur Festsetzung der Kaution auf 5.000 Dollar. Seine Familie konnte diesen Betrag nicht sofort aufbringen, und so wurde er nach der Anklageverlesung in seine Zelle im 110th Precinct zurückgebracht.

Nun befand er sich in der Maschinerie der Strafjustiz, die ihn immer weiter in die Tiefe zog. Am Nachmittag des 14. Januar wurde er aus seiner Zelle geholt und mit einigen anderen Gefangenen, die ebenfalls in ein ordentliches Gefängnis verlegt werden sollten, in eine Reihe gestellt. Um Fluchtversuche zu verhindern, mussten die Gefangenen auf dem Transport paarweise aneinander gefesselt werden. Balestrero empfand das als unglaublich demütigend. Er blickte zu Boden, als das Stahlarmband um sein Handgelenk geschnallt wurde, und als er zum Gefangenentransporter geschoben wurde. Er sah den Mann, an den er gefesselt war, nicht an.

Die Queensboro Correctional Facility ist ein düsterer Vorkriegskubus in der Van Dam Street. Das Erdgeschoss ist aus rotem Backstein, die fünf Stockwerke darüber sind aus schmutzig grauem Zement. Die billigen Metallfenster sind in den beiden unteren Stockwerken, in denen sich die Büros der Bediensteten befinden, groß und luftig. In den oberen Stockwerken sind sie klein und mit schwerem Maschendraht vergittert. Es ist ein Gefängnis des Bundesstaates New York, aber kein Attica - aufgrund seiner Mindestsicherheitsklassifizierung wird es oft für Gefangene genutzt, die auf ihren Prozess warten. Im Gefängnis wurde Balestrero weiter seiner Individualität beraubt. Er wurde in das staatliche Gefängnissystem aufgenommen, erhielt eine Häftlingsnummer, wurde einer Leibesvisitation unterzogen und körperlich untersucht, um sicherzustellen, dass er gesund genug für die Inhaftierung war. Dann wurden ihm eine graue Jeansuniform, ein Metallbecher und ein Teller, ein Bügeleisen und ein Bündel verblichener Bettwäsche im Militärstil ausgehändigt. Seine eigene Kleidung verschwand in einer Tasche.

Die Zellen in Queensboro haben solide Metalltüren mit einem Sichtfenster und kleinen Fenstern, die einen Blick auf die Dächer auf der anderen Straßenseite ermöglichen. Als sich die Tür für Manny Balestrero mit einem dumpfen Schlag schloss, fühlte er sich völlig hilflos und allein. Die Zelle war zwar nicht ganz so

trostlos wie die Arrestzelle auf dem Revier, aber das
Gefühl der Ohnmacht war noch stärker. Jetzt konnte er
sich nicht einmal mehr aussuchen, was er anziehen
wollte, und als um 17 Uhr das Abendessen kam, wurde
ihm klar, dass er sich auch nicht aussuchen konnte, was
er essen wollte. Eigentlich sah das Essen gar nicht so
schlecht aus - Nudeln, Brot und Butter, Birnenkompott
und heiße Schokolade - aber er hatte keinen Appetit. Er
starrte es eine Weile ausdruckslos an und ließ es dann
kalt werden.

Das letzte Licht verschwand vom Himmel, und die
einzige Beleuchtung in der Zelle war die unverdunkelte
Glühbirne über dem Kopf. Das Fenster war ein
schmutzig aussehendes Viereck, das von den
Straßenlaternen draußen in ein trübes Orange getaucht
wurde. Balestrero saß lustlos auf seinem Bett. Er hatte
keine Ahnung, wie lange er in dieser Zelle bleiben
würde, keine Ahnung, was als nächstes passieren
würde. Die Dinge schienen so schlecht zu sein, wie sie
nur sein konnten.

Dann, ganz unerwartet, wurde es etwas besser. Von
irgendwo auf dem Korridor konnte er Stimmen hören,
die durch das Sichtfenster in der massiven Tür drangen.
Die Worte schwebten bedeutungslos an ihm vorbei
durch die feuchte Luft. Dann fiel ihm ein Wort ein - es
war sein eigener Name. Plötzlich erregt, stürzte er sich
auf die Tür und begann, seinen Becher gegen den Stahl
zu hämmern. "Das bin ich", schrie er, "Balestrero! Ich
bin hier drin!" Augenblicke später schwang die Tür auf.

Als er nach unten begleitet wurde, sah er die vertrauten Gesichter seiner Schwester und seines Schwagers, Olga und Gene Conforti. Nach der Erschütterung durch die Verhaftung, die Anhörung und die Inhaftierung war der Schock zu groß für ihn. Er brach in sich zusammen. Olga holte ihm einen Kaffee zum Mitnehmen, und langsam erholte er sich. Nach einem langen Tag voller Schocks und Rückschläge hatte er endlich eine gute Nachricht. Gene hatte es geschafft, das Geld für die Kaution aufzutreiben, und Manny konnte gehen - vorerst. Die Confortis fuhren ihn nach Hause und er brach erschöpft ins Bett ein.

[6]

SICH DER HERAUSFORDERUNG STELLEN

Am nächsten Morgen hatte Balestrero endlich die Möglichkeit, über seine Situation nachzudenken. Er wollte unbedingt seinen Namen reinwaschen; wenn er wegen mehrfachen bewaffneten Raubüberfalls verurteilt wurde, musste er mit mindestens zehn Jahren Gefängnis rechnen, und lebenslange Haftstrafen waren alles andere als unbekannt. Das bedeutete, dass er sich einen Anwalt suchen und damit beginnen musste, die Beweise zu entkräften, die die Staatsanwaltschaft vor Gericht vorbringen würde.

Ein Problem war sein Job. Er arbeitete nachts, und das machte die Vorbereitung eines Falles schwierig. In der Regel kam er irgendwann nach fünf Uhr morgens vom Stork nach Hause und schlief dann in der Regel bis Mittag oder später. Anwälte folgen in der Regel einem normalen Geschäftsplan, so dass Balestrero die meiste Zeit, in der er an seinem Fall arbeiten musste, schlief.

Dieses Problem löste sich jedoch von selbst. Am Morgen nach seiner Entlassung aus Queensboro traf eine Nachricht aus dem Stork Club ein. Der Rest der Bande hatte sich für seinen Charakter verbürgt und war sich sicher, dass er unschuldig an den ihm vorgeworfenen Verbrechen war. Dennoch wäre es besser, wenn er sich ein oder zwei Wochen freistellen ließe, bis er die Sache geklärt hätte. Auf der einen Seite war das eine Sorge - das Geld war ohnehin knapp, und ohne sein Einkommen würde es schnell noch schlimmer werden. Gleichzeitig war es aber auch eine Erleichterung - er brauchte die Zeit, und in seinem jetzigen Zustand konnte er sowieso nicht mehr arbeiten.

Die nächste Herausforderung bestand darin, einen Anwalt zu finden, der bereit war, jemanden zu vertreten, der des Raubes beschuldigt wurde. Obwohl er wusste, dass er unschuldig war, wollte er sein Schicksal nicht einem Pflichtverteidiger anvertrauen. Die Frage war nur, wie viele gute Anwälte bereit wären, einen kleinen Musiker zu verteidigen, der beschuldigt wurde, Frauen mit vorgehaltener Waffe ausgeraubt zu haben. Heute wäre das kein Problem, aber 1953 hatte der Anwaltsberuf noch einige ethische Grundsätze.

Freunde und Verwandte hörten sich um und suchten nach Empfehlungen von Leuten, die von einem guten Strafverteidiger gehört hatten. Davon gab es in New York Tausende, aber dies war kein einfacher Fall. Die Staatsanwaltschaft hatte mehrere Augenzeugen, die alle schwören würden, dass Manny Balestrero der Schuldige war, und es würde einiges an Arbeit erfordern, um diese Art von Beweisen zu schlagen. Schließlich tauchte ein Name aus der Menge auf.

Wie Balestrero war auch Frank D. O'Connor der Sohn von Einwanderern - in seinem Fall von Iren. Er wurde in Flushing, New York, geboren, nur ein paar Monate nach Mannys Geburt, und wuchs in Elmhurst auf. Danach verlief sein beruflicher Werdegang ganz anders. Er machte 1932 seinen Abschluss an der Niagara University in Lewiston und verbrachte die nächsten zwei Jahre an der Brooklyn Law School, während Manny seine Fähigkeiten in Tanzbands am Broadway verfeinerte. O'Connor schloss sein Studium 1934 ab und ließ sich in Queens als Anwalt nieder. Als die USA 1941 in den Zweiten Weltkrieg eintraten, meldete er sich bei der Küstenwache und diente als Rechtsoffizier. Er war zwar weit entfernt von Kampfhandlungen - der Dienst schickte ihn nach Alaska -, aber vier Jahre militärische Disziplin wären Herausforderung genug gewesen. Nach dem Krieg verließ er die Küstenwache und kehrte in den zivilen Rechtsdienst zurück. Außerdem trat er der Demokratischen Partei bei und wurde ein Aktivist. Die Demokraten hatten die New Yorker Politik auf fast allen Ebenen fest im Griff; die Ausnahme war der Staatssenat. 1949 versuchte O'Connor, diese Bastion der Republikaner anzugreifen, und kandidierte als demokratischer Kandidat für den sechsten Distrikt, ein stark republikanisch geprägtes Gebiet in Nassau County. Er gewann und behielt den Sitz bis 1952.

1953 war O'Connor zurück in seiner Praxis in Queens, als er einen Anruf von Balestrero erhielt. Ein erstes Treffen wurde vereinbart, und am 18. Januar, einem Sonntag, wartete er nach der Kirche in seinem Büro.

Für O'Connor ging es in erster Linie darum, die Unschuld seines potenziellen Mandanten zu bestätigen.

Der ehemalige Senator war ein engagierter Kämpfer für den arbeitenden Menschen, aber er hatte keine Zeit für Kriminelle (nach seinem zweiten Sieg im Senat war er neun Jahre lang Bezirksstaatsanwalt in Queens). Er wollte, dass der Gerechtigkeit Genüge getan wurde, und das bedeutete, dass die Schuldigen bestraft und die Unschuldigen verschont wurden. Er befragte Balestrero über seinen Hintergrund und die Ereignisse, die zu seiner Verhaftung führten. Es ist wahrscheinlich, dass er sich bereits über sein Strafregister informiert hatte und wusste, dass er eigentlich keines hatte. All das hätte ihm geholfen, sich zu entscheiden, und schließlich willigte er ein, den Fall zu übernehmen. Nun musste er sich mit den Beweisen der Staatsanwaltschaft auseinandersetzen.

Augenzeugenaussagen gehören zu den eindrucksvollsten Beweismitteln, die ein Staatsanwalt einem Gericht vorlegen kann. Es ist ein tief verwurzelter menschlicher Glaube, dass wir wissen, was wir sehen und Gesichter genau erkennen können. Geschworene lieben Augenzeugen; es ist sehr überzeugend, wenn jemand in den Zeugenstand tritt und mit sicherer Stimme sagt, dass er das Verbrechen gesehen hat und der Täter genau dort sitzt. Wenn mehrere Augenzeugen den Angeklagten identifizieren können, stehen die Chancen gut, dass der Staatsanwalt gewinnt. Es gibt nur ein Problem.

Auch wenn sie für Richter und Geschworene noch so attraktiv sind, gehören Augenzeugenaussagen zu den

unzuverlässigsten Beweismitteln, die man bekommen
kann. Untersuchungen haben ergeben, dass die Geschworenen davon ausgehen, dass ein selbstbewusster Au-
genzeuge ein verlässlicher Beweis ist. Aber natürlich ist
es möglich, dass jemand völlig selbstbewusst ist und
gleichzeitig absolut falsch liegt. Tatsächlich sind es oft
gerade die Zeugen, die nicht so selbstsicher erscheinen,
die sorgfältig bewerten, was sie gesehen haben, und
versuchen, einen objektiven Bericht darüber abzugeben! Das Ergebnis ist, dass in drei Vierteln der
Fälle, in denen eine Verurteilung aufgrund von DNA-Be-
weisen (die wirklich genau sind) aufgehoben wird, die
Ursache für das ungerechte Urteil Augenzeugen waren,
die sich geirrt haben.120

Es waren die Aussagen von nicht weniger als vier
verschiedenen Augenzeugen, die Manny Balestrero am
Tatort der beiden Prudential-Raubüberfälle sahen. Sie
waren unzuverlässig und falsch, aber es war die Art von
Beweisen, die einen großen Einfluss auf die Geschworenen haben würde. Um dem etwas entgegenzuset-
zen, brauchte O'Connor etwas Handfestes, etwas, dem
niemand widersprechen konnte. Das naheliegendste
und wirksamste wäre ein Alibi.

Im modernen Sprachgebrauch hat das Wort "Alibi"
oft den Beigeschmack von Unehrlichkeit. Das liegt wahrscheinlich daran, dass in so vielen Filmen ein Gauner für
einen anderen ein Alibi liefert. Es ist jedoch eine le-
gitime juristische Verteidigung. Alibi ist ein lateinisches
Wort, das einfach "woanders" bedeutet, und genau

darauf läuft die Verteidigung hinaus: Der Angeklagte konnte das Verbrechen nicht begangen haben, weil er woanders war. Natürlich reicht es nicht aus, nur zu behaupten, man sei woanders gewesen; man muss es auch beweisen. O'Connor musste Beweise dafür finden, dass Balestrero zu den Zeiten, als die Raubüberfälle begangen wurden, woanders gewesen war.

[7]

ANGRIFF AUF DIE BEWEISE

Die Schlüsseldaten waren die Tage der Prudential-Raubüberfälle, der 9. Juli und der 18. Dezember 1952. Balestrero wurde auch anderer Verbrechen verdächtigt, aber die Quelle all seiner Probleme war, dass die Angestellte des Versicherungsbüros dachte, sie hätte ihn als den Banditen erkannt. Wenn O'Connor beweisen könnte, dass sie sich bei der Identifizierung geirrt hatte, würde der ganze Fall zusammenbrechen. Er musste mit ziemlicher Sicherheit nachweisen, dass sein Mandant bei den beiden Überfällen auf das Büro woanders gewesen war.

Das erste Date war einfach. Musiker wie Manny hatten nicht oft die Gelegenheit, Urlaub zu machen, und wenn der Stork Club im Sommer für eine Woche schloss, war es seine erste Priorität, mit seiner Familie zu verreisen. 1952 begann die Sommerpause des Clubs am Freitag, dem 3. Juli. Die Balestreros blieben in der Stadt, um an den Feierlichkeiten zum Unabhängigkeitstag teilzunehmen, aber Anfang der nächsten Woche fuhren sie in den Norden nach Orange County. Dort verbrachten sie einige Tage auf der Edelweiss Farm in der Nähe von Cornwall und kehrten am Freitag, dem 10. Juli, zurück, damit Manny wieder zur Arbeit gehen konnte. Am 9. Juli, dem entscheidenden Tag, hatte der Besitzer der Edelweiss Farm eine Geburtstagsfeier für seine Frau geplant, zu der alle Gäste eingeladen waren. Sie war an diesem Tag krank, aber der Besitzer erinnerte sich daran, dass alle Gäste zum Mittagessen gekommen waren.121 Das war ein guter Anfang - es war unmöglich, dass jemand zur gleichen Zeit in Orange County zu Mittag aß und 50 Meilen entfernt ein Versicherungsbüro ausraubte. Die Staatsanwaltschaft hatte jedoch mehrere Zeugen, und O'Connor machte sich daran, dies mit mehreren eigenen Zeugen zu widerlegen. Er besorgte sich die Gästeliste für diese Woche und begann, jeden aufzuspüren, den er finden konnte und der darauf stand.

Im Gespräch mit einigen der anderen Gäste stellte O'Connor fest, dass der 9. Juli ein regnerischer Tag gewesen war. Er überprüfte die Wetteraufzeichnungen; es war ein regnerischer Tag. Es scheint eine Kleinigkeit zu sein, aber in Wirklichkeit war es ein wichtiger Punkt - die Staatsanwaltschaft konnte nicht behaupten, dass die Zeugen der Verteidigung die Tage verwechselt hatten. Karl Wuechner erinnerte sich, dass er seiner Mutter an diesem Tag geschrieben hatte. Er war nach Cornwall gefahren, um ihn abzuschicken, und Balestrero, der seine kleinen Söhne an einem regnerischen Tag unterhalten wollte, hatte gefragt, ob sie mitkommen könnten. O'Connor setzte sich mit Wuechners Mutter in Deutschland in Verbindung und veranlasste, dass sie den Brief zurückschickte - der Poststempel auf dem

Umschlag bestätigte das Datum, an dem er abgeschickt worden war, was ein weiterer Beweis dafür war, dass Balestrero nicht in der Stadt gewesen war.

Schließlich musste der Anwalt noch einige Pinochle-Spieler ausfindig machen. Nach seiner Rückkehr aus Cornwall hatte Balestrero mit einigen anderen Gästen an einem Spiel teilgenommen. Das und seine Bewegungen waren praktisch den ganzen Tag über festgehalten worden. Es wurden genügend Spieler gefunden, die unter Eid aussagten, dass Manny dort gewesen war, um jeden Zweifel auszuräumen. Das Alibi für den ersten Raubüberfall war in trockenen Tüchern.

Dies war ein äußerst positiver Schritt für Balestrero. Die Versicherungsangestellten hatten dem NYPD mitgeteilt, dass beide Raubüberfälle von ein und demselben Mann begangen worden waren; wenn Manny also für den ersten Fall freigesprochen wurde, war das ein großes Loch in die Argumentation der Staatsanwaltschaft. Es war jedoch nicht narrensicher. Der Staatsanwalt konnte argumentieren, dass die Zeugen sich irren könnten und dass es sich um zwei verschiedene Diebe gehandelt hatte. Das zweite Verbrechen war erst vor einem Monat geschehen, und die Erinnerungen waren noch frisch. Wenn also ein Zeuge behauptete, er sei dafür verantwortlich gewesen, bestand immer noch eine große Chance, dass er für schuldig befunden werden würde.

Unterdessen begann die Belastung für Rose Balestrero ihren Tribut zu fordern. Normalerweise war sie eine fröhliche, fleißige Hausfrau und bei ihren Nachbarn wegen ihres sonnigen Gemüts beliebt, doch nun plagten sie zunehmend unverdiente Schuldgefühle. Sie gab sich selbst die Schuld an der misslichen Lage ihres Mannes. Für jeden anderen hätte ihre Argumentation nicht viel Sinn ergeben, aber für Rose war sie völlig klar: Wegen ihres Zahnproblems brauchten sie Geld, und sie war diejenige, die Manny vorgeschlagen hatte, zum Prudential-Büro zu gehen, um nach einem Kredit zu fragen. Wäre er nicht dorthin gegangen, hätte die Sachbearbeiterin ihren Fehler nicht begangen. Natürlich war niemand wirklich schuld, aber Rose quälte sich mit hilflosen Vorwürfen.

In der Zwischenzeit arbeitete O'Connor hart daran, sich ein Alibi für den zweiten Raubüberfall am 18. Dezember zu verschaffen. Balestrero hatte an diesem Tag seine normale Schicht im "Stork" abgeleistet und war wie üblich mit dem Zug F zurückgekehrt. Damit war er nur wenige Minuten vom Tatort entfernt. Wenn er nicht gerade im Bett lag, wäre er soeben aufgestanden; so oder so war die einzige Person, die für seinen Aufenthaltsort bürgen konnte, Rose, und als Ehefrau des Angeklagten wäre sie keine gute Zeugin.

O'Connor hackte weiter auf ihm herum. Er befragte Balestrero wiederholt zu seinem Kalender für Dezember. Was hatte er in diesem Monat gemacht? Gab es etwas Ungewöhnliches, an das er sich erinnern konnte? Der Anwalt hoffte, dass er eine Erinnerung auslösen würde, die ihm zumindest ein teilweises Alibi verschaffen würde. Schließlich stolperte er über etwas, das fast genauso gut war.

Anfang Dezember litt Balestrero an Abszessen in zwei seiner Zähne. Diese entstehen, wenn sich Karies oder eine Zahnfleischentzündung auf die Zahnwurzel ausbreitet und sich Eiter ansammelt. Die Schwellung drückt auf das weiche Gewebe des Zahnfleischs und verursacht starke Schmerzen. Oft bricht die Infektion aus dem Zahnfleisch heraus und befällt die Gesichtshälfte, wie es bei Manny der Fall war. Am Sonntag, dem 14. Dezember, vereinbarte er einen Notfalltermin beim Zahnarzt der Familie, Dr. August J. Bastien, um zu versuchen, die Qualen zu beenden. Bastien wollte die Zähne ziehen, um die Abszesse abfließen zu lassen und die Quelle der Infektion zu beseitigen, aber Mannys Kiefer war so geschwollen, dass selbst dieser einfache zahnärztliche Eingriff unmöglich war. Der Zahnarzt verschrieb Penicillin und sagte seinem Patienten, er solle gut eine Woche später, am Montag, den 22. Dezember, wiederkommen. Hoffentlich würde das Antibiotikum bis dahin die Schwellung zurückgehen lassen, so dass die Zähne gezogen werden könnten. Eine Woche lang litt Balestrero unter den Schmerzen und der Entzündung und spielte jeden Abend mit einer stark geschwollenen Wange auf seinem Bass. Als er am 22. zum Zahnarzt zurückkehrte, war die Entzündung so stark wie immer, so dass er zur weiteren Behandlung an den Hausarzt überwiesen wurde.

Keiner der Zeugen hatte erwähnt, dass der Räuber einen geschwollenen Kiefer hatte.

O'Connor erkannte, wie wichtig dies war, und holte Erklärungen sowohl von Bastien als auch von seinem Hausarzt, Dr. George Long, ein, die bestätigten, dass die Schwellung auf keinen Fall zurückgegangen und zwischen den Terminen wiedergekommen war. Auch Mannys Bandkollegen wurden befragt, und sie erinnerten sich daran, dass er die ganze Woche mit einem verzerrten Gesicht gespielt hatte. Wenn die Zeugen eine so offensichtliche Schwellung übersehen hatten, wie zuverlässig konnten ihre Aussagen dann sein?122

[8]

DER TIEFSTE PUNKT

O'Connor war zunehmend zuversichtlich, was den Fall anging, aber mit Manny - der eigentlich froh sein sollte, dass sich die Beweise zu seinen Gunsten häuften - ging es stattdessen rapide bergab. Er schöpfte viel Kraft aus seiner Frau, die er später als "mein rechter Arm" bezeichnete, und nun bröckelte diese Unterstützung. Roses Depression verschlimmerte sich zusehends und ein dramatischer Zusammenbruch stand bevor. Zum Glück griff das Schicksal ein, bevor etwas Schreckliches passierte, dank eines Glücks und einer anderen Idee von O'Connor.

Der Polygraf, oft auch als Lügendetektor bezeichnet, wurde 1921 von dem Medizinstudenten John Augustus Larson erfunden.123 Larson bezahlte sein Studium an der University of California, Berkeley, mit einem Nebenjob bei der Berkeley Police Department. Er hatte bereits ein Interesse an der Forensik entwickelt, und seine Magisterarbeit handelte von der Analyse von Fingerabdrücken. Sein wissenschaftlicher Hintergrund gefiel dem Leiter der Polizei von Berkeley, August Vollmer, einem Veteranen der US-Marine, dem man heute die Einführung der modernen Polizeiarbeit in den Vereinigten Staaten zuschreibt. Bis 1920 hatte

Vollmer die Universität von Kalifornien davon überzeugt, einen Studiengang für Strafjustiz anzubieten, er führte Streifenwagen und Motorradtrupps ein, leistete Pionierarbeit beim Einsatz von Funkwagen und machte einen Hochschulabschluss für seine Beamten zur Pflicht. Nun bat er Larson, eine Maschine zu entwickeln, die ihm sagen sollte, ob ein Verdächtiger lügt, was Larson auch tat.

Der Lügendetektor ist ein kompliziertes elektromechanisches Gerät, das eine Reihe von Körperreaktionen überwacht. Verschiedene Modelle messen unterschiedliche Dinge, aber in der Regel gehören dazu Puls- und Atemfrequenz, Blutdruck und Hautleitfähigkeit (die durch Schwitzen beeinflusst wird). Diese Werte werden entweder mit mechanischen Stiften oder heutzutage meist mit einem Computermonitor auf einem Diagramm dargestellt. Der Versuchsperson wird eine Reihe von Fragen mit bekannten Antworten gestellt, und ihr wird gesagt, welche Antworten sie geben soll. Einige der Antworten sind richtig, andere sind falsch. Die Messwerte des Polygraphen werden aufgezeichnet, und wenn die eigentliche Befragung beginnt, werden die Messwerte des Verdächtigen mit den Testfragen verglichen. Der Bediener entscheidet dann, ob die gegebenen Antworten richtig oder falsch sind. Die Ergebnisse von Lügendetektortests werden vor US-Gerichten routinemäßig als Beweismittel anerkannt, sie sind ein Standardbestandteil der Überprüfung sicherheitsüberprüfter Mitarbeiter und werden von einigen Unternehmen zur Überprüfung wichtiger Mitarbeiter eingesetzt. Die Ergebnisse des Lügendetektors sind in amerikanischen Gerichtssälen sehr glaubwürdig, weshalb es schade ist, dass sie so gut wie wertlos sind. Die Fähigkeit des Lügendetektors, Ehrlichkeit zu messen, ist gleich null. Was er messen kann, ist, wie nervös jemand ist, aber das ist nicht dasselbe. Das Gerät wird eigentlich nur in den USA und gelegentlich in Kanada, Japan und Israel eingesetzt; überall sonst haben Gerichte es für unzulässig erklärt. Der Grund dafür ist einfach: Es liegt so oft falsch, sowohl beim Aufspüren von "Lügen", die es nicht gibt, als auch beim Übersehen von solchen, die es gibt, dass es nicht genauer ist als das Werfen einer Münze. Sein wissenschaftliches Erscheinungsbild beeindruckt jedoch amerikanische Geschworene, und O'Connor wollte seinen Mandanten darauf ansetzen, um seine Unschuld zu beweisen.

In diesem Fall wäre das wahrscheinlich eine Katastrophe gewesen. Balestrero war immer noch am Rande der Panik bei dem Gedanken, für schuldig befunden zu werden, und verängstigte Menschen sind keine guten Probanden für einen Lügendetektor - wäre er an das Gerät angeschlossen worden, hätte es wahrscheinlich gesagt, dass er lügt, wenn er seinen eigenen Namen nennt. So weit kam es jedoch nicht. O'Connor vereinbarte einen Termin mit einem Psychologen, der den Test durchführen konnte, und Balestrero erschien wie vereinbart. Er ging nicht allein; Rose begleitete ihn. Der Psychologe brauchte nur einen Blick, um zu erkennen, dass sie diejenige war, die wirklich Aufmerksamkeit brauchte. Er rief einen Psychiater hinzu, der über ihren Zustand schockiert war. Die Schuldgefühle hatten sie an den Rand eines Nervenzusammenbruchs gebracht, und der Arzt bestand darauf, dass sie sofort in ein Krankenhaus eingewiesen werden sollte. Das bewahrte Rose wahrscheinlich vor einem noch schlimmeren Zusammenbruch, aber es nahm Manny auch die letzte Kraftquelle. Als auch noch die Anklage gegen ihn schwächer wurde, brach seine Moral fast völlig zusammen.

[9]

IRRUNGEN UND WIRRUNGEN

Der Prozess begann am 21. April vor dem Bezirksgericht Queens unter der Leitung von Richter William B. Groat. O'Connor hatte sich seine Strategie zurechtgelegt. Er war besorgt über den geistigen Zustand seines Mandanten - Balestrero schien kurz vor einem ähnlichen Zusammenbruch zu stehen wie dem, der seine Frau in die Heilanstalt gebracht hatte. Es war jedoch wichtig, einen Hauch von Zuversicht zu vermitteln. Wenn die Geschworenen spüren, dass der Verteidiger nervös ist, könnten sie dies als Zeichen von Schuld interpretieren, weshalb O'Connor die Auswahl der Geschworenen fast beiläufig vornahm. Er kündigte an, dass er mit den ersten zwölf Geschworenen, die die Staatsanwaltschaft ausgewählt hatte, zufrieden sein würde, und deutete damit an, dass er den Fall seines Mandanten für so stark hielt, dass es keine Rolle spielte, wer ihn beurteilte. Innerlich dachte er jedoch ganz anders.

Auch die andere Seite schien zuversichtlich, und zu diesem Zeitpunkt hatte sie auch allen Grund dazu. Bezirksstaatsanwalt Frank J. Crisona legte einen überzeugenden Fall dar. Es gab mehrere Schlüsselfakten, die auf Balestrero als den Räuber hinwiesen, sagte

er dem Gericht. Er brauchte Geld. Er hatte eine Vorgeschichte mit Wetten auf Pferderennen. Er kannte die
Lage und den Grundriss des Prudential-Büros. Dies alles
beweist ein Motiv und die Fähigkeit. Dann war da noch
der Zettel, der während des zweiten Überfalls
übergeben worden war. Crisona kündigte an, dass er
diesen zusammen mit Proben der Handschrift des Angeklagten zeigen und die Ähnlichkeiten erläutern
werde. Und schließlich, und das ist das Erschütterndste,
gab es die vier Augenzeugen.

Crisona hatte ein Talent für Dramatik. Als er mit der
Präsentation seiner Beweise begann, fing er mit den
Zeugen an. Einer nach dem anderen wurden die vier
Angestellten von Prudential, die während des zweiten
Überfalls im Büro gewesen waren, in den Zeugenstand
gerufen. Nachdem die erste von ihnen vereidigt worden
war, fragte Crisona sie, ob der Räuber im Gerichtssaal
sei. Sie antwortete, dass er dies sei. Dann forderte er
sie auf, den Zeugenstand zu verlassen, auf den Räuber
zuzugehen und ihm die Hand auf die Schulter zu legen.
Sie gehorchte, aber nur widerwillig. Als sie sich Balestrero näherte, war sie fast gelähmt vor Angst, und als
sie die Hand ausstreckte, um ihn zu berühren, sah es so
aus, als würde sie tatsächlich in Ohnmacht fallen.

Es besteht kein Zweifel daran, dass dieses Opfer der
Überfälle wirklich glaubte, Balestrero sei der Täter. Das
würde ihren Schrecken erklären, als sie auf einen Mann
zuging, von dem sie glaubte, dass er ein paar Monate
zuvor eine Waffe auf sie gerichtet hatte. Natürlich irrte

sie sich, aber das wusste sie nicht, und ihre Angst war für die Geschworenen ein beeindruckender Anblick. Die Wirkung war so eindringlich, dass die nächsten drei Zeugen nur gebeten wurden, auf den Mann zu zeigen, den sie beschuldigten. Für Balestrero war das alles sehr erdrückend.

O'Connor war frustriert über Crisonas Angeberei, aber er erholte sich schnell. Immerhin durfte er die Zeugen ins Kreuzverhör nehmen, und das ermöglichte ihm, eine Grundlage für seine Hauptverteidigung zu schaffen. Je mehr die Prudential-Angestellten ihre Identifizierung bestätigten, desto auffälliger wurde es, als er darauf hinwies, dass keiner von ihnen bemerkt hatte, dass das Gesicht des Schützen - an das sie sich alle so gut zu erinnern behaupteten - an diesem Tag wie ein Ballon angeschwollen war.

Es schien jedoch, dass nicht alle Zeugen der Staatsanwaltschaft ganz sicher waren, und aus O'Connors Sicht war das auch in Ordnung. Yolande Casagrande hatte Balestrero als den Räuber identifiziert, aber sie war zögerlich gewesen. Am dritten Verhandlungstag begann O'Connor, sie geduldig zu befragen, um den Geschworenen zu zeigen, dass die Augenzeugen - der Schlüssel zur Anklage - nicht so zuverlässig waren, wie sie zunächst schienen. Dann ging Crisonas auffällige Eröffnung nach hinten los.

Die dramatische Geste, bei der einer der Beamten auf Balestrero zuging und ihm die Hand auf die Schulter legte, sollte die Geschworenen von seiner Schuld

überzeugen, und es war offensichtlich, dass es funktioniert hatte. Das Problem für den Staatsanwalt war, dass
es zu gut funktioniert hatte. O'Connor befragte die
Zeugen gründlich und professionell, und 45 Minuten,
nachdem Casagrande zum Kreuzverhör entlassen
worden war, war sie immer noch im Zeugenstand.
Mindestens einer der Geschworenen sah keinen Sinn
darin, ihre Aussage in Frage zu stellen. Lloyd Espenscheid stand abrupt auf und fragte wütend: "Herr Richter, müssen wir uns das alles anhören?" Jeder, der sich
mit dem Gesetz auskannte, hätte ihm sagen können,
dass die Antwort "Ja" lautete, aber als die Frage
gestellt wurde, war es bereits zu spät.

Ein grundlegender Schutz des Geschworenensys-
tems besteht darin, dass die Geschworenen mit keiner
Meinung über die Unschuld oder Schuld des Angeklagten an den Fall herangehen und erst dann eine Entscheidung treffen sollten, wenn sie alle Beweise von beiden
Seiten gehört haben. Espenscheid schien sich bereits
eine Meinung gebildet zu haben und hatte gegen die
Gerichtsverfahren verstoßen, um dies allen klar zu machen. Das reichte O'Connor aus, um einen Fehlprozess
zu beantragen. Das musste er natürlich nicht; wenn er
der Meinung war, dass sein Fall gut genug war, konnte
er trotzdem weitermachen. Die Option war jedoch
vorhanden. Er besprach sie mit Malestrero und
entschied sich dafür. Vielleicht überzeugte ihn die
schwache Moral seines Mandanten, vielleicht war es
aber auch die Tatsache, dass die Geschworenen

offensichtlich von Crisonas Eröffnungsvortrag beeindruckt waren. Am 23. April beantragte er einen neuen Prozess, und Richter Groat gab dem Antrag statt.

[10]

DER SCHATTEN HEBT SICH

Balestrero selbst hatte gemischte Gefühle angesichts des Fehlurteils. Natürlich war es eine Erleichterung, den Gerichtssaal verlassen zu können; obwohl er damit gerechnet hatte, war er von den Anschuldigungen, die gegen ihn erhoben wurden, erschüttert worden. Andererseits wusste er jetzt, wie es war, und er stand vor der Aussicht, das alles noch einmal durchzumachen, wenn ein neuer Prozess angesetzt wurde. Es war eine zutiefst negative Erfahrung gewesen, die noch dadurch verschlimmert wurde, dass die Verteidigung noch nicht einmal die Chance gehabt hatte, ihre Argumente vorzubringen.

Abgesehen von seinen rechtlichen Sorgen machte er sich auch Sorgen um seine Frau. Sie befand sich immer noch im Sanatorium, und ihr Zustand verbesserte sich nicht. Er fürchtete sich vor dem Gedanken, dass ihr Zusammenbruch von Dauer sein könnte. Zumindest hatte er aber Arbeit, die ihn beschäftigte. Ende Januar hatte O'Connor an Sherman Billingsley geschrieben, um ihm mitzuteilen, dass er sich nach seiner ersten Untersuchung davon überzeugt hatte, dass Balestrero unschuldig war, was die Anschuldigungen gegen ihn betraf. Billingsley schrieb zurück, dass er sofort zur

Arbeit zurückkehren sollte. Das war eine Erleichterung. Ohne seine Einkünfte aus dem Stork Club war eine finanzielle Katastrophe unvermeidlich, aber was noch wichtiger war, es gab seinem Leben eine Struktur. Die Gefahr, in Panik zu verfallen, war real, und eine feste Routine würde helfen, sie in Schach zu halten.

Trotzdem war es ein Tiefpunkt. Rückblickend erinnerte sich Manny an Mittwoch, den 29. April, als den Tag, an dem sein Leben einen Tiefpunkt erreichte. Am Nachmittag besuchte er Rose im Sanatorium. Es ging ihr immer noch nicht besser. Er kehrte von Sorgen geplagt nach Hause zurück. Was würde er tun, wenn sie sich nie wieder erholte? Was würde das für ihre Söhne bedeuten? Dann, nicht lange nachdem er nach Hause gekommen war, klingelte das Telefon. Es war O'Connor; der neue Verhandlungstermin war der 13. Juli. Nun würde der Countdown bis zum gefürchteten Moment wieder beginnen. Er war fast wie betäubt, als er am Abend zur U-Bahn ging und den Zug nach Manhattan nahm.

Während Manny lustlos seinen Bass stimmte, bevor er für das erste Set auf die Bühne ging, ordnete Frieda Mank Aufschnitt in der Kühltruhe eines Feinkostladens in Astoria. Astoria wurde von holländischen und deutschen Siedlern gegründet und zog im 19. Jahrhundert weitere Deutsche sowie eine große Zahl osteuropäischer Juden an. In den 1950er Jahren gab es dort auch eine große italienisch-amerikanische Bevölkerung, aber es gab immer noch genügend Geschäfte für einen guten koscheren Feinkostladen, und für Frieda und ihren Mann war es sinnvoll, bis spät in die Nacht geöffnet zu haben. Sie kannten natürlich die Risiken - sie hatten von der Welle von Überfällen auf Feinkostläden und Spirituosengeschäfte in Queens im letzten Jahr gehört und sich vorgenommen, kein leichtes Ziel zu sein. Jetzt, kurz vor 22:30 Uhr, dämmerte es Frieda, dass sich ein Mann auf der Straße draußen seltsam verhielt. Er sah nicht so aus, als würde er auf jemanden warten, aber er ging auch nirgendwo hin. Vielmehr sah es so aus, als würde er ihren Laden beobachten. Sie beobachtete ihn etwa eine Minute lang, um ihren Verdacht zu bestätigen, und griff dann ganz beiläufig zum Telefon und wählte die NYPD an. Sie kam gerade noch rechtzeitig. Wenige Minuten nach ihrem Anruf kam er zur Tür herein und trat an den Tresen heran. Eine Hand steckte in der Tasche seines Mantels, und die Drohung war klar, noch bevor er ihr sagte, dass er eine Waffe hatte. Als nächstes verlangte er von ihr die Herausgabe des Kasseninhalts.

Die Angestellten im Prudential waren von dem Räuber so eingeschüchtert worden, dass eine von ihnen Monate später fast in Ohnmacht fiel, als sie die Schulter von Manny Balestrero unter ihrer Hand spürte. Frau Mank war aus härterem Holz geschnitzt. Sie knallte mit dem Absatz auf den Boden, nahm ein Fleischermesser von der Theke und ging auf den Möchtegern-Dieb los. Der Eindringling hatte kaum Zeit zu reagieren, als die Kellertür hinter ihm aufflog.

Die Manks hatten untereinander eine Reihe von Signalen vereinbart, um im Falle von Schwierigkeiten Hilfe zu rufen. Das Aufstampfen auf den Boden bedeutete: "Komm schnell herauf!" Herr Mank, der sich im Keller aufgehalten hatte, eilte die Treppe hinauf und erkannte sofort, was vor sich ging. Er stürzte sich von hinten auf den Räuber, packte ihn und schleuderte ihn in eine Ecke. Betäubt von dem plötzlichen Angriff und bedroht von Friedas glänzendem Messer, blieb er dort, bis ein paar Minuten später Detektive vom 114ten Bezirk auftauchten.

Der Stork Club zog alle Register, um seine Gäste bei Laune zu halten, und dazu gehörte auch, dass die Musik nie aufhörte. Aber auch die Musiker brauchten manchmal Pausen. Ein Instrument zu spielen kann harte Arbeit sein, besonders in der überfüllten, verrauchten und oft überhitzten Atmosphäre eines Nachtclubs der 1950er Jahre. Das Stork war bekanntlich sehr beengt, was die Sache noch schlimmer machte.

Die Lösung war einfach: Der Club hatte zwei Hauskapellen, die jeweils einen anderen Stil spielten. Manny Balestrero spielte in der "Latin"-Band, und sie wechselten sich mit der "American"-Band ab. Heute Abend war es eines der wenigen Male in seiner Karriere eine Qual, seinem Instrument Noten zu entlocken. In schwarzer Depression versunken, schienen sich die verbleibenden Stunden des Abends endlos vor ihm zu erstrecken.

Zurück in Queens war der Überfallene, der 38-jährige Charles Daniell, von den Ermittlern aus dem

Feinkostladen abgeführt worden. Nun saß er in einem Verhörraum des 114. Reviers und musste sich einigen schwierigen Fragen stellen. Das NYPD wusste sehr genau, dass nur wenige Menschen einen einarmigen Raubüberfall begehen; entweder keiner oder viele. Wenn dies nicht das erste Mal war, dass Daniell versucht hatte, ein Geschäft auszurauben, war es sehr wahrscheinlich, dass er zumindest mit einigen der Überfälle in Verbindung gebracht werden konnte, die im letzten Jahr die Geschäfte in Queens heimgesucht hatten. Die Vernehmungsbeamten begannen mit einer einfachen Taktik: Sie fragten ihn. Daniell schüttelte den Kopf. Dies sei das erste Mal, dass er einen Raubüberfall versucht habe, sagte er ihnen. Er war arbeitslos und brauchte Geld, also beschloss er, den Feinkostladen zu überfallen. Die Polizisten glaubten ihm nicht und drehten die Schraube ein wenig an. Wenn Daniell so etwas nicht schon einmal getan hatte, hätte er doch kein Problem damit, einige der früheren Opfer zu umgehen, oder?

Daniell hatte versucht zu bluffen, und die Polizei hatte ihn einfach abblitzen lassen. Er ließ die Maske fallen und begann zu reden. "Nennen Sie mir irgendeinen Raubüberfall in Jackson Heights, und ich war es", sagte er ihnen. Das war es, was die Polizisten hören wollten. Sie fragten ihn, wie viele Raubüberfälle er begangen habe. Etwa 40, sagte er. Dann kam er mit dem Schlüssel zu Manny Balestreros Nervenheilanstalt heraus. "Ich habe in der Zeitung gelesen, dass sie einen

Kerl für den Überfall auf das Prudential-Büro festgenommen haben. Ich habe diese beiden Jobs gemacht. Wenn dieser Mann verurteilt würde, wollte ich
an das Gericht des Staatsanwalts schreiben und versuchen, ihn zu entlasten." Einer der Detectives nahm
den Hörer ab und rief Frank O'Connor an.

Kurz nach 1 Uhr nachts kam die Latin-Band auf die
Bühne des Stork Club und begann mit einem neuen Set.
Die amerikanische Band ging hinter die Bühne in die
Pause. Minuten später kam ihr Pianist, Jack Elliot, mit
einem breiten Grinsen zurück auf die Bühne und ging
auf Balestrero zu. Er rief: "Nimm den Bass runter! Sie
haben den Kerl, der diese Überfälle begangen hat."

Das war es, was Manny seit Mitte Januar hören
wollte; jetzt, wo der Moment gekommen war, konnte er
es kaum glauben. Er spielte weiter, während er es langsam verinnerlichte. Elliot sprach wieder zu ihm, dann
beugte sich der Schlagzeuger vor. "Würdest du den
verdammten Bass weglegen?", sagte er, "Deine Sorgen
sind vorbei."

Manny hatte es endlich begriffen. Er zögerte noch
ein paar Takte, dann hielt er inne und legte den Bass auf
den Boden. Er stand auf. Elliott sagte ihm: "Du sollst sofort deinen Anwalt anrufen."

In der Garderobe der Band fummelte er Münzen in
den Schlitz des Telefons. Seine Hand zitterte und die
Fünfer fielen ihm durch die Finger. Schließlich warf ein
anderer Bandmitglied das Geld ein, und er konnte
O'Connor anrufen. Der Anwalt meldete sich, obwohl es

schon spät war, und bestätigte die gute Nachricht. "Oh Gott!" sagte Manny, immer und immer wieder. O'Connor ließ ihm eine Minute Zeit, um die Anspannung abzubauen, und forderte ihn dann auf, sofort in seine Kanzlei zu kommen. Kaum hatte er aufgelegt, kamen seine Musikerkollegen auf ihn zu, klopften ihm auf den Rücken und schüttelten ihm die Hand.

In O'Connors Büro drängten sich die Journalisten, die Manny die Einzelheiten des Vorfalls schildern und seine Reaktion abwarten wollten. Viel Zeit zum Plaudern gab es allerdings nicht. O'Connor und Balestrero fuhren zum 114. Revier, die Zeitungsleute folgten ihnen. Es war an der Zeit, dass Manny der Ursache seiner Probleme ins Auge blicken musste.

In einem Film wäre die Konfrontation dramatisch gewesen. In diesem Fall war es eine Antiklimax. Daniell saß zusammengesunken im Verhörraum, mit Handschellen an seinen Stuhl gefesselt. Manny hätte einen Ruck der Vertrautheit verspürt, als er den kahlen Raum betrat; er war vor nicht allzu langer Zeit selbst in der gleichen Lage gewesen. Daniell blickte einmal zu ihm auf, dann senkte er den Blick wieder auf den Boden. Manny starrte ihn einige Augenblicke lang an und suchte nach einer Ähnlichkeit. Es gab keine große Ähnlichkeit. Beide Männer hatten eine hohe Stirn und tief liegende, intensive Augen, aber das war auch schon alles. Nase, Kieferpartie, Ohren ... sie passten nicht zusammen. Er rang nach etwas, das er sagen konnte, jetzt, wo der Täter vor ihm stand. Endlich kamen die

Worte. "Ist Ihnen klar, was Sie meiner Frau angetan haben?" Daniell schwieg.

[11]

DER FILM

Die Geschichte von Manny Balestreros unwahrscheinlicher Tortur erregte im Sommer 1953 die öffentliche Aufmerksamkeit. Im Juni veröffentlichte die Zeitschrift Life einen langen Artikel über den Fall, der alle wichtigen Fakten ans Licht brachte und detailliert aufzeigte, wie schwer es für einen wirklich unschuldigen Mann war, sich gegen das gefühllose, bürokratische Gewicht des Justizsystems durchzusetzen. Irgendwann wurde Hitchcock auf den Film aufmerksam, der zu dieser Zeit gerade eine Reihe sehr erfolgreicher Thriller drehte. Die Projekte, die ihn am meisten beschäftigten, waren Dial M For Murder und Rear Window, zwei stark stilisierte Kriminalgeschichten nach Romanvorlagen. Vielleicht reizte ihn der Gedanke an eine realistischere Geschichte; auf jeden Fall setzte er sie auf seine Projektliste, und 1956, als To Catch a Thief fertiggestellt und veröffentlicht war, war er bereit, sich an die Arbeit zu machen.

Hitchcock entschied sich schon früh für eine direkte Nacherzählung der Geschichte. Als Drehbuchautor wählte er Maxwell Anderson, einen ehemaligen Journalisten, der zum Dichter und Schriftsteller wurde. Andersons Zeitungserfahrung - er hatte u. a. für den San

Francisco Chronicle und die New York World gearbeitet
- machte ihn zur idealen Wahl für das von Hitchcock ge-
wünschte Drehbuch im Dokumentarstil. Anderson
schrieb später ein Sachbuch über den Fall, The True
Story of Christopher Emmanuel Balestrero.

Nachdem Hitchcock das Drehbuch in der Hand
hatte, musste er nun die Hauptrollen besetzen. Für die
Rolle des Balestrero wählte er Henry Fonda. Fonda
hatte ein Talent dafür, sympathische Charaktere zu
spielen, und da die Sympathien des Publikums während
des gesamten Films bei Manny liegen sollten, war er die
ideale Wahl. Auch das Timing war perfekt: Fonda war in
den letzten zwei Jahren mit den Dreharbeiten zu Krieg
und Frieden für King Vidor und Dino de Laurentis beschäftigt gewesen, aber die Dreharbeiten zu diesem
Epos waren nun abgeschlossen.

Grace Kelly hatte in drei von Hitchcocks letzten fünf
Projekten die weibliche Hauptrolle gespielt, aber nach
To Catch a Thief hatte sie bei den Filmfestspielen in
Cannes Fürst Rainer von Monaco kennengelernt und ihn
am 18. April 1956 geheiratet. Rainer war dagegen, dass
sie ihre Karriere fortsetzte, und obwohl Hitchcock versuchte, sie zu einer weiteren Rolle zu überreden, lehnte
sie stets ab. Der Regisseur gab mit einer für ihn untyp-
ischen Liebenswürdigkeit nach und bemerkte einmal, er
sei "sehr glücklich, dass Grace eine so gute Rolle für
sich gefunden hat." In jedem Fall bedeutete dies, dass
er eine andere Person für die Rolle der Rose Balestrero
würde finden müssen. Zu diesem Zeitpunkt versuchte

er, eine Reihe von Stars zu finden, die exklusiv für ihn arbeiten sollten - ein Plan, der später nach einem Streit mit Tippi Hedren, dem Star von The Birds, auf wackligen Beinen stand - und eine Schauspielerin, in die er große Hoffnungen setzte, war die 26-jährige Vera Miles. Anfang 1956 unterzeichnete Miles einen Fünfjahres-Exklusivvertrag mit Hitchcock, der sie als die nächste Grace Kelly ankündigte.124 Daraus wurde nichts, obwohl sie später eine Schlüsselrolle in Hitchcocks wohl größtem Thriller, Psycho von 1960, spielen sollte. Das ist die Rolle, für die sie wahrscheinlich in Erinnerung bleiben wird, aber ihr erstes Filmprojekt mit Hitchcock war die Rolle der Rose.

Für Frank O'Connor traf Hitchcock eine ungewöhnliche Wahl. Für die Rolle des irisch-amerikanischen Anwalts wählte er Anthony Quayle, einen englischen Bühnenschauspieler mit Shakespeare-Erfahrung. Wie bei O'Connor war auch bei Quayle die gewählte Karriere durch den Krieg unterbrochen worden, aber während O'Connor eine Stelle als Stabsoffizier in Alaska innehatte, war Quayle ein Offizier der Special Forces Executive. Die SOE, die Ian Fleming zu seinen James-Bond-Romanen inspirierte, war für die Zusammenarbeit mit Widerstandsbewegungen im gesamten besetzten Europa zuständig, und Quayle hatte verdeckt mit Partisanen in Albanien zusammengearbeitet. Trotz seines Hintergrunds war Hitchcock der Meinung, dass er die Rolle gut spielen würde; er war in der Lage, einen amerikanischen Akzent zu beherrschen, und die Jahre,

in denen er eine in einem Mantelknopf versteckte
Selbstmordpille bei sich trug, hatten Quayle eine
gewisse Intensität verliehen, die zu der Figur des
O'Connor passte. Um den dokumentarischen Charakter beizubehalten,
beschloss Hitchcock, wo immer möglich vor Ort zu
drehen. Das bedeutete, dass die meisten Szenen in der
Umgebung von Jackson Heights gedreht wurden, unter
anderem auf den Stufen des Hauses der Balestreros.
Um die Darstellung der Figuren realistischer zu gestalten, traf er sie alle persönlich und interviewte sie, not-
ierte ihre Charaktereigenschaften und gab sie an die
Darsteller weiter. Trotz der Suche nach Realismus gab
es auch Momente der Komödie. Die Gefängnisszenen
wurden in einem echten Gefängnis in Queens gedreht,
und Fonda wurde von den echten Insassen erkannt. Als
seine Figur zu einer Zelle geführt wird, hört man vom
Gang her den Ruf: "Hey, Henry, warum haben sie dich
erwischt?", gefolgt von Gelächter. Ursprünglich hatte
Hitchcock auch geplant, einen seiner charakteristischen
Gastauftritte einzubauen. Er ging sogar so weit, es zu
filmen - während Manny an einem Tisch in einem Restaurant sitzt, sieht man Hitchcock am Tresen stehen.125
Schließlich entschied er, dass es unangemessen wäre,
eine Szene zum Lachen zu spielen, wenn der allgemeine
Ton des Drehbuchs so ernst war, und diese Szene
wurde ohne Hitchcock neu gedreht; stattdessen filmte
er seine Einführung, das einzige Mal, dass er in einem
seiner Filme tatsächlich sprach.

Hitchcock hatte seit The Trouble With Harry im Jahr zuvor mit dem Komponisten Bernard Herrmann zusammengearbeitet, eine Beziehung, die sich durch alle seine Filme bis zu Marnie im Jahr 1964 zog. Für The Wrong Man produzierte er einen äußerst zurückhaltenden Soundtrack, der die ernsten Themen des Drehbuchs widerspiegelte. Ungewöhnlich für Herrmanns Arbeit enthielt er auch Jazz-Rhythmen, die für die Atmosphäre der Szenen im Stork Club ausgewählt wurden.

Auch die Kameraführung von The Wrong Man bedeutete für Hitchcock eine Veränderung. Im Gegensatz zu den meisten seiner letzten Produktionen drehte er bewusst in Schwarzweiß, um eine dokumentarische Atmosphäre zu schaffen - die meisten Fernsehdokumentationen wurden damals noch in Schwarzweiß ausgestrahlt, da das Farbfernsehen zu dieser Zeit eine neue Technologie war. Viele der Kulissen wirkten zudem geschlossen, ja sogar klaustrophobisch, was in starkem Kontrast zu den offenen Räumen stand, die er häufig verwendete. Die Techniken, die er in The Wrong Man erforschte, ähneln sehr denen, die er vier Jahre später in Psycho, einem in vielerlei Hinsicht völlig anderen Filmstil, verwendete.

The Wrong Man war an den Kinokassen mäßig erfolgreich - er brachte Warner Bros. einen Gewinn von 2 Mio. $ bei Produktionskosten von 1,2 Mio. $ ein -, aber im Vergleich zu vielen anderen Hitchcock-Filmen wird er von den Kritikern oft relativ niedrig bewertet. Bei den Fans ist er dennoch beliebt, und die Bewertungen auf dem Film-Aggregator Rotten Tomatoes liegen durchweg in den hohen 80er Jahren.126 Das moderne Publikum schätzt den Film wegen seiner düsteren Darstellung von Mannys Lage, Fondas hervorragender Leistung und der technischen Kunstfertigkeit der Produktion. In den kommenden Jahren wird er wahrscheinlich immer wieder neue Fans für die Werke des Meisters gewinnen.

[12]

Die Nachwehen

Hitchcock begann mit den Dreharbeiten zu The Wrong Man weniger als drei Jahre, nachdem der Fall Manny Balestrero fallen gelassen worden war. Wie hat sich das Ende der Geschichte entwickelt?

Nachdem das Verfahren eingestellt wurde, hörte Manny nie wieder etwas von der NYPD, der Firma Prudential oder den Angestellten, die ihn als den Räuber identifiziert hatten. Es gab keine Entschuldigung für das, was ihm angetan worden war, obwohl viele Menschen seither die Logik hinter seiner Strafverfolgung in Frage gestellt haben. Er erhielt zahlreiche Glückwünsche von Freunden, Kollegen und sogar völlig Fremden. Als er in der Nacht, in der er freigesprochen wurde, den Stork Club betrat, spielte die Band ihm zu Ehren "For he's a jolly good fellow". Dennoch blieb die Angst vor einer Verhaftung bestehen, und er konnte sich nicht trauen, das Restaurant Bickford's zu betreten, in dem er so viele Jahre lang gefrühstückt hatte - es war einfach zu nahe an dem Ort, an dem seine Probleme begonnen hatten.

Rose erholte sich langsam von ihrem Zusammenbruch, und als der Film veröffentlicht wurde, war sie aus dem Sanatorium entlassen und machte gute

Fortschritte. Der Stork Club wurde 1965 angesichts sinkender Einnahmen und gewerkschaftlicher Probleme geschlossen. Manny zog weiter zu anderen Clubs und beendete seine Karriere so, wie sie begonnen hatte. Im Ruhestand zog das Paar nach Jacksonville, Georgia, wo Rose im Dezember 1982 starb.127 Nach ihrem Tod zog Manny nach Stanley, North Carolina, wo er bis zu seinem eigenen Tod am 27. Februar 1998 lebte.

Frank O'Connor wurde 1954 erneut in den Senat des Bundesstaates New York gewählt, diesmal für den 8ten Bezirk. Bezirk. 1955 schied er aus dem Senat aus, als er zum Bezirksstaatsanwalt für Queens gewählt wurde, und blieb in diesem Amt bis 1965. Er blieb in der Demokratischen Partei aktiv und nahm 1960 und 1964 als Delegierter an den nationalen Parteitagen teil. Bei der Wahl zum Gouverneur des Bundesstaates 1966 trat er gegen Nelson Rockefeller an. Er verlor, aber der Vorsprung von 390.000 Stimmen war der geringste von Rockefellers vier Siegen.128 Von 1969 bis 1986 war er Mitglied der Berufungskammer des Obersten Gerichtshofs von New York. Er starb am 2. Dezember 1992 an den Folgen von Verletzungen, die er sich bei einem Sturz zugezogen hatte.

Hitchcocks zwei berühmteste Filme - Psycho und Die Vögel - lagen noch einige Jahre in der Zukunft, aber viele betrachten heute die Mitte der 1950er Jahre als den Höhepunkt seiner Regiearbeit. In nur drei Jahren hatte er sechs Kinofilme gedreht, eine Arbeitsrate, die höher war als zu jedem anderen Zeitpunkt seines

Arbeitslebens und die nur von wenigen anderen Regisseuren vor oder nach ihm erreicht wurde.

[1]

MONTEREY-BUCHT

Die Geschichte von The Birds ist im Grunde ganz
einfach und jedem Fan des Horrorgenres bekannt. Vor
allem von den 1960er bis zu den frühen 80er Jahren
waren Massenangriffe von zuvor harmlosen oder
einsamen Tieren ein

Wie bei diesem Thema nicht anders zu erwarten,
zielen viele Romane und Filme über Tierangriffe auf das
untere Ende des Marktes ab. Es gibt allerdings auch
Ausnahmen

SCHLUSSFOLGERUNG

Nach einer Reihe erfolgreicher psychologischer
Thriller war der realistischere, dokumentarische Stil von
The Wrong Man für Hitchcock ein Novum. Es war auch
ein Risiko, und in gewisser Weise hat es sich nicht aus-
gezahlt. Der Film warf zwar Gewinn ab, aber er brachte

nicht die Zuschauerzahlen, die einige seiner anderen Klassiker anzogen. Aber das ist nur ein Teil der Geschichte. Langfristig gesehen hat sich der Film gut gehalten, und auch wenn viele Kritiker ihn nicht mochten, sind die Kritiken des Publikums nach wie vor positiv.

The Wrong Man hat einen unverwechselbaren 50er-Jahre-Look; alles, von den Autos bis zu den Hüten, die die meisten Männer noch trugen, prägt das Jahrzehnt fest auf Zelluloid. Er hat aber auch eine zeitlose Qualität. Jede Generation hat ihren Anteil an Justizirrtümern, und es ist leicht, sich die Hilflosigkeit und Frustration eines unschuldigen Mannes vorzustellen, der in die Fänge eines Justizsystems gerät, das zu unpersönlich und mechanisch ist, um sich ein aufrichtiges Dementi anzuhören. Das ist das Geheimnis dieses Klassikers - was Manny Balestrero passiert ist, könnte jedem von uns passieren.

NEWSLETTER ANGEBOT

Vergessen Sie nicht, sich für Ihren Newsletter anzumelden, um Ihr kostenloses Buch zu erhalten:

http://www.absolutecrime.com/newsletter

ANMERKUNGEN

[1] Krimi-Bibliothek, *Eddie Gein* p2
http://www.trutv.com/library/crime/serial_killers/notorious/g ein/begin_2.html

[2] Schlechter, Harold, 1998, *Deviant: Die schockierende wahre Geschichte von Ed Gein*, S.30-31

[3] Gollmer, Robert H., 1981, *Edward Gein*, S.22

[4] Krimi-Bibliothek, *Eddie Gein* S.1
http://www.trutv.com/library/crime/serial_killers/notorious/g ein/bill_1.html

[5] Filmklassiker, *Alfred Hitchcocks Psycho*
http://classicfilm.about.com/od/mysteryandsuspense/fr/Alfre d-Hitchcock-S-Pyscho.htm

[6] Hitchcockwiki, *Shamley Productions*
http://www.hitchcockwiki.com/wiki/Shamley_Productions

[7] The New York Times, 25. August 1994, *Joan Harrison, eine Drehbuchautorin und Produzentin, ist mit 82 Jahren gestorben*
http://www.nytimes.com/1994/08/25/obituaries/joan-harrison-a-screenwriter-and-producer-is-dead-at-83.html

[8] The New York Times, 31. August 2006, *Joseph Stefano, 84, Drehbuchautor für 'Psycho' und das Fernsehen, stirbt*
http://www.nytimes.com/2006/08/31/obituaries/31stefano.ht ml?pagewanted=print&_r=1&

[9] The Washington Post, 30. August 2006, *Joseph Stefano; Schlüsselautor für 'Psycho'*
http://www.washingtonpost.com/wp-dyn/content/article/2006/08/29/AR2006082901421.html

[10] Leigh, Janet und Nickens, C, 1996; *Psycho: Behind The Scenes of the Classic Thriller* S.23

[11] Bright Lights Film Journal, *Ein Hauch von Psycho?*

http://brightlightsfilm.com/14/psycho.php#.UuPbpbQwdaQ

[12] Cinefantastique, 28. Oktober 2010, *Stephen Rebello über Psycho*
http://cinefantastiqueonline.com/2010/10/author-stephen-rebello-on-the-making-of-psycho-a-celebration-of-1960-retrospective/

[13] Motion Picture Editor's Guild, *Ein Interview mit Mary Tomasini*
http://www.editorsguild.com/v2/magazine/newsletter/directory/tomasini.html

[14] Wagstaff, Sheena, 2004; *Edward Hopper*, S.234

[15] IMDB, Caroline *(Charakter)* aus *Psycho*
http://www.imdb.com/character/ch0003074/?ref_=nm_flmg_act_4

[16] Richtige Diagnose, *erweiterte Pupillen*

http://www.rightdiagnosis.com/d/dilated_pupils/intro.htm

[17] Universal Studios, 1997, *Die Entstehung von Psycho* (Dokumentarfilm)

[18] Los Angeles Times, 23. März 2010, *Das Mädchen in Alfred Hitchcocks Dusche, von Robert Graysmith*

http://articles.latimes.com/2010/mar/23/entertainment/la-et-book23-2010mar23

[19] IMDB, Marli Renfro
http://www.imdb.com/name/nm0719505/?ref_=ttfc_fc_cr71

[20] The Guardian, 29. März 2010, *Die Geheimnisse der Psycho-Dusche*
http://www.theguardian.com/film/2010/mar/29/psycho-body-double-marli-renfro

[21] The Guardian, Oct 22, 2010, *Psycho: der beste Horrorfilm aller Zeiten*
http://www.theguardian.com/film/2010/oct/22/psycho-horror-hitchcock

[22] United States Census Bureau, *State Population Estimates and Demographic Components of Change*

http://www.census.gov/popest/data/state/asrh/1980s/80s_st _totals.html

[23] The New York Times, 24. November 2013, *Mit extra Sardellen*

http://www.nytimes.com/2013/11/25/us/with-extra-anchovies-deluxe-whale-watching.html?_r=0

[24] Proceedings of the National Academy of Sciences, August14, 2002, *Migratory shearwaters integrate oceanic resources across the Pacific Ocean in an endless summer*

https://www.ncbi.nlm.nih.gov/pmc/articles/PMC1568927/

[25] Die Rote Liste der bedrohten Arten der IUCN, *Puffinus griseus*

http://www.iucnredlist.org/details/22698209/0

[26] USGS, Mar 2013, *Rußsturmtaucher-Wanderung im Channel Islands National Marine Sanctuary zu sehen*

http://soundwaves.usgs.gov/2013/04/outreach.html

[27] trgeybirds.com, *Rußsturmtaucher, Puffinus griseus*

http://tgreybirds.com/Pages/SootyShearwatersp.html

[28] Fisheries Science, Mai 2009, *Direkter Kontakt zwischen Pseudo-Nitzschia und Bakterien*

http://link.springer.com/article/10.1007%2Fs12562-009-0081-5

[29] Los Angeles Times, 11. März 2011, *Giftige Algen könnten beim großen Fischsterben eine Rolle gespielt haben*

http://latimesblogs.latimes.com/lanow/2011/03/domoic-acid-poisoning-found-in-dead-fish-at-king-harbor.html

[30] Santa Cruz Sentinel, 18. August 1961, *Tausende von Vögeln treiben auf den Straßen*

http://www.santacruzpl.org/history/articles/183/

[31] Daphne du Maurier

http://www.dumaurier.org/cgi-bin/favourites/news.pl?search=birds&field=headline&method=exact

[32] Frank Baker, *Zusammenfassung der Biographie* http://www.frankbaker.co.uk/biog.htm

[33] The Independent, 27. Februar 2011, *Unsichtbare Tinte: Nr. 66 - Frank Baker*
http://www.independent.co.uk/arts-entertainment/books/features/invisible-ink-no-66--frank-baker-2226592.html

[34] Santa Cruz Sentinel, 18. August 1961, *Tausende von Vögeln treiben auf den Straßen*
http://www.santacruzpl.org/history/articles/183/

[35] Internet Movie Database, *Die Vögel*

http://www.imdb.com/title/tt0056869/synopsis?ref_=ttpl_pl_syn

[36] Ed McBain.com, *Bios usw.*
http://edmcbain.com/eljefe/bio_long.asp

[37] Spoto, Donald, *Im Bann der Schönheit*, 2009 S. 368

[38] HitchcockWiki, *Die Entstehung von Die Vögel*

http://www.hitchcockwiki.com/files/articles/TheMakingOfThe Birds/

[39] Inquirer, Aug 11, 2012, *Tippi Hedren enthüllt den wahren Horror der Arbeit mit Hitchcock*
http://entertainment.inquirer.net/53591/tippi-hedren-reveals-real-horror-of-working-with-hitchcock

[40] Die Zahlen, *die Vögel*
http://www.the-numbers.com/movies/1963/0BRDS.php

[41] Adams, Carol J., *The Sexual politics of Meat*, Continuum, 1990 pp. 105-106

[42] Inquirer, Aug 11, 2012, *Tippi Hedren enthüllt den wahren Horror der Arbeit mit Hitchcock*

http://entertainment.inquirer.net/53591/tippi-hedren-reveals-real-horror-of-working-with-hitchcock

[43] Variety, 18. Oktober 2007, *Naomi Watts für 'Birds'-Remake vorgesehen*
http://variety.com/2007/film/news/naomi-watts-set-for-birds-remake-2-1117974282/

[44] MTV Movies Blog, Oct 16, 2007, *Original Scream Queen kritisiert 'Birds'-Remake als Foul*
http://moviesblog.mtv.com/2007/10/16/original-scream-queen-decries-birds-remake-as-foul/

[45] The Observer, Dec 16, 2012, *Als Sienna Miller Tippi Hedren traf*
http://www.theguardian.com/film/2012/dec/16/sienna-miller-tippi-hedren-interview

[46] The Guardian, 28. Dezember 2012, *Wenn Alfred Hitchcock doch nur selbst bei The Girl hätte Regie führen können*

http://www.theguardian.com/film/2012/dec/28/hitchcock-the-girl-tippi-hedren

[47] Internationales Forschungszentrum zur Rettung von Vögeln, *Der tödliche Frühling revisited*
http://w.bird-rescue.org/pelican_domoic_2006.html

[48] Science 2.0, Jun 9, 2008, *Toxische Algenblüten können Anfälle bei kalifornischen Seelöwen verursachen*
http://www.science20.com/news_releases/toxic_algal_bloom s_may_cause_seizures_in_california_sea_lions

[49] The Daily Mail, Dec 30, 2011, *Alfred Hitchcocks Thriller "Die Vögel" von 1963 - Geheimnis endlich gelüftet*
http://www.allvoices.com/contributed-news/11195987-alfred-hitchcocks-thriller-the-birds-finally-mystery-unraveled

[50] Celsias, *Säure, Algen und der Fall des verschwundenen Pelikans*
http://www.celsias.com/article/acid-algae-and-case-disappearing-pelican/

51 Murderpedia, Harold Jones

http://www.murderpedia.org/male.J/j/jones-harold.htm

52 Index der Serienmörderverbrechen, JONES Harold

http://www.crimezzz.net/serialkillers/J/JONES harold.php

53 Wales Online, 25. November 2007, Autor nennt neuen Mörder im Fall Drinkwater

http://www.walesonline.co.uk/news/wales-news/author-names-new-killer-drinkwater-2220319

54 TruTV Crime Library, Jack The Stripper: Tod eines Freudenmädchens

http://www.trutv.com/library/crime/serial killers/unsolved/jack the stripper/2.html

55 Crimetime.co.uk, Cathi Unsworth über Bad Penny Blues

http://www.crimetime.co.uk/community/mag.p
hp/showcomments/1406

56 TruTV Crime Library, Jack The Stripper: Ein
skandalöser Tod?

http://www.trutv.com/library/crime/serial_killer
s/unsolved/jack_the_stripper/3.html

57 Crimetime.co.uk, Cathi Unsworth über Bad
Penny Blues

http://www.crimetime.co.uk/community/mag.p
hp/showcomments/1406

58 TruTV Crime Library, Jack The Stripper:
"Big John"

http://www.trutv.com/library/crime/serial_killer
s/unsolved/jack_the_stripper/11.html

59 The Guardian, 4. November 2001, Boxheld
Freddie Mills "ermordete acht Frauen", Tony
Thompson

http://www.theguardian.com/uk/2001/nov/04/
sport.tonythompson

60 Everything2, Jack der Stripper

http://everything2.com/title/Jack+der+Tripper

61 Talentfernsehen, Fred Dinenage: Mordfallbuch

http://www.talenttv.com/productions/caseboo k/casebook.php

62 Wales Online, 25. November 2007, Autor nennt neuen Mörder im Fall Drinkwater

http://www.walesonline.co.uk/news/wales-news/author-names-new-killer-drinkwater-2220319

63 Berkeley, *Charles de Gaulle*

http://web.archive.org/web/20060107012026/http://econ161 .berkeley.edu/TCEH/charlesdegaulle.html
64 Reagan, G., Militärische Anekdoten, 1992, Guinness Publishing
65 Werth, A., De Gaulle, 1965
66 Crimetime.co.uk, Cathi Unsworth über Bad Penny Blues

http://www.crimetime.co.uk/community/mag.php/showcom ments/1406

67 TruTV Crime Library, Jack The Stripper: Ein skandalöser Tod?

http://www.trutv.com/library/crime/serial_killers/unsolved/jac k_the_stripper/3.html

68 Life Magazine, 26. April 1968, Der französische Spionageskandal
http://jfk.hood.edu/Collection/Weisberg%20Subject%20In dex%20Files/D%20Disk/deVosjoli%20Philippe%20Thyraud/It em%2001.pdf
69 CNN.com, Spione - Joe Bulik

http://www2.gwu.edu/~nsarchiv/coldwar/interviews/episode-21/bulik1.html
70 Air Force Magazine, August 2005, Luftstreitkräfte und die Kuba-Krise

http://www.airforcemag.com/MagazineArchive/Pages/2005/ August%202005/0805u2.aspx
71 Bulletin des Cold War International History Project, R. Malinovsky an N.S. Krushchev, 28. Oktober 1962
http://alternatewars.com/WW3/Cuba/Anadyr_U-2_Shootdown.htm
72 Suworow, Viktor, "Inside the Soviet Army", Macmillan Publishing, 1982
73 Life Magazine, 26. April 1968, Der französische Spionageskandal
http://jfk.hood.edu/Collection/Weisberg%20Subject%20In dex%20Files/D%20Disk/deVosjoli%20Philippe%20Thyraud
74 Fursenko, A. und Naftali, T., Inside the Kremlin's Cold War, 1996, Harvard Press
75 BBC Home, 1963: Moskau verhaftet britischen "Spion

http://news.bbc.co.uk/onthisday/hi/dates/stories/may/11/ne wsid_2524000/2524239.stm

76 Life Magazine, 26. April 1968, Der französische Spionageskandal
77 Life Magazine, 26. April 1968, Der französische Spionageskandal
78 Turner Classic Movies, Topaz (1969)

http://www.tcm.com/tcmdb/title/93636/Topaz/articles.html
[79] LEOPOLDundLOEB.COM, *Leopold*
[80] LEOPOLDundLOEB.COM, *Leopold*
[81] Hannon, Michael, *Der Fall Leopold und Loeb*
[82] Rechtswissenschaftliche Fakultät der Universität Missouri-Kansas, *Nathan Leopold und Ornithologie*
[83] LEOPOLDundLOEB.COM, *Loeb*
[84] LEOPOLDundLOEB.COM, *Leopold*
[85] Niemals die Sünderin, *Der Fall und das Gerichtsverfahren*
[86] Smithsonian Magazine, August 2008, *Leopold und Loeb's Criminal Minds*, Simon Baatz
[87] *Erklärung von Richard Albert Loeb*, 31. Mai 1924
[88] Crimerack.com, *Fallakte Leopold und Loeb*
[89] TruTV.com Krimibibliothek, *Leopold & Loeb*, Marilyn Bardsley, S. 6
[90] *Erklärung von Richard Albert Loeb*, 31. Mai 1924
[91] Hannon, Michael, *Der Fall Leopold und Loeb*
[92] Zeitschrift des amerikanischen Instituts für Strafrecht und Kriminologie, 1924, *Fall Loeb-Leopold*, S. 352
[93] *Erklärung von Richard Albert Loeb*, 31. Mai 1924
[94] Zeitschrift des amerikanischen Instituts für Strafrecht und Kriminologie, 1924, *Fall Loeb-Leopold*, S. 353
[95] Zeitschrift des amerikanischen Instituts für Strafrecht und Kriminologie, 1924, *Fall Loeb-Leopold*, S. 355

96 LEOPOLDandLOEB.COM, *Festnahme und Vernehmung*

97 *E-Mail von G.M.F. an Prof. D. Linder*, 9. Juli 2011

98 University of Missouri-Kansas School of Law, *Die Brillen: Die Schlüsselverbindung zu Leopold und Loeb*

99 Niemals die Sünderin, *Der Fall und das Gerichtsverfahren*

100 Zeitschrift des amerikanischen Instituts für Strafrecht und Kriminologie, 1924, *Fall Loeb-Leopold*, S. 357

101 TruTV.com Krimi-Bibliothek, *Leopold & Loeb*, Marilyn Bardsley, S.8

102 TruTV.com Krimibibliothek, *Leopold & Loeb*, Marilyn Bardsley, S.7

103 The New York Times, Oct 28, 1894, *ASSASSINATED: Carter H. Harrison, Bürgermeister von Chicago, ermordet. MÖRDER IN GEWAHRSAM*

104 TruTV.com Krimi-Bibliothek, *Leopold & Loeb*, Marilyn Bardsley, S. 8

105 Philly.com, *Der Verteidiger des Underdogs*, John A. Farrell

106 TruTV.com Krimibibliothek, *Leopold & Loeb*, Marilyn Bardsley, S. 9

107 TruTV.com Krimibibliothek, *Leopold & Loeb*, Marilyn Bardsley, S. 10

108 TruTV.com Krimibibliothek, *Leopold & Loeb*, Marilyn Bardsley, S. 8

109 University of Missouri-Kansas School of Law, *Auszüge aus der psychiatrischen ("Alienist") Zeugenaussage in der Leopold und Loeb Anhörung*

[110] Niemals die Sünderin, *Der Fall und das Gerichtsverfahren*

[111] University of Missouri-Kansas School of Law, *Der Leopold und Loeb Prozess: Ein kurzer Bericht*

[112] Niemals die Sünderin, *Der Fall und das Gerichtsverfahren*

[113] MKstage.com, *Loeb*

[114] Time Magazine, Apr 07, 1958, *Bücher: Verurteilt zum Leben*

[115] *Nathan F. Leopold Jr. - Schreiben zur Ablehnung der Bewährung*, 20. Mai 1953

[116] University of Missouri-Kansas School of Law, *Der Leopold und Loeb Prozess: Ein kurzer Bericht*

[117] Folding Seats, 16. August 2013, *Per Anhalter durch die Gegend: The Wrong Man*
http://foldingseats.wordpress.com/tag/the-true-story-of-christopher-emmanuel-balestrero/

[118] The New York Times, Jul 01, 1996, *Schauen Sie, wer beim Storch vorbeigekommen ist*
http://www.nytimes.com/1996/07/01/nyregion/look-who-dropped-in-at-the-stork.html?pagewanted=4&src=pm

[119] AverageWage.com, *1952*
http://thecostofliving.com/1952.html

[120] The Innocence Project, *Verstehen Sie die Ursachen - Falsche Identifizierung durch Augenzeugen*

http://www.innocenceproject.org/understand/Eyewitness-Misidentification.php

[121] Life Magazine, 29. Juni 1953, *Ein Fall von Identität*, S. 100

http://books.google.co.uk/books?id=CkgEAAAAMBAJ&lp
g=PP1&pg=PA97#v=onepage&q&f=false

[122] Life Magazine, 29. Juni 1953, *Ein Fall von Identität*, S. 100

[123] Das Polygraphenmuseum, *John Larsons Brotbrett-Polygraph*
http://www.lie2me.net/thepolygraphmuseum/id16.html

[124] Chandler, Charlotte, 2005: *It's Only A Movie: Alfred Hitchcock, Eine persönliche Biographie* S. 237

[125] Internet Movie Database, *Der falsche Mann*
http://www.imdb.com/title/tt0051207/?ref_=tttr_tr_tt

[126] Rotten Tomatoes, *Der falsche Mann*
http://www.rottentomatoes.com/m/1024191-wrong_man/

[127] Ancientfaces, *Rose Balestrero (1910-1982)*
http://www.ancientfaces.com/person/rose-balestrero/11939199

[128] The New York Times, 03. Dezember 1992, *Nachrufe - Frank D. O'Connor*
http://www.nytimes.com/1992/12/03/obituaries/frank-d-o-connor-82-is-dead-retired-new-york-appellate-judge.html

www.ingramcontent.com/pod-product-compliance
Lightning Source LLC
Chambersburg PA
CBHW031235050326
40690CB00007B/810